중고등학생을 위한
표준 한국어

중고등학생을 위한

표준 한국어

국립국어원 기획·심혜령 외 집필

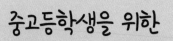

의사소통 3

교사용 지도서

마리북스

　국립국어원에서는 교육부 2012년 '한국어 교육과정' 고시에 따라 교육과정을 반영한 학교급별 교재 개발을 진행하였습니다. 이어서 2017년 9월에 '한국어 교육과정'이 개정·고시(교육부 고시 제2017-131호)됨에 따라 2017년에 한국어(KSL) 교재 개발 기초 연구를 수행하였습니다. 그 연구 결과를 바탕으로 초등학교 교재 11권, 중고등학교 교재 6권을 개발하여 2019년 2월에 출판하였습니다.

　교재에 이어서 학교 현장에서 다문화가정 학생들의 한국어 의사소통 및 학습 능력을 기르는 데 보탬이 되고자 익힘책을 개발하게 되었습니다. 교재와의 연계성을 높인 내용으로 구성하여 말 그대로 익힘책을 통해 한국어를 더 잘 익힐 수 있도록 노력하였습니다. 더불어 익힘책의 내용을 추가 반영한 지도서를 함께 출판하여 현장에서 애쓰시는 일선 학교 담당자들과 선생님들에게도 교재 사용의 길라잡이를 제공하고자 하였습니다.

　'다문화'라는 말이 더 이상 낯설지 않은 한국 사회에서 다문화가정 학생들이 한국 사회 구성원으로서의 정체성 함양에 밑거름이 되는 한국어 능력을 기르는 데《중고등학생을 위한 표준 한국어》가 도움이 되기를 바랍니다. 국립국어원에서는 이제껏 그래왔듯이 교재 개발 결과가 현장에서 보다 잘 활용될 수 있도록 돕기 위하여 교재 개발은 물론, 교원 연수 등을 통해 지속적으로 다문화가정 학생들의 한국어 능력 향상을 위해 노력하겠습니다.

　끝으로 3년간《중고등학생을 위한 표준 한국어》교재와 익힘책, 지도서의 개발과 발간을 위해 애써 주신 교재 개발진과 출판사에 깊은 감사의 말씀을 드립니다.

2020년 2월
국립국어원장 소강춘

머리말

　본격적인 다문화 사회로 전환되어 가고 있는 한국 사회에서 특히 다문화 배경의 학령기 청소년, 이른바 한국어(KSL) 학습자들에 대한 관심과 배려는 그 결과가 우리 사회의 미래를 좌우하게 될 것이라는 점에서 매우 중요한 사안입니다.

　다행히 우리 사회는 이 부분에서 사회적 공감과 정책적 구체화에 일찌감치 눈을 떠 2017년 KSL 학습자의 언어, 문화, 학습의 특수성을 고려한 개정 '한국어 교육과정'을 마련하였고, 그 교육과정의 구체적 구현을 위해 노력해 오고 있습니다. 2019년에는 교육 현장의 다양성을 고려한 모듈형 교재가 새롭게 개발되었고, 이어서 2020년에 그 교재 내용의 효율적 연습을 위한 학생 맞춤형 익힘책도 발간되었습니다. 그리고 이제 새로이 개발된 교재와 익힘책을 가지고 교사가 교육 현장에서 보다 수월하고 효과적으로 가르치는 데에 도움을 주기 위한 교사용 지도서를 개발, 발간합니다. 이로써 현장 적합형 KSL 한국어 교육을 위한 교육 자료 구축의 한 완성을 이루게 되었습니다.

　이번에 개발된 교사용 지도서는 교사의 KSL 현장 최적화를 돕기 위한 것입니다. KSL 한국어 교육 경험이 길지 않은 교사도 본 지도서를 참고하면 양질의 수업을 진행할 수 있도록 교육 절차와 교육 내용 등을 교사 언어와 함께 구체적으로 기술하였습니다. 교사의 배경지식과 추가 활동에 대한 아이디어도 '교사 지식'과 '교수-학습 지침'으로 제공하였습니다. 뿐만 아니라 단원별로 필요하거나 수행 과제로 부과할 만한 교육 활동을 제공하여 교사의 편의를 도모하였습니다.

　또한 본 지도서는 학령기 청소년 학습자의 특성을 고려한 교수 방안을 마련하는 데에 도움을 줄 수 있도록 했습니다. 성인 학습자에 비해 경험의 폭이 한정되어 있고 학습 동기의 양상도 다른 학령기 청소년 학습자를 배려하여 교사로 하여금 학령기 청소년의 관심사를 이끌어 낼 수 있게 도와주고, 학습자가 간접 경험의 기회를 많이 가질 수 있도록 하는 데에 도움을 주는 장치를 다수 마련하였습니다. 그리고 청소년들이 일상적으로 이용하는 IT(정보통신) 기술의 적용을 감안한 교수 방안도 개발하여 지도서 구성에 반영하였습니다.

　이렇듯 KSL 교육 현장 적합형 교육의 완성을 위한 교사용 지도서는 수많은 관계자들의 지원과 노력으로 만들어질 수 있었습니다. 우선 이 새로운 방식의 지도서가 완성될 수 있도록 지원을 아끼지 않으신 교육부와 국립국어원 관계자 여러분께 깊이 감사드립니다. 교사들이 새 시대에 맞는 새 교재 및 익힘책을 사용함에 있어 실질적인 도움을 줄 수 있는 새로운 지도서를 만들어 보자는 의지로 지도서 집필에 열정을 바쳐 노력한 집필진 모두에게 진심에서 우러나오는 감사를 드립니다. 그리고 새로운 방식의 지도서가 빛이 날 수 있도록 편집과 출판에 최선을 다해 주신 출판사 마리북스에도 감사의 말씀을 드립니다.

교사들이 이 지도서를 잘 활용하여 학령기 청소년 학습자의 한국어 교육에서 많은 성취를 이루어 내기를 희망합니다.

2020년 2월
저자 대표 심혜령

일러두기

1. 지도서 소개

《중고등학생을 위한 표준 한국어 의사소통 교사용 지도서》는 한국어(KSL) 교재의 교육 목표를 교육 현장에 충분히 구현할 수 있도록 하는 데 목적을 두고 구성하였다. 본 지도서는 다음과 같은 특징을 가지고 있다.

교사 중심 교사용 지도서

- 교육 절차와 교육 내용 등을 상세하고 구체적으로 기술하여 KSL 한국어 교육 경험이 길지 않은 교사도 본 지도서를 참고하면 양질의 수업을 진행할 수 있도록 함.

- 교사가 알고 있어야 할 '교사 지식', 다양한 활동을 기반으로 한 '교수-학습 지침' 등을 상세하고 구체적으로 기술한 지도서를 개발함.

- 단원별로 수행 과제로 부과할 만한 교육 활동을 제공하거나 여건에 따라 마무리 활동을 과제로 전환할 수 있도록 유도하여 교사들의 편의를 도모함.

- 다양한 유형의 지도서 사용자들을 고려해 단계에 맞는 교사 언어를 제공함.

다양한 교육 현장에서의 활용을 고려한 지도서

- 교재의 단원 구성 원리와 교수 절차에 맞춰 개발함으로써 실제 사용상의 효율성을 높인 지도서를 개발함.

- 단원별로 10차시를 적절한 교육 시수로 설정하였으나, 현장의 상황이나 여건에 맞춰 선택적 사용이 가능하도록 내용을 구성함.

- 교재와 익힘책의 긴밀성을 확보하는 방향으로 지도서의 내용을 구성함.

학령기 청소년 학습자의 특성을 고려한 교수 방안

- 성인 학습자에 비해 경험의 폭이 한정되어 있고 학습 동기의 양상도 다른 학령기 청소년 학습자를 배려한 교수 방안을 개발함.

- 교사로 하여금 《중고등학생을 위한 표준 한국어》에 반영되어 있는 학령기 청소년의 관심사를 이끌어 낼 수 있게 도와주고, 학습자가 간접 경험의 기회를 많이 가질 수 있도록 하는 데에 도움을 주는 장치를 다수 마련함.

- 청소년들이 일상적으로 이용하는 IT(정보통신)기술의 적용을 감안한 교수 방안을 개발함.

수업 전반의 진행 방식 및 각 단계의 진행 방식의 구체적인 방법을 제시하는 지도서

- '교사 지식' 항목을 통해 사전에 교사가 숙지해야 할 내용을 제공하여 지도서가 교사 재교육에 일조할 수 있도록 함.

- '교수-학습 지침' 항목을 두어 교육 내용별 다양한 활동을 제안하고, 교육 현장별로 진도를 융통성 있게 운영할 수 있도록 함.

알아 두기

자가 확인과 종합 문제에 대한 적절한 지도를 위해 알아 두어야 할 사항

- 교사는 학습자가 '자가 확인'을 통해 해당 권을 학습하기 전 스스로 한국어 실력을 확인해 볼 수 있도록 지도한다.
  - 자가 확인에서 제시된 문제의 70% 이상을 이해하였을 때, 해당 교재를 학습하기 위한 최소한의 언어 능력이 있다고 판단할 수 있다.
- 교사는 학습자로 하여금 교재의 해당 권을 모두 학습한 후에 '종합 문제'를 통해 종합적 연습을 할 수 있도록 지도한다.
  - '종합 문제'에서 제시된 문제의 80% 이상을 이해하였을 때 해당 교재의 내용을 충분히 학습하였다고 판단한다. 단 학생이나 현장의 특성에 따라 '꼭 배워요'만 학습하고 '종합 문제'를 접하게 된 경우에 '종합 문제'를 80% 미만으로 이해하였다고 판단되면 해당 교재의 '꼭 배워요'를 복습하거나 '더 배워요'를 학습하도록 지도할 수 있다.

교재 속 QR 코드 사용 알아 두기

- 각 교재의 '대화해 봐요 1, 2'에 제시된 QR 코드 속 내용은 휴대 전화를 사용하여 직접 영상을 확인해 볼 수 있다.
- 컴퓨터 사용 시에는 '국립국어원-한국어교수학습샘터-자료나눔터 한국어 교육자료'에 들어가 음원을 내려받을 수 있다.

익힘책 지도 내용에 대해 알아 두기

- 교사가 익힘책을 지도하면서 참고해야 할 정보는 지도서의 마지막에 제시하였다.
- 교사가 교실 현장의 상황에 따라 교재의 내용을 모두 지도한 후 익힘책 내용을 지도할 수 있으며, 영역별 지도가 가능하도록 내용을 구분하여 구성하였다.

2. 지도서의 단원 구성

《중고등학생을 위한 표준 한국어 의사소통 교사용 지도서》의 단원은 다음과 같은 순서로 구성되어 있다.

단원 제목 → 단원 목표 → 단원 내용(주요 내용) → 수업 개요 → 전 단원 복습 → 〈꼭 배워요〉 도입 → 어휘를 배워요 → 발음 → 문법을 배워요 1 → 문법을 배워요 2 → 문법을 배워요 3 → 문법을 배워요 4 → 문화 → 〈더 배워요〉 도입 → 대화해 봐요 1 → 대화해 봐요 2 → 읽고 써 봐요: 읽기 → 읽고 써 봐요: 쓰기 → 익힘책 교수-학습 지침

3. 지도서의 단원별 내용 구성

《중고등학생을 위한 표준 한국어 의사소통 교사용 지도서》의 내용 구성과 제시의 특징은 다음과 같다.

① 단원 목표 및 내용 제시

- 지도서의 단원별 제목, 단원 목표, 단원 내용을 명확하게 제시함.
- 단원 내용은 〈꼭 배워요〉 주제, 기능, 어휘, 문법, 문화, 〈더 배워요〉 대화 1, 2, 읽기, 쓰기를 중심으로 단원에서 중점적으로 학습할 내용을 간단히 제시하여 학습 지도 방향을 명확하게 함.

② 수업 개요

- 〈꼭 배워요〉에서 학습할 내용과 기능을 포함한 목표를 차시별로 제시함.
- 지도서의 내용 흐름은 수업 진행의 흐름과 맥을 같이 하여 수업 교안 모형이 반영되도록 함.

③ 교수-학습 방법 제시

> 지시문 제시 → 교사 언어 제시 → 어휘, 문법, 발음 등 학습 내용 제시 → 과제 활동 제시

④ 교수 내용 구성

- '교사 지식' 항목을 설정하여 수업을 원활하게 진행하는 데에 필요한 전문 지식을 적절한 양과 수준으로 제시함.
- '교수-학습 지침' 항목을 설정하여 교사가 수업을 원활하게 진행하는 데에 필요한 교수 방법 및 교육 정보를 제공함.
- '교사 언어'를 제공하여 실제 수업에서 교사가 교육 내용을 어떻게 발화해야 하는지를 구체적으로 제시해 줌. 지도서에는 '🔲'로 표시함.
- '더 알아보기'를 제공하여 문화 정보가 담긴 어휘나 문화 지식에 대한 내용을 교사 언어로 풀이해 학생들에게 쉽게 설명할 수 있도록 구성하여 제시함.

4. 지도서의 단계별 세부 사항

1쪽 수업 개요		**〈단원의 시작〉** • 단원 목표, 단원 내용, 수업 개요의 순으로 구성함. • 수업 개요를 제시함으로써 교사가 수업의 전반적인 내용을 파악할 수 있도록 함.
1차시 도입		**〈복습〉** • 예문 위주의 경험적 접근을 통해 내용 이해가 가능하도록 함. **〈꼭 배워요〉 도입** • 학습하게 될 주제에 대한 질문, 대화의 세부 내용에 대한 질문을 교사 언어로 제공하여 취사선택하도록 도움.

2차시
어휘를 배워요
		**〈어휘〉**
		• 어휘 교육 내용은 '정의, 예시, 정보, 설명'의 순으로 구성함(어휘에 따라 '정보' 항목은 선택적으로 제시할 수도 있음).
		  – **정의:** 한국어기초사전의 의미를 제시함(정의의 의미는 학생들에게 알려 주는 것이 아니라 교사에게 주는 정보임).
		  – **예시:** 해당 어휘 의미가 문맥에 잘 나타난 예문을 새롭게 제시함.
		  – **정보:** 유의어, 반의어, 상위어, 하위어 등에 대한 정보를 제시함.
		  – **설명:** 어휘의 성격에 따라 다르게 적용함. 구체물일 때는 사진이나 실물 자료를 활용하도록 하고, 추상적인 개념일 때는 교사가 수업 시간에 실제 설명하는 방식으로 교사 언어의 질문으로 제시함.

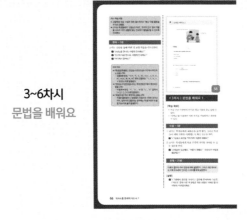

3~6차시 문법을 배워요	**〈문법〉** • 문법 교육 내용은 '설명, 예시, 정보, 확인'의 순으로 구성함. – **설명**: 학습자 언어 등급에 맞는 용어와 문장을 통해 문법을 새롭게 설명함(해당 문법의 모든 의미가 아닌 해당 단원에서 쓰인 문법의 의미만을 설명. 교재에 제시된 문법 설명과 동일한 설명은 되도록 지양함). – **예시**: 교재 예문과 중복되지 않은 예문으로 3~4개 더 추가함. – **정보**: 교사가 참고할 정보로 형태 정보, 제약 정보, 주의 사항 등을 담음. – **확인**: 확인 과정은 문법 아래 연습을 통해 이루어짐.

문화	**〈문화〉** • 주제와 관련한 질문을 통해 학생들에게 주제를 추측할 수 있도록 도움을 줄 수 있는 교사 언어를 제시함. • '교수-학습 지침'에 문화와 관련 있는 활동 1~2개를 제시하여 교사가 교육 현장에서 유연성 있게 사용할 수 있도록 구성함. • '더 알아보기'는 보충적인 내용이나 문화 어휘 의미 풀이를 교사 언어로 제공함.

7·8차시 〈더 배워요〉 도입 대화해 봐요 1, 2	**〈단원의 시작〉** • 〈더 배워요〉 학습 목표, 〈학습 도구 한국어〉 학습 목표, 〈더 배워요〉 도입의 순으로 구성함. **〈더 배워요〉 도입** • 학습하게 될 대화 내용의 핵심적인 주제에 대한 질문을 교사 언어로 제공하여 도입할 수 있도록 구성함. **〈대화해 봐요 1, 2〉** • '대화해 봐요'를 '도입-전개-활용-정리'의 순으로 제시함.

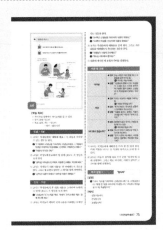

〈부가 문법〉
- 대화에 사용된 부가 문법을 '설명, 예시, 정보'의 순으로 제시함.

〈목표 표현 1, 2〉
- 대화에서 사용된 목표 표현에 대한 '설명'과 '예시'를 제시함.

9차시
읽고 써 봐요
– 읽기

〈읽고 활동하기〉
- '읽고 써 봐요-읽기'를 '읽기 전-읽기 중-읽기 후'의 순으로 제시함.
  - 주제와 관련된 질문을 교사 언어로 제시하였으며, 문제를 풀고 확인하는 방법을 자세히 기술함.

10차시
읽고 써 봐요
– 쓰기

〈쓰고 활동하기〉
- '읽고 써 봐요-쓰기'를 '쓰기 전-쓰기 중-쓰기 후'의 순으로 제시함.
  - 쓰기 내용을 추측할 수 있는 질문을 교사 언어로 제시하였으며, 쓰기 활동 방법을 자세히 기술함.

익힘책

〈익힘책 교수-학습 지침〉
- 익힘책에 제시된 어휘, 문법 문제에 대한 의도와 특징을 설명하고, 주의하며 지도해야 하는 정보를 제공함.

지도서 사용 예시

1과 제목이 뭐예요?
함께 읽어 볼까요?
'와니의 생일 파티에 가기로 했어'

① 여러분, 그림을 보세요. 와니가 정호에게 무엇을 주고 있어요? 맞아요. 여러분, 무슨 일이 있을 때 친구에게 초대장을 줘요?

③ 함께 이야기해 볼까요? 여러분, 이번 주에 친구하고 약속이 있어요? 무슨 약속이에요?

② 대화를 한번 읽어 볼까요? 정호와 와니가 무슨 이야기를 하고 있어요? 언제 와니 집에 가요? 왜 가요?

④ 여러분, 1과에서는 친구하고 약속을 해요. 어떻게 말해요? 다른 친구가 잘하는 것이 있어요. 친구에게 어떻게 말해요? 이것을 공부할 거예요.

① 어휘를 함께 공부해 볼까요?

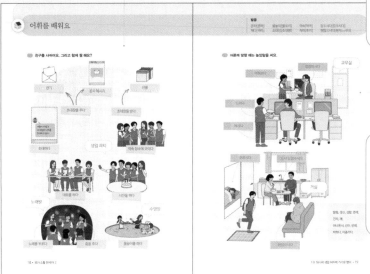

② 18쪽에 있는 그림을 보세요.
친구를 사귀어요. 함께 무엇을
해요?
여러분은 생일에 친구들과 무엇
을 해요?

③ 19쪽에 있는 그림을 보세요.
친구에게 말해요. 선생님에게
말해요.
어떻게 달라요?
여러분은 어른께 높임말을 쓰고
있어요?

① 휴대 전화로 전화를 해요. (문
자 메시지를 쓰는 행동을 하며)
또 친구와 휴대 전화로 무엇을
할 수 있어요?
친구에게 '문자 메시지'를 보내
요. '문자 메시지'는 휴대 전화로
글을 보내는 것이에요.

③ 오늘 어휘에서 무엇을 배웠
어요?
친구를 집에 초대해요? 언제 초
대해요? 그때 같이 뭘 해요?
할머니가 아파요. 높임말로 어떻
게 말해요?

② 옆 반 선생님이 여러분에게
'담임 선생님은 어디에 있어요?'
물어봤어요. 여러분은 어떻게 대
답해요?
'선생님은 교실에 있어요.' 대답
해요. 맞아요. 그런데 선생님은
여러분보다 나이가 많아요. 높
임말을 써야 해요. '있어요'의 높
임말은 '계세요'예요. 그래서 '선
생님은 교실에 계세요.' 말해야
해요.

① 대화문을 한번 읽어 볼까요? (대화를 읽은 후) 오늘 무슨 날이에요? 안나는 왜 집에 안 가요? 무슨 약속이 있어요?

② 어떤 행동을 할 것을 결심해요. 그리고 약속을 해요. 이때 '-기로 하다'를 말해요. '-기로 하다'는 동사에만 사용해요. 받침이 있어요. 없어요. 모두 '-기로 하다'를 사용해요.

	받침 O	받침 X, 'ㄹ' 받침
동사	-기로 하다	

③ 여러분, '-기로 하다'를 사용하여 〈보기〉와 같이 연습 문제를 풀어 볼까요? 먼저 〈보기〉를 함께 읽어 봅시다. (잠시 후) 1번을 함께 말해 볼까요?
가: 영수야, 주말에 친구들하고 어디에 가기로 했어?
나: 노래방에 가기로 했어.
2번은 어떻게 말할까요?
가: 영수야, 주말에 친구들하고 언제 모이기로 했어?
나: 2시에 모이기로 했어.

④ 여러분은 방학에 누구하고 뭘 할 거예요? '-기로 하다'를 사용하여 말해 보세요.

① 여러분, 공공장소가 무슨 뜻일까요? 공공장소는 공원, 우체국처럼 많은 사람이 함께 이용하는 곳이에요. 또 어떤 공공장소가 있을까요?

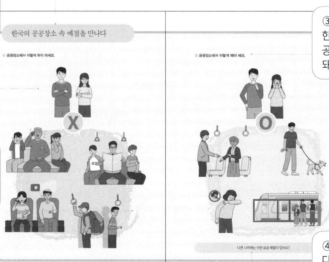

③ (25쪽 그림을 보면서 설명한다)
공공장소에서 무엇을 해도 돼요?

② (24쪽 그림을 보면서 설명한다)
여러분, 공공장소에서 무엇을 하면 안 돼요?

④ 한국의 공공장소 예절과 다른 나라의 예절이 달라요? 다른 나라에는 어떤 공공 예절이 있어요? 한국과 다른 공공 예절을 말해 보세요.

① 지난 시간에 무엇을 공부했어요? 친구들과 약속이 있어요? 뭘 하기로 했어요? 친구들은 누구처럼 무엇을 잘해요?

② 여러분은 다른 사람과 사이가 어때요? 좋아요? 안 좋아요?

③ (첫 번째 그림을 보면서) 여기가 어디예요? 두 사람이 무엇을 해요?
(두 번째 그림을 보면서) 친구의 바지가 어때요? 어떻게 칭찬해요?
(세 번째 그림을 보면서) 두 사람이 무엇을 사요? 문제집은 어디에서 사요?
(네 번째 그림을 보면서) 두 사람이 무엇을 하고 있어요? 친구와 어떤 약속을 해요?

④ 사람들은 언제 초대장을 보내요?
친구에게 어떤 문자 메시지를 보내요?

① 오늘이 생일이에요. 선물로 무엇을 받고 싶어요? 그리고 생일 파티에서 친구와 무엇을 할 거예요?

⑤ 다시 한번 책을 보면서 읽어 볼까요? (읽은 후에) 음식을 누가 준비했어요? 밥을 다 먹으면 무엇을 할 거예요? (대화가 끝나고 29쪽 위에 있는 새 표현을 설명한다. 새 표현: 숟가락과 젓가락 사진을 보여 주며) 이것을 언제 써요? 이걸 언제 써요? '이것을', '이걸'은 같아요.

⑥ 한 명은 정호, 한 명은 와니가 되어서 다시 읽어 볼까요?

② (첫 번째 QR 코드를 가리키며) 정호와 와니가 이야기를 하고 있어요. 무슨 이야기를 해요? 함께 확인해 봐요.
(QR 코드를 본 후) 정호는 어디에 갔어요? 정호는 와니에게 무엇을 선물했어요?

③ (두 번째 QR 코드를 가리키며) 와니가 생일 파티를 해요. 두 사람이 무엇을 해요? 함께 확인해 봐요.
(두 번째 QR 코드를 본 후) 어디에서 생일 파티를 해요? 집에서 무엇을 해요?

④ 와니 어머니가 음식을 만들었어요. '와니 어머니가' 맞아요? 아니에요. 와니 어머니는 여러분보다 나이가 많아요. '가, 이'의 높임말 '께서'를 써야 해요. 그래서 '와니 어머니께서 음식을 만들었어요.' 말해야 해요.

① 여러분 문제를 풀어 볼까요?
내용이 같으면 O, 다르면 X 하세요.
1번을 함께 봐요. 와니가 음식을 준비했어요? 내용과 같아요? 달라요?

② (첫 번째 QR 코드를 가리키며) 와니와 정호는 생일 파티가 끝나고 무엇을 해요? 함께 확인해 봐요.
(첫 번째 QR 코드를 본 후) 와니는 정호에게 왜 '고마워.' 말했어요?

③ 안나가 와니를 칭찬하고 있어요. 어떤 칭찬을 하고 있어요? 대화를 읽어 볼까요? (대화를 읽은 후) 누가 와니에게 바지를 사 줬어요? 와니의 바지가 어때요?
다시 읽어 볼까요? 누가 '와니'를 읽고 싶어요? 누가 '안나'를 읽을 거예요?

④ 여러분, 미지막으로 전체 대화를 한번 들어 볼까요?

---

① 여러분, 보통 사람들은 언제 초대장을 줘요? 초대장에는 어떤 내용을 써요? 모바일 초대장이 뭐예요?

③ 읽기에 있는 새 표현을 알아볼까요? (달력의 오늘에 해당하는 날짜를 손가락으로 가리키며) 오늘이에요. 이번 주는 이날부터 이날까지예요.

④ 다시 읽어 보세요.
(읽은 후) 와니의 생일은 언제예요? 와니의 생일 파티는 어디에서 하기로 했어요? 생일 파티에서 무엇을 할 거예요?

② 여러분, 여기를 보세요. 이게 뭐예요? 어떤 내용이 있어요?

⑤ 여러분, 문제를 풀어 볼까요? 읽은 내용과 같으면 O, 다르면 X 하세요.
1번 같이 볼까요? 9월 20일은 와니의 생일이에요. 내용과 같아요? 달라요?
2번 와니는 왜 초대장을 보냈어요? 네, 생일 파티에 초대하고 싶어서 초대장을 보냈어요.

⑥ (읽기 수업을 정리하면서) 여러분은 언제 초대장을 받았어요? 초대장에 무슨 내용이 있었어요?

① 여러분, 친구 생일 파티에 갔어요. 생일 파티에서 무엇을 했어요? ('무엇을 했어요?'라고 쓰인 칸을 가리키며) 여기에 써 보세요. 생일 파티는 어땠어요? ('어땠어요?'라고 쓰인 칸을 가리키며) 여기에 쓰세요.

② 생일 파티에 가면 무엇이 재미있어요? 기분이 어때요?
여러분이 위에서 '친구의 생일 파티에서 무엇을 했어요?'를 썼어요. 이것을 사용해 문자 메시지를 쓸 거예요. 와니의 생일 파티에 갔어요. 무엇을 했어요? 기분이 어때요? 와니에게 문자 메시지를 써 보세요.

③ (쓰기 수업을 정리하면서) 여러분이 쓴 것을 말해 볼까요?

익힘책: 자가 확인 및 종합 연습 활용

자가 확인

이 문제는 학생들의 실력을 확인하기 위해 제작되었습니다. 각 문제는 전 권의 각 단원과 연계되어 있으므로 결과를 통해 학생의 이해도를 확인할 수 있습니다. 틀린 문제를 통해 전 권에서 이해가 부족한 단원만을 선별적으로 가려내어 복습을 진행할 수 있습니다.

이 문제는 단순히 전 권의 내용을 확인하는 성취도 문제가 아니며, 해당 등급을 공부한 학생이라면 풀 수 있는 문제들로 구성하였습니다. 본 문제를 통해 학생들의 한국어 숙달도를 판단할 수 있으며, 평가 결과를 통해 학생의 부족한 어휘와 문법 표현을 파악할 수 있습니다.

문항 번호	구성 과	문항 번호	구성 과
1	2권 3과 55쪽	11	2권 1과 22쪽
2	2권 2과 37쪽	12	2권 2과 39쪽
3	2권 8과 145쪽	13	2권 6과 111쪽
4	2권 2과 36쪽	14	2권 8과 147쪽
5	2권 1과 19쪽	15	2권 6과 112쪽
6	2권 5과 91쪽	16	2권 5과 95쪽
7	2권 6과 109쪽	17	2권 6과 108쪽
8	2권 7과 127쪽	18	2권 5과 94쪽
9	2권 3과 57쪽	19	2권 8과
10	2권 5과 92쪽	20	2권 8과

종합 연습

이 문제는 학생들이 이번 권의 내용을 잘 이해했는지 확인하기 위해 제작되었습니다. 결과를 통해 이번 권에 대한 학생들의 성취도를 평가할 수 있습니다.

- **80점 이상:** 성취도가 높습니다. 다음 권으로 넘어갈 수 있는 수준입니다.
- **60점 이상 80점 미만:** 틀린 문제를 중심으로 복습을 할 필요가 있습니다. 아직은 헷갈리는 부분이 많은 상태입니다.
- **60점 미만:** 이번 권의 내용을 충분히 숙지하지 못했습니다. 이 상태로 다음 단계에 가면 많은 어려움을 겪을 수 있습니다.

내용 구성표

[의사소통 한국어 3]

단원	제목	주제	꼭 배워요(필수)			문화	더 배워요(선택)			
			어휘	문법	기능		대화	부가 문법	읽기	쓰기
1	네가 꼭 반장이 되면 좋겠다	의사 결정	• 성격, 능력 관련 어휘 • 의사 결정 관련 어휘	• -으면 좋겠다 • -기 위해서 • -어 보이다 • -는 편이다	• 추천하기 • 주장하기	한국의 선거 문화를 엿보다	• 반장 후보 추천하기 • 학급 회의에서 자신의 의견 주장하기	• -어야지 • -다고 생각하다 • -어야겠-	반장 선거 포스터	회장 선거 포스터 쓰기
2	나하고 와니가 청소를 할 테니까 너희는 게시판을 꾸며	환경 미화	• 환경 미화 관련 어휘	• -도록(목적) • -을 테니(까) • -는 대신에 • -어 놓다/두다	• 제안하기 • 요청하기	한국의 집을 만나다	• 환경 미화를 위한 역할 분담 제안하기 • 방 분위기 전환을 위한 도움 요청하기	• -을지 • -어 드리다	학급 신문	학급 신문 쓰기
3	이번 과제를 하려면 자료가 많이 있어야 해	과제	• 과제 관련 어휘	• -잖아(요) • -어 가다 • -으려면 • -어도	• 계획하기 • 문제 해결하기	한국 중고등학교의 수행 평가를 알아보다	• 조별 과제 계획하기 • 조별 과제를 위한 문제 해결하기	• 이나 • -거든	백과사전	학교 소개 쓰기
4	정호는 공연장에 조금 늦게 도착한다고 해	또래 모임	• 모임 관련 어휘 • 감정 관련 어휘	• -자마자 • -고 말다 • -는다고 • -느냐고	• 경험한 일에 대해 이야기하기 • 감정 표현하기	한국의 공동체를 만나다	• 봉사 활동 경험에 대해 이야기하기 • 영화 감상 후 감정 표현하기	• -는구나 • -었었-	수필	수필 쓰기
5	저 책 정말 재미있나 보다	독서	• 독서 관련 어휘	• -나 보다 • -을 텐데 • -으라고 • -자고	• 정보 교환하기 • 감상 표현하기	한국의 도서관을 가 보다	• 독서 활동을 위한 정보 교환하기 • 독서 후 감상 표현하기	• 이라도 • -는 바람에 • -은 결과	독서 감상문	독서 감상문 쓰기
6	파일을 다운로드 하는 중이야	소통	• 통신 관련 어휘	• -고 나다 • -는 중이다 • -는다면 • -을 수밖에 없다	• 정중하게 부탁하기 • 안내하기	한국의 통신 문화를 만나다	• 모바일 메신저를 통해 정중하게 부탁하기 • 온라인상에서 대화하는 방법 안내하기	• -대 • -내	모집 안내문	인터넷 신문 기사 쓰기
7	경치가 정말 멋지고 볼거리가 다양하거든	여행	• 여행 관련 어휘	• -어 가지고 • -어 오다 • -거든(요) • -어 있다	• 여행 정보 구하기 • 걱정하기	한국 중고등학교의 교외 활동을 들여다보다	• 수학여행 전 준비해야 할 것에 대해 이야기하기 • 수학여행 장소에 대한 정보 구하기	• -으래 • -재	기행문	기행문 쓰기
8	연습하는 만큼 실력이 늘고 있는 거지	생활 체육	• 생활 체육 관련 어휘	• 만 아니면 • -었더니 • -는 만큼 • -느라고	• 변명하기 • 자랑하기	한국 중고등학교의 체육 대회를 만나다	• 약속 시간에 늦은 이유에 대해 변명하기 • 자신의 능력 자랑하기	• -는 척하다 • -기는	체조 방법에 대한 글	체조 동작 묘사하여 쓰기

차례

발간사 ··· 5

머리말 ··· 6

일러두기 ·· 8

지도서 사용 예시 ································ 14

익힘책: 자가 확인 및 종합 연습 활용 ······ 20

내용 구성표 ·· 21

1과 · 네가 꼭 반장이 되면 좋겠다 ··················· 24

2과 · 나하고 와니가 청소를 할 테니까 너희는 게시판을 꾸며 ····· 46

3과 · 이번 과제를 하려면 자료가 많이 있어야 해 ········· 68

4과 · 정호는 공연장에 조금 늦게 도착한다고 해 ········· 88

5과 · 저 책 정말 재미있나 보다 ······················ 110

6과 · 파일을 다운로드하는 중이야 ···················· 130

7과 · 경치가 정말 멋지고 볼거리가 다양하거든 ········· 150

8과 · 연습하는 만큼 실력이 늘고 있는 거지 ············ 172

익힘책 교수-학습 지침 ·························· 194

의사소통 한국어 교사용 지도서

네가 꼭 반장이 되면 좋겠다

● 단원 목표

자신이 생각하는 좋은 방법을 다른 사람에게 추천하고 주장할 수 있다.

● 단원 내용

꼭 배워요 (필수)	• 주제: 의사 결정
	• 기능: 추천하기, 주장하기
	• 어휘: 성격, 능력 관련 어휘, 의사 결정 관련 어휘
	• 문법: -으면 좋겠다, -기 위해서, -어 보이다, -는 편이다
문화	• 문화: 한국의 선거 문화를 엿보다
더 배워요 (선택)	• 대화 1: 반장 추천하기 • 대화 2: 학급 회의 시간에 장기 자랑 결정하기
	• 읽기: 반장 선거 포스터
	• 쓰기: 회장 선거 포스터 쓰기

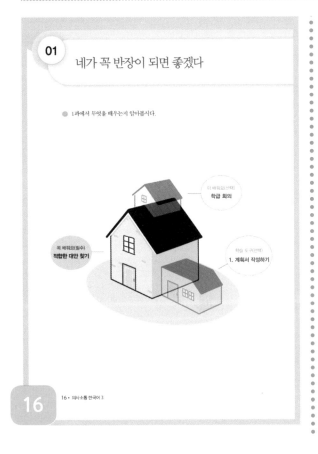

01 네가 꼭 반장이 되면 좋겠다

● 1과에서 무엇을 배우는지 알아봅시다.

더 배워요(선택)
학급 회의

꼭 배워요(필수)
적합한 대안 찾기

학습 도구(선택)
1. 계획서 작성하기

16 • 의사소통 한국어 3

● 수업 개요

〈꼭 배워요〉 학습 목표

• 자신이 생각하는 좋은 방법을 추천할 수 있다.
• 자신의 생각을 주장할 수 있다.

1차시	• 도입 대화를 통해 본 단원의 주제에 대해 이해하고 말할 수 있다.
2차시	• 성격, 능력 관련 어휘 및 표현과 의사 결정 관련 어휘 및 표현을 알고 활용할 수 있다.
3차시	• 반장 선거를 할 때 후보를 추천하고 자신의 생각을 주장할 수 있다. • '-으면 좋겠다'를 사용하여 말하는 사람의 소망이나 바람을 나타내거나 현실과 다르게 되기를 바라는 것을 나타내는 표현을 할 수 있다.
4차시	• 축제 때 입을 단체 티셔츠에 대한 의견을 다른 사람에게 추천할 수 있다. • '-기 위해서'를 사용하여 어떤 일을 하는 목적인 의도를 나타내는 표현을 할 수 있다.

5차시	• 친구들과 주문해서 온 단체 티셔츠에 대해 의견을 나눌 수 있다. • '-어 보이다'를 사용하여 겉으로 볼 때 앞의 말이 나타내는 것처럼 느껴지거나 추측됨을 나타내는 표현을 할 수 있다.
6차시	• 학급 활동 시간에 무엇을 할 것인지 자신의 생각을 다른 사람에게 추천할 수 있다. • '-는 편이다'를 사용하여 어떤 사실을 단정적으로 말하기보다는 대체로 어떤 쪽에 가깝다거나 속한다는 것을 나타내는 표현을 할 수 있다.

● 1차시 | 복습 및 〈꼭 배워요〉 도입

[학습 목표]
• 도입 대화를 통해 본 단원의 주제에 대해 이해하고 말할 수 있다.

복습 - 20분

2권 8단원에서 배운 주제 및 문법에 대해 복습한다.

1) 교사는 지난 단원의 주제와 관련된 질문을 하여 학생들에게 학습한 내용을 떠올리게 한다.
📖 "여러분은 학교에서 어떤 문제가 생긴 적이 있어요?"
📖 "문제가 생겼을 때 어떻게 했어요?"

2) 교사는 '-다가'와 관련된 질문을 하여 학생들에게 학습한 내용을 떠올리게 한다.
📖 "약속 시간에 왜 늦었어요?"
📖 "숙제를 왜 다 안 했어요?"

3) 교사는 '-게'와 관련된 질문을 하여 학생들에게 학습한 내용을 떠올리게 한다.
📖 "칠판에 쓰여 있는 글씨가 작아서 잘 안 보여요. 선생님께 어떻게 말해야 해요?"
📖 "요즘 날씨가 너무 추워요. 감기에 걸리지 않으려면 어떻게 해야 해요?"

4) 교사는 '-어서'와 관련된 질문을 하여 학생들에게 학습한 내용을 떠올리게 한다.
📖 "수업이 끝나고 어디에 가요? 그다음 거기에서 무엇을 할 거예요?"
📖 "어제 무엇을 했어요?"

5) 교사는 '-은 지'와 관련된 질문을 하여 학생들에게 학습한 내용을 떠올리게 한다.
📖 "언제부터 옆 친구를 알았어요?"
📖 "학교에 언제 왔어요?"

※ 고등학생 대상 수업의 경우 필수적으로 5분간 다음 활동을 추가로 진행함.
→ 교사는 짝 활동을 통해 학생들에게 추천하기에 대해 이야기하게 할 수 있다. 이때 교사는 '-다가', '-게', '-어서', '-은 지' 중 반드시 세 가지 이상의 문법을 꼭 사용하여 대본을 만들 수 있도록 지도한다.

17

〈꼭 배워요〉 도입 - 25분

1) 교사는 학생들과 교재 17쪽의 그림을 보고 이야기하며 본 단원의 주제에 대해 흥미를 유발한다.
📖 "두 사람이 게시판에서 무엇을 보고 있어요?"
📖 "두 사람이 무엇에 대해 이야기하고 있어요?"

2) 교사는 학생들에게 교재 17쪽의 대화를 읽게 한다. 그리고 세부 내용을 이해했는지 확인하는 질문을 한다.
📖 "유미는 어떤 사람이 반장이 되기를 바라요?"
📖 "세인이가 바라는 반장은 어떤 사람이에요?"
📖 "두 사람 모두 원하는 반장은 어떤 사람이에요?"

3) 교사는 학생들에게 '함께 이야기해 봐요'의 질문을 하면서 단원의 주제를 도입한다.
📖 "어떤 사람이 반장이 되는 것이 좋을까요?"
📖 "반장이 되기 위해서 어떤 노력을 해야 할까요?"

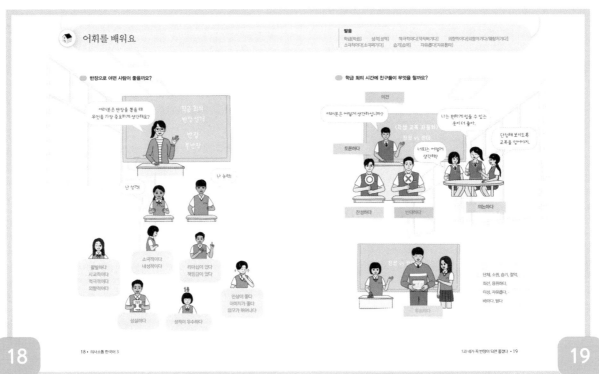

• 2차시 | 어휘를 배워요

[학습 목표]

• 성격, 능력 관련 어휘 및 표현과 의사 결정 관련 어휘
와 표현을 알고 활용할 수 있다.

본 단원에는 성격, 능력 및 의사 결정에 관련된 어휘
및 표현이 제시되어 있다.

도입 – 5분

1) 교사는 질문을 통해 학습하게 될 어휘 및 표현을 자
연스럽게 노출한다.

　교 "우리 반에 반장이 있어요? 누구예요?"

　교 "어떤 사람이 반장을 하면 좋을까요?"

2) 교사는 학생들과 제시된 그림을 보며 이야기를 나눈
다.

　교 "18쪽의 그림을 보세요. 반장으로 어떤 사람이 좋을까요?"

　교 "19쪽의 그림을 보세요. 학급 회의 시간이에요. 친구들이
무엇을 할까요?"

전개 – 35분

1. 성격, 능력에 관련된 어휘 및 표현이다.

1) 교사는 다음에 제시되는 내용을 참고하여 학생들에
게 어휘 및 표현을 설명한다. 이때 새로 등장하는 발
음 규칙이 있다면 함께 설명한다.

성격	◆ **정의** 개인이 가지고 있는 고유한 성질이나 품성. 　예 우리 형은 성격이 좋아서 친구가 많아요. ● **설명** "호민이는 어떤 사람이에요? 말이 많아요. 그럼 와니는 어때요? 조용해요. 이렇게 사람마다 다르게 가지고 있는 것을 '성격'이라고 해요."
능력	◆ **정의** 어떤 일을 할 수 있는 힘. 　예 나나는 운동 능력이 좋아요. ● **설명** "여러분은 무엇을 잘해요? 무슨 능력이 있어요? 자신이 어떤 일을 잘할 수 있는 힘을 '능력'이라고 해요."
활발하다	◆ **정의** 생기가 있고 힘차다. 　예 유미의 성격이 활발해요. ● **설명** "정호가 운동장에서 30분 넘게 친구들과 축구를 하면서 놀고 있어요. 책상에 앉아서 조용히 책을 보거나 음악을 듣는 것보다 움직이며 활동하는 것을 좋아하는 성격을 '활발하다'라고 말해요."
사교적	◆ **정의** 여러 사람과 잘 사귀고 쉽게 어울리는 것. 　예 우리 반에서 민우가 제일 사교적인 사람이에요. ● **설명** "사람들과 잘 어울려 지내고 친구를 쉽게 사귈 수 있는 사람이 있어요. 이런 성격을 '사교적'이라고 해요."
적극적	◆ **정의** 어떤 일에 대한 태도에 있어 자발적이고 긍정적인 것. 　예 정호는 모든 일에 적극적이에요. ◆ **정보** 반의어 '소극적' ● **설명** "일이 있을 때 누가 시키지 않아도 먼저 하려고 하는 성격이에요. 이런 성격을 '적극적이다'라고 말해요."

외향적	◆ 정의 생각이나 마음의 움직임을 밖으로 드러내는 것. 예 나나는 외향적이어서 친구가 많아요. ◆ 정보 반의어 '내성적' ● 설명 "자신의 기분을 잘 표현하는 사람이에요. 이런 성격을 '외향적이다'라고 말해요."
소극적	◆ 정의 스스로 하려는 의지가 부족하고 활동적이지 않은 것. 예 소극적인 성격을 고치고 싶어요. ◆ 정보 반의어 '적극적' ● 설명 "활발하지 않고 조용한 성격을 뭐라고 해요? 이런 성격은 '소극적이다'라고 해요."
내성적	◆ 정의 감정이나 생각을 겉으로 드러내지 않는 것. 예 저는 내성적인 성격이라 친구를 사귀는 데 시간이 많이 걸려요. ◆ 정보 반의어 '외향적' ● 설명 "자신이 느끼는 기분이나 생각을 잘 표현하지 않는 성격은 어떤 성격이에요? 이런 성격을 '내성적이다'라고 말해요."
리더십	◆ 정의 지도자로서의 능력. 예 민우는 리더십이 있어요. ● 설명 "다른 사람에게 해야 할 일을 알려 주고 어떤 일을 잘할 수 있게 앞에서 가르쳐 주는 능력을 '리더십'이라고 해요."
책임감	◆ 정의 맡아서 해야 할 일이나 의무를 중요하게 여기는 마음. 예 소연이는 책임감이 강해서 시작한 일을 끝까지 해요. ● 설명 "자신이 시작한 일을 끝까지 끝내려고 하는 마음을 '책임감'이라고 말해요."
인상	◆ 정의 어떤 대상이 주는 느낌. 예 세인이의 인상이 정말 좋아요. ● 설명 "선생님의 인상이 어때요? 사람을 보고 그 사람의 성격이나 특별한 느낌을 '인상'이라고 해요."
이미지	◆ 정의 어떤 사람이나 사물에서 받은 기억이나 인상. 예 '바닷가' 하면 수영하는 사람들의 이미지가 떠올라요. ● 설명 "여러분은 한국 하면 어떤 느낌이 들어요? 어떤 사람이나 물건을 보면서 떠오르는 그림을 '이미지'라고 해요."
외모	◆ 정의 사람의 겉으로 보이는 모양. 예 단정한 외모가 보기 좋아요. ● 설명 "사람의 성격이 아닌 겉으로 보이는 모습을 '외모'라고 해요."
뛰어나다	◆ 정의 능력 등이 남보다 더 훌륭하거나 우수하다. 예 호민이는 그림에 뛰어난 능력이 있어요. ● 설명 "(올림픽 시상식 사진을 보여 주고 1등 한 선수를 가리키며) 이 선수는 1등을 했어요. 이 선수가 1등을 한 것은 다른 선수보다 운동을 잘했기 때문이에요. 이렇게 무엇을 잘하는 것을 '뛰어나다'라고 말해요."

성실하다	◆ 정의 태도나 행동이 진실하고 올바르며 정성스럽다. 예 우리 반은 성실한 학생들이 많아요. ● 설명 "자신이 해야 할 일을 열심히 하는 사람들이 있어요. 다른 사람에게 시키거나 나쁜 방법을 사용하지 않아요. 그리고 일이 있으면 다음 날 하지 않고 시간이 있을 때 빨리 해요. 이런 사람들을 '성실하다'라고 말해요."
성적	◆ 정의 학생들이 공부한 것을 시험 등으로 평가한 결과. 예 이번 시험 성적이 올랐어요. ● 설명 "시험을 보면 점수가 나와요. 이것을 '성적'이라고 말해요. 공부를 열심히 한 후 시험을 보면 성적이 좋아져요."
우수하다	◆ 정의 여럿 중에서 뛰어나다. 예 이 제품의 품질이 우수해요. ● 설명 "'뛰어나다'의 의미와 비슷해요. 여러 가지 중에서 가장 좋고 뛰어난 것을 '우수하다'라고 말해요."

2) 교사는 질문을 통해 학생들이 어휘 및 표현을 잘 이해했는지 확인한다.

교 "여러분 옆 친구의 성격이 어때요?"

교 "우리 반 반장은 어떤 점이 뛰어나요?"

2. 학급 회의 시간에 의사 결정하기와 관련된 어휘 및 표현이다.

1) 교사는 다음에 제시되는 내용을 참고하여 학생들에게 어휘 및 표현을 설명한다. 이때 새로 등장하는 발음 규칙이 있다면 함께 설명한다.

반장	◆ 정의 학교에서 학급을 대표하는 사람. 예 선영이가 반장 선거에 나가요. ◆ 정보 참조어 '부반장' ● 설명 "(19쪽에서 반장 '민우'를 가리키며) 민우는 '반장'이에요. '반장'은 우리 반에 어떤 일이 있을 때 친구들의 생각을 모아서 일을 진행하는 사람이에요."
부반장	◆ 정의 학급, 부서 등의 반에서 반장을 도와 반의 일을 맡아보는 직위. 또는 그런 사람. 예 우리 반 반장은 선영이이고, 부반장은 정호예요. ◆ 정보 참조어 '반장' ● 설명 "반장을 도와서 우리 반의 일을 맡아서 하는 사람을 '부반장'이라고 해요."
선거	◆ 정의 일정한 조직이나 집단에서 투표를 통해 대표자나 임원을 뽑음. 예 반장과 부반장은 선거를 해서 뽑아요. ● 설명 "반장을 어떻게 뽑아요? 반 학생들이 반장으로 뽑고 싶은 사람의 이름을 써서 내요. 그리고 이름이 가장 많이 쓰인 사람을 반장으로 뽑아요. 이것을 '선거'라고 해요."

의견	◆ **정의** 어떤 대상이나 현상 등에 대해 나름대로 판단하여 가지는 생각. **예** 여러 사람의 의견을 들어 보아야 해요. ● **설명** "학급 일을 결정할 때 반장 혼자 생각해서 결정하면 안 돼요. 반 친구들의 생각을 들어야 해요. 생각을 다른 말로 '의견'이라고 해요."
찬성하다	◆ **정의** 다른 사람의 의견이나 생각 등이 좋다고 인정해 뜻을 같이하다. **예** 저는 유미의 의견에 찬성해요. ◆ **정보** 반의어 '반대하다' ● **설명** "토론을 할 때 친구가 말한 의견이 좋으면 그 의견에 '찬성합니다'라고 말해요. 이렇게 다른 사람 의견이 좋다고 생각해서 뜻을 같이하는 것을 말해요."
반대하다	◆ **정의** 어떤 행동이나 의견 등에 따르지 않고 거스르다. **예** 그 친구는 우리의 의견에 반대했어요. ◆ **정보** 반의어 '찬성하다' ● **설명** "친구가 말한 의견이 좋지 않으면 그 의견에 '반대합니다'라고 말해요. 이렇게 다른 사람 의견이 싫다고 생각해서 뜻을 다르게 하는 것을 말해요."
토론하다	◆ **정의** 어떤 문제에 대하여 여러 사람이 옳고 그름을 따지며 논의하다. **예** 학생들은 수업 시간에 토론을 했어요. ● **설명** "어떤 주제에 대해서 찬성과 반대에 대한 의견을 나누는 것을 '토론'이라고 해요."
의논하다	◆ **정의** 어떤 일에 대해 서로 의견을 나누다. **예** 부모님과 함께 의논해 보겠습니다. ● **설명** "고민이 있을 때 선생님이 부모님과 함께 이야기하는 것을 '의논하다'라고 해요. 여러분은 고민이 있을 때 누구와 의논해요?"
투표하다	◆ **정의** 선거를 하거나 어떤 일을 결정할 때 정해진 용지에 의견을 표시하여 내다. **예** 이번 주 금요일 반장 선거 투표를 해요. ● **설명** "'투표하다'는 종이에 자신의 의견을 적어 내는 거예요. 반장을 뽑거나 어떤 일에 대해 결정을 할 때 보통 투표를 해요."

2) 교사는 질문을 통해 학생들이 어휘 및 표현을 잘 이해했는지 확인한다.

📕 "나에게 고민이나 문제가 생겨서 주변 사람들과 함께 이야기하는 것을 뭐라고 해요?"

📕 "어떤 일을 결정할 때 종이에 의견을 표시해 내는 것을 뭐라고 해요?"

교수-학습 지침

※ 고등학생 대상 수업의 경우 필수적으로 5분간 다음 활동을 추가로 진행함.

→ 교사는 학생들에게 성격 어휘를 활용하여 자신의 성격을 친구들 앞에서 소개하도록 지도한다.

→ 교사는 학생들에게 토론 주제를 제시한 후 그 주제에 대해 '찬성/반대' 중 하나를 결정하여 자신의 의견을 말하는 활동을 하도록 지도한다.

정리 – 5분

교사는 질문을 통해 어휘 및 표현 학습을 마무리한다.

📕 "여러분, 선생님의 성격이 어때요?"

📕 "친구가 말한 의견이 좋고 나도 같은 생각이면 뭐라고 말해요?"

📕 "어떤 주제에 대해서 찬성과 반대로 나누어 의견을 나누는 것을 뭐라고 해요?"

교사 지식

→ '학급[학끕], 적극적[적극쩍], 소극적[소극쩍], 습기[습끼], 자유롭다[자유롭따]'에서 확인되는 발음 규칙:

· 경음화 ▶ 받침 'ㄱ(ㄲ, ㅋ, ㄳ, ㄺ), ㄷ(ㅅ, ㅆ, ㅈ, ㅊ, ㅌ), ㅂ(ㅍ, ㄼ, ㄿ, ㅄ)' 뒤에 연결되는 'ㄱ, ㄷ, ㅂ, ㅅ, ㅈ'은 된소리로 발음된다.

→ '성격[성격]'에서 확인되는 발음 규칙:

· 한자어의 수의적 경음화 ▶ 한자어의 경우 경음화 현상이 일률적으로 나타나 적용되지 않으므로 사전 등을 활용하여 발음을 확인해야 한다.

→ '외향적이다[외향저기다/웨향저기다]'에서 확인되는 발음 규칙:

· 연음 법칙 ▶ 홑받침이나 쌍받침이 모음으로 시작된 조사나 어미, 접미사와 결합되는 경우에는 제 음가대로 뒤 음절 첫소리로 옮겨 발음한다.

· '외'의 발음 ▶ '외'의 발음은 본래 단모음 [외]로 발음하는 것이 원칙이나 이중 모음 [웨]로 발음하는 것도 허용된다.

3차시 | 문법을 배워요 1

[학습 목표]
- 반장 선거를 할 때 후보를 추천하고 자신의 생각을 주장할 수 있다.
- '-으면 좋겠다'를 사용하여 말하는 사람의 소망이나 바람을 나타내거나 현실과 다르게 되기를 바라는 것을 나타내는 표현을 할 수 있다.

도입 – 5분

1) 교사는 학생들에게 대화문을 읽게 한다. 그리고 학생들이 대화 상황을 이해했는지 확인 질문을 한다.
　📖 "선영이가 어디에 나가 보려고 해요?"
　📖 "선영이의 성격이 어때요?"

2) 교사는 학생들에게 목표 문법의 의미를 추측할 수 있는 질문을 한다.
　📖 "호민이는 선영이가 반장이 되기를 바라요. 선영이에게 어떻게 말했어요?"

전개 – 35분

다음의 절차에 따라 문법에 대해 설명한다. 그리고 새로 제시되는 어휘 및 표현이 있다면 그 의미를 함께 설명한다.

[설명]
　📖 "'-으면 좋겠다'는 말하는 사람이 바라는 것을 나타내거나 현실과 다르게 되기를 바라는 것을 표현할 때 사용해요."

[예시]
- 시험이 빨리 끝나면 좋겠어요.
- 이번 중간고사 성적이 오르면 좋겠다.
- 학교 앞 떡볶이 가게가 일요일에도 문을 열면 좋겠어.

[정보]
▶ 형태 정보:

	받침 ○	받침 X, 'ㄹ' 받침
동사, 형용사	-으면 좋겠다	-면 좋겠다

① 동사 및 형용사 어간 끝음절에 받침이 있으면 '-으면 좋겠다', 동사 및 형용사 어간 끝음절에 받침이 없거나 'ㄹ' 받침으로 끝나면 '-면 좋겠다'를 쓴다. 단, 'ㄹ' 받침으로 끝날 때는 'ㄹ'이 탈락한다.

② '이다', '아니다'는 '-면'을 쓴다. 단, '이다' 앞의 명사에 받침이 없으면 '명사+면 좋겠다'라고 쓴다.

▶ 제약 정보:

① 청유형, 명령형과 결합하지 않는다.
- 키가 크면 좋겠자. (X)
- 키가 크면 좋겠어라. (X)

▶ 주의 사항:

① '-으면 좋겠다'는 반대 상황을 희망함에 초점을 두며, 유사 문법인 '-었으면 좋겠다'는 반대 상황을 가정함에 초점을 둔다. '-으면 좋겠다'를 '-었으면 좋겠다'로도 사용하며 교사는 학생들에게 '-었으면 좋겠다'가 과거 표현의 의미가 아님을 지도한다.

[확인]

교사는 문법을 설명한 뒤 '연습 문제'를 통해 학생들이 문법을 이해했는지 확인한다.

> 정답
> (1) 이번 시험을 잘 보면 좋겠어
> (2) 이성 친구가 생기면 좋겠어

어휘 및 표현

소원	◆ 정의 이루어지기 바라는 일. 　📖 제 소원은 세계 여행을 하는 것입니다. ● 설명 "자신이 원하는 일이 이루어지기를 바라는 것을 '소원'이라고 해요. 여러분은 어떤 소원이 있어요?"

최선	◆ **정의** 모든 정성과 힘. **예** 마지막 시험에서 최선을 다했어. ● **설명** "시험이나 대회에서 1등을 하고 싶으면 어떻게 노력해야 해요? 최선을 다해야 해요. 평소보다 더 열심히, 더 많은 힘을 쓰는 것을 '최선을 다하다'라고 말해요."
응원하다	◆ **정의** 운동 경기 등에서 노래나 몸짓 등을 통해 선수들이 잘 할 수 있도록 격려하다. **예** 우리 팀 선수를 응원해요. ● **설명** "나나가 영어 대회에 나가면 우리 반 모두 함께 가서 나나에게 힘이 되는 노래와 말을 해 줘요. 이것을 '응원'이라고 해요."
이성	◆ **정의** 남성에게 여성, 여성에게는 남성과 같이 서로 다른 성별. **예** 이성 친구에게 관심을 갖게 되었어요. ◆ **정보** 반의어 '동성' ● **설명** "(여학생을 가리키며) '여자예요.' (남학생을 가리키며) '남자예요.' 여자, 남자를 성별이라고 해요. 그리고 다른 성별은 '이성'이라고 해요."

교수-학습 지침

※ **고등학생 대상 수업의 경우 필수적으로 5분간 다음 활동을 추가로 진행함.**

→ 교사는 학생들에게 목표 문법을 활용할 수 있는 새로운 화제를 제시한다.

📖 "부모님께 바라는 점이 있어요? '-으면 좋겠다'를 사용하여 말해 보세요."

정답
주말에 함께 보내는 시간이 많으면 좋겠어요. 방학에 함께 여행을 가면 좋겠어요.

정리 – 5분

1) 교사는 학생들에게 대화문을 다시 한번 읽게 한다.

2) 교사는 교재에 제시된 열린 질문을 통해 학생들에게 배운 문법을 활용하여 자유롭게 이야기를 나누게 한다.

📖 "여러분은 이번 학기에 바라는 일이 있어요? '-으면 좋겠다'를 사용하여 말해 보세요."

정답
이번 학기 친구를 많이 사귀면 좋겠어요. 이번 학기 성적이 오르면 좋겠어요. 이번 학기에 소풍을 가면 좋겠어요.

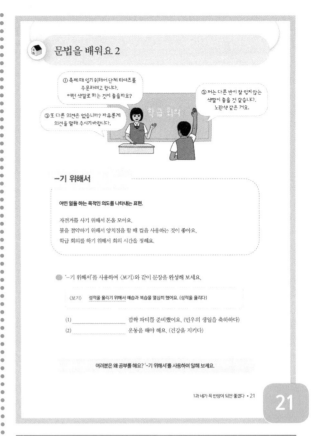

• 4차시 | 문법을 배워요 2

[학습 목표]

● 축제 때 입을 단체 티셔츠에 대한 의견을 다른 사람에게 추천할 수 있다.

● '-기 위해서'를 사용하여 어떤 일을 하는 목적인 의도를 나타내는 표현을 할 수 있다.

도입 – 5분

1) 교사는 학생들에게 대화문을 읽게 한다. 그리고 학생들이 대화 상황을 이해했는지 확인 질문을 한다.

📖 "지금 교실에서 무엇을 하고 있어요?"

📖 "왜 단체 티셔츠를 주문하려고 해요?"

2) 교사는 학생들에게 목표 문법의 의미를 추측할 수 있는 질문을 한다.

📖 "반 친구들은 무엇을 결정하려고 학급 회의를 하고 있어요?"

전개 – 35분

다음의 절차에 따라 문법에 대해 설명한다. 그리고 새로 제시되는 어휘 및 표현이 있다면 그 의미를 함께 설명한다.

[설명]

📖 "'-기 위해서'는 어떤 일을 하려는 목적인 의도를 나타낼 때 사용해요."

[예시]

· 나나를 만나기 위해서 시내에 가요.
· 제주도에 가기 위해서 돈을 모으고 있어요.
· 운동을 하기 위해서 체육복으로 갈아입었어요.

[정보]

▶ 형태 정보:

	받침 O	받침 X
동사	-기 위해서	

① 동사 어간 끝음절의 받침 유무와 관계없이 '-기 위해서'를 쓴다.

▶ 제약 정보:

① 앞 절과 뒤 절의 주어가 같아야 하고, 주로 뒤 절의 주어는 생략한다.
· 저는 연필을 사기 위해 친구는 문구점에 가요. (X)
· 저는 연필을 사기 위해 (저는) 문구점에 가요. (O)

② 일반적으로 형용사와 결합하지 않는다.
· 소연이는 시원하기 위해 창문을 열었어요. (X)
· 영수는 키가 크기 위해 아침마다 우유를 마셔요. (X)

③ 과거 '-었-', 미래·추측의 '-겠-'과 결합하지 않는다.
· 저는 어제 친구의 선물을 샀기 위해 백화점에 갔어요. (X)
· 저는 어제 친구의 선물을 사기 위해 백화점에 갔어요. (O)

▶ 주의 사항:

① 크게 차이는 없으나 '-기 위해', '-기 위하여'로도 쓴다.

② '-기 위해서'와 형용사가 결합을 할 때는 형용사에 '-아지다'를 붙인 다음에 '-기 위해서'와 함께 쓸 수 있다.
· 안나는 건강하기 위해서 운동을 해요. (X)
· 안나는 건강해지기 위해서 운동을 해요. (O)

③ 'N+을 위해' 구성으로 목적을 나타낼 수 있다.
· 안나는 건강을 위해 운동을 해요.
· 어머니는 우리를 위해 맛있는 음식을 요리하십니다.

[확인]

교사는 문법을 설명한 뒤 '연습 문제'를 통해 학생들이 문법을 이해했는지 확인한다.

정답
(1) 민우의 생일을 축하하기 위해서
(2) 건강을 지키기 위해서

어휘 및 표현

단체	◆ 정의 여러 사람이 모인 집단. 예 체육 대회 때 우리 반은 단체 티셔츠를 입을 거예요. ◆ 정보 반의어 '개인' ● 설명 "혼자가 아니고 여러 사람이 함께 있는 것을 '단체'라고 해요."
절약	◆ 정의 마구 쓰지 않고 꼭 필요한 데에만 쓰며 아낌. 예 전기 절약을 위해서 외출할 때 불을 꺼야 해요. ◆ 정보 반의어 '낭비' ● 설명 "전기나 돈 등을 꼭 필요할 때만 사용하는 것을 '절약', '절약하다'라고 해요."
바라다	◆ 정의 생각이나 희망대로 어떤 일이 이루어지기를 기대하다. 예 저는 모든 사람이 행복해지기를 바라요. ● 설명 "여러분은 하고 싶은 것이 있어요? 하고 싶은 것이 있을 때 '그것이 이루어지면 좋겠다'라고 생각하는 것을 '바라다'라고 해요."
자유롭다	◆ 정의 무엇에 매이지 않고 자기 생각과 의지대로 할 수 있는 상태이다. 예 자유롭게 질문을 해도 좋습니다. ● 설명 "여러분 주말에는 교복을 입지 않고 어떤 옷을 입어요? 자유롭게 여러분이 입고 싶은 편한 옷을 입어요. 이렇게 누가 시킨 것이 아니라 자신이 생각하는 방법으로 결정하고 행동할 수 있을 때 '자유롭다'라고 해요."

교수-학습 지침

※ 고등학생 대상 수업의 경우 필수적으로 5분간 다음 활동을 추가로 진행함.
→ 교사는 학생들에게 목표 문법을 활용할 수 있는 새로운 화제를 제시한다.
📖 "여러분은 왜 도서관에 가요? '-기 위해서'를 사용하여 말해 보세요."

정답
책을 읽기 위해서 도서관에 가요. 영화를 보기 위해서 도서관에 가요.

정리 - 5분

1) 교사는 학생들에게 대화문을 다시 한번 읽게 한다.

2) 교사는 교재에 제시된 열린 질문을 통해 학생들에게 배운 문법을 활용하여 자유롭게 이야기를 나누게 한다.
📖 "여러분은 왜 공부를 해요? '-기 위해서'를 사용하여 말해 보세요."

정답
나의 꿈을 이루기 위해서 공부를 해. 나는 대학에 가기 위해서 공부를 해.

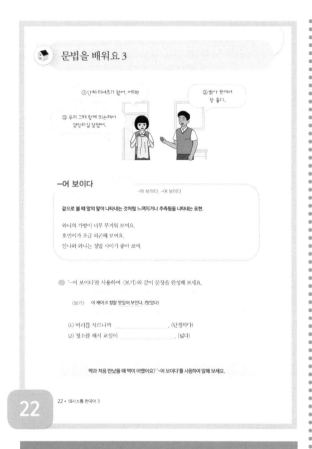

22 • 의사소통 한국어 3

• 5차시 | 문법을 배워요 3

[학습 목표]

- 친구들과 주문해서 온 단체 티셔츠에 대해 의견을 나눌 수 있다.
- '-어 보이다'를 사용하여 겉으로 볼 때 앞의 말이 나타내는 것처럼 느껴지거나 추측됨을 나타내는 표현을 할 수 있다.

도입 – 5분

1) 교사는 학생들에게 대화문을 읽게 한다. 그리고 학생들이 대화 상황을 이해했는지 확인 질문을 한다.
   - 🔳 "두 사람은 무엇을 보고 이야기하고 있어요?"
   - 🔳 "단체 티셔츠는 어떻게 정했어요?"

2) 교사는 학생들에게 목표 문법의 의미를 추측할 수 있는 질문을 한다.
   - 🔳 "정호는 티셔츠가 마음에 들어요. 그 이유가 뭐예요?"

전개 – 35분

다음의 절차에 따라 문법에 대해 설명한다. 그리고 새로 제시되는 어휘 및 표현이 있다면 그 의미를 함께 설명한다.

[설명]

- 🔳 "'-어 보이다'는 눈으로 보기에 앞의 말이 나타내는 것처

럼 느껴지거나 추측됨을 나타낼 때 사용해요."

[예시]

- 소연이는 성실해 보여요.
- 정호는 성격이 좋아 보여.
- 카메라 사용법이 정말 복잡해 보여.

[정보]

▶ 형태 정보:

	ㅏ, ㅗ	ㅓ, ㅜ, ㅣ…	하다
형용사	-아 보이다	-어 보이다	-여 보이다

① 형용사 어간 끝음절 모음이 'ㅏ, ㅗ'인 경우 '-아 보이다', 형용사 어간 끝음절의 모음이 'ㅏ, ㅗ'가 아닌 경우 '-어 보이다', '-하다'가 붙은 형용사 어간에는 '-여 보이다'를 쓰는데, 흔히 줄여서 '-해 보이다'로 쓴다.

▶ 주의 사항:

① 형용사하고만 결합한다. 일부 형용사는 '-게 보이다'로도 사용되며 의미 차이는 없다.
   - 안나가 행복하게 보여요.
   - 세인이가 멋있게 보여요.

[확인]

교사는 문법을 설명한 뒤 '연습 문제'를 통해 학생들이 문법을 이해했는지 확인한다.

> 정답
> (1) 단정해 보인다
> (2) 넓어 보인다

어휘 및 표현

밝다	◆ 정의 색깔이 어둡거나 탁하지 않다. 예 흰색 옷을 입으니까 얼굴이 밝아 보여요. ◆ 정보 반의어 '어둡다' ● 설명 "(왼쪽에 밝은 노란색을, 오른쪽에 어두운 노란색을 비교하여 보여 주며) "왼쪽과 오른쪽 모두 노란색이에요. 하지만 왼쪽의 노란색은 색이 '밝다'라고 해요. 그리고 오른쪽의 노란색은 색이 '어둡다'라고 말해요."

> 교수-학습 지침
> ※ 고등학생 대상 수업의 경우 필수적으로 5분간 다음 활동을 추가로 진행함.
> → 교사는 학생들에게 목표 문법을 활용할 수 있는 새로운 화제를 제시한다.
>   🔳 "오늘 선생님 기분이 어때 보여요? '-어 보이다'를 사용하여 말해 보세요."

> 정답
> 좋아 보여요. 슬퍼 보여요.

1) 교사는 학생들에게 대화문을 다시 한번 읽게 한다.

2) 교사는 교재에 제시된 열린 질문을 통해 학생들에게 배운 문법을 활용하여 자유롭게 이야기를 나누게 한다.

📖 "우리 반 친구들을 처음 만났을 때 어때 보였어요? '-어 보이다'를 사용하여 말해 보세요."

정답
성실해 보였어요. 귀여워 보였어요.

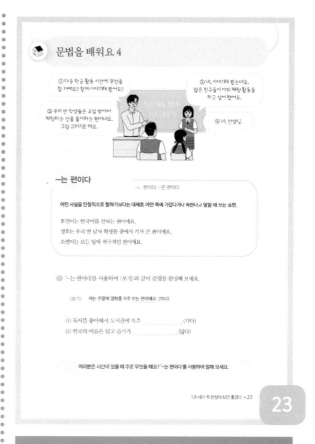

23

• 6차시 | 문법을 배워요 4

[학습 목표]

• 학급 활동 시간에 무엇을 할 것인지 자신의 생각을 다른 사람에게 추천할 수 있다.

• '-는 편이다'를 사용하여 어떤 사실을 단정적으로 말하기보다는 대체로 어떤 쪽에 가깝다거나 속한다는 것을 나타내는 표현을 할 수 있다.

도입 – 5분

1) 교사는 학생들에게 대화문을 읽게 한다. 그리고 학생들이 대화 상황을 이해했는지 확인 질문을 한다.

📖 "선생님과 학생들이 무엇을 하고 있어요?"

📖 "앞에 나와 있는 사람은 누구예요? 왜 앞에 나와 있어요?"

2) 교사는 학생들에게 목표 문법의 의미를 추측할 수 있는 질문을 한다.

📖 "반 학생들은 대부분 어떤 학급 활동을 좋아해요?"

전개 – 35분

다음의 절차에 따라 문법에 대해 설명한다. 그리고 새로 제시되는 어휘 및 표현이 있다면 그 의미를 함께 설명한다.

[설명]

📖 "'-는 편이다'는 어떤 사실을 단정적으로 말하는 것이 아닌 대체로 어느 쪽에 더 가깝다는 것을 표현할 때 사용해요."

[예시]

· 영수는 봉사 활동을 자주 가는 편이에요.
· 정호는 생각이 많은 편이에요.
· 학교 정문 앞 문구점은 가격이 싼 편이에요.

[정보]

▶ 형태 정보:

	받침 O	받침 X, 'ㄹ' 받침
동사	-는 편이다	
형용사	-은 편이다	-ㄴ 편이다

① 동사 어간 끝음절의 받침 유무에 관계없이 '-는 편이다'를 쓴다. 단, 'ㄹ' 받침으로 끝날 때는 'ㄹ'이 탈락한다.

② 형용사 끝음절에 받침이 있으면 '-은 편이다', 형용사 어간 끝음절에 받침이 없거나 'ㄹ' 받침으로 끝나면 '-ㄴ 편이다'를 쓴다. 단, 'ㄹ' 받침으로 끝날 때는 'ㄹ'이 탈락한다.

③ '있다, 없다'나 '있다, 없다'가 붙어서 만들어진 합성어 '재미있다, 재미없다, 맛있다, 맛없다' 등의 형용사는 '-는 편이다'를 쓴다.

▶ 주의 사항:

① '-는 편이다'는 어떤 사실이 단정적이거나 명확한 상황에서는 사용하지 않는다.

[확인]

교사는 문법을 설명한 뒤 '연습 문제'를 통해 학생들이 문법을 이해했는지 확인한다.

> 정답
> (1) 가는 편이에요
> (2) 많은 편이에요

어휘 및 표현

습기	◆ 정의 물기가 있어 축축한 기운. 예 요즘 날씨가 덥고 습기가 많아요. ● 설명 "여름에 비가 많이 오면 실내 공기에 물이 많은 느낌이 있어요. 이런 것을 '습기'라고 해요."

※ 고등학생 대상 수업의 경우 필수적으로 5분간 다음 활동을 추가로 진행함.
➔ 교사는 학생들에게 목표 문법을 활용할 수 있는 새로운 화제를 제시한다.

📖 "여러분은 친구를 만나면 주로 무엇을 해요? '-는 편이다'를 사용하여 말해 보세요."

> 정답
> 주로 공원에 앉아서 이야기를 하는 편이에요. 주로 영화를 보는 편이에요.

정리 – 5분

1) 교사는 학생들에게 대화문을 다시 한번 읽게 한다.

2) 교사는 교재에 제시된 열린 질문을 통해 학생들에게 배운 문법을 활용히여 지유롭게 이야기를 나누게 한다.

📖 "여러분은 시간이 있을 때 주로 무엇을 해요? '-는 편이다'를 사용하여 말해 보세요."

> 정답
> 나는 시간이 있을 때 자전거를 자주 타는 편이야. 도서관에 가서 시간을 보내는 편이야.

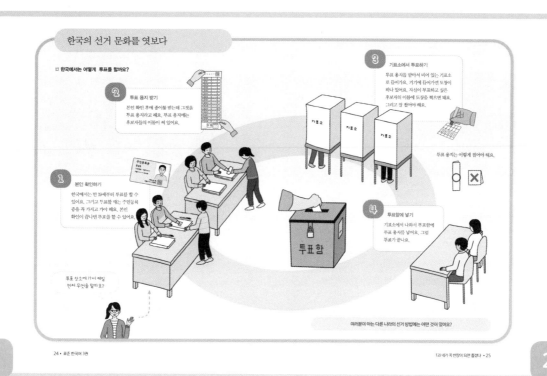

24 • 표준 한국어 3권

1과 네가 꼭 반장이 되면 좋겠다 • 25

• 문화

[학습 목표]

- 한국의 선거 문화인 투표 순서와 방법에 대해 알 수 있다.
- 한국의 선거 문화와 다른 나라의 선거 문화를 비교하여 이야기할 수 있다.

1) 질문을 통해 학생들에게 주제를 추측하게 한다.

　📖 "여기는 무엇을 하는 곳 같아요?"

　📖 "선거가 뭐예요?"

　📖 "투표는 어떻게 하는 걸까요?"

2) 교재 24~25쪽을 보며 한국의 선거 문화에 대해 순서대로 설명한다.

교수-학습 지침

교사는 체험 활동으로 학생들에게 직접 투표를 해 보는 문화 활동을 진행할 수 있다. 반 학생들과 반장 후보를 추천한 후 반장 선거를 위한 투표를 직접 해 볼 수 있도록 지도한다.

3) 본 문화와 관련하여 상호문화적 관점에서 이야기할 수 있도록 한다.

　📖 "여러분, 다른 나라에서는 어떤 방식으로 선거를 해요? 재미있거나 특별한 선거 방식을 알고 있나요? 한국의 선거와 비교해서 같은 점이나 다른 점을 이야기해 보세요."

더 알아보기

오스트레일리아	오스트레일리아에서는 투표가 의무예요. 그래서 투표를 안 하면 벌금을 내야 해요. 벌금을 내도록 하는 것은 더욱 많은 국민들이 투표를 해서 국민의 의견을 나라 일에 반영하기 위해서예요.
일본	일본에서는 한국과는 달리 투표를 할 때 후보들의 이름이 쓰여 있는 투표용지에 자신이 원하는 사람의 이름에 표시해서 투표를 하는 것이 아니에요. 선거를 하는 사람이 직접 후보자의 이름이나 소속된 당의 이름을 투표용지에 써 넣는 투표 방식으로 진행하고 있어요.
에스토니아	에스토니아는 세계 최초로 인터넷 투표를 실시했어요. 2005년 지방 선거에서 인터넷 투표로 진행했어요. 그런데 100% 인터넷 온라인 선거로 진행한 것이 아니라 오프라인 선거와 함께 진행했어요.

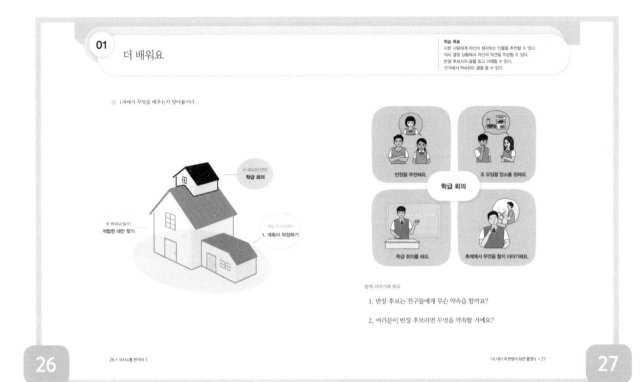

〈더 배워요〉 학습 목표

- 다른 사람에게 자신이 생각하는 인물을 추천할 수 있다.
- 의사 결정 상황에서 자신의 의견을 주장할 수 있다.

7차시	• 반장 선거에서 자신이 생각하는 인물을 추천할 수 있다.
8차시	• 학급 회의 시간에 자신의 의견을 제안하고 주장할 수 있다.
9차시	• 반장 후보자의 글을 읽고 이해할 수 있다.
10차시	• 선거에서 약속하는 글을 쓸 수 있다.

〈학습 도구 한국어〉 학습 목표

7~8차시	• 계획서 작성하기에서 세부 목표 설정하기에 대해 안다.
9~10차시	• 계획서 작성하기에서 순서 정하기에 대해 안다.

● 7차시 | 〈더 배워요〉 도입 및 대화해 봐요 1

〈더 배워요〉 도입 – 5분

1) 〈꼭 배워요〉의 목표 어휘 및 문법 등을 확인할 수 있는 질문을 통해 학생들이 해당 표현을 사용하여 답할 수 있도록 유도한다.

   교 "반장이 무엇을 하는 사람이에요?"

   교 "우리 반 반장의 성격은 어때요?"

   교 "오늘 점심에 무엇을 먹으면 좋겠어요?"

   교 "오늘 부모님의 기분이 어때 보였어요?"

2) '대화해 봐요 1, 2'에서 학습할 내용을 대표하는 네 개의 그림들을 확인하며 학생들이 앞으로 배우게 될 주제 및 내용을 추측할 수 있도록 한다.

   교 "여러분, 어떤 사람이 반장이 되는 것이 좋을까요?"

   교 "여러분은 반장으로 누구를 추천할 거예요?"

   교 "두 사람은 무엇에 대해 고민하고 있을까요?"

   교 "떡볶이 집에서 무엇을 하려고 해요?"

   교 "학급 회의 주제로 무엇이 있을까요?"

   교 "왜 학급 회의 시간에 결정해야 할까요?"

   교 "여러분은 축제를 해 보았어요?"

   교 "축제 때 무슨 활동을 하고 싶어요?"

3) '함께 이야기해 봐요'에 제시된 질문을 통해 이야기를 나눔으로써 '읽고 써 봐요'에서 학습할 내용을 추측하게 한다.

   교 "반장 후보는 친구들에게 무슨 약속을 할까요?"

   교 "여러분이 반장 후보라면 무엇을 약속할 거예요?"

28 · 의사소통 한국어 3

[학습 목표]

- 반장 선거에서 자신이 생각하는 인물을 추천할 수 있다.
- 부가 문법: -어야지
- 목표 표현: -었으면 좋겠는데
  ~으로 -어야지

본 대화는 정호와 와니가 반장 후보로 추천할 사람에 대해 대화하고 있는 상황이다.

도입 - 5분

1) 교사는 학생들에게 '대화해 봐요 1'의 내용을 추측할 수 있는 질문을 한다.
   🔳 "반장을 하고 싶으면 어떻게 해야 돼요?"
   🔳 "여러분은 반장으로 어떤 사람이 되면 좋겠어요?"

2) 교사는 학생들에게 28쪽의 첫 번째 QR 코드 속 영상을 보게 한다.
   🔳 "반장 후보로 언제까지 몇 명을 추천해야 하는지 함께 확인해 봐요."

3) 교사는 학생들이 대화 내용을 잘 이해했는지 질문을 한다. 그리고 새 표현이 있다면 그 의미를 함께 설명한다.
   🔳 "반장 추천서를 언제까지 내야 할까요?"
   🔳 "몇 명까지 추천할 수 있을까요?"

어휘 및 표현

분명	◆ **정의** 틀림없이 확실하게. **예** 내가 본 사람은 분명 선영이었어요. ● **설명** "여러분이 어떤 행동을 했을 때 그 행동이 틀리지 않고 딱 맞을 때 '분명하다'라고 말해요. 다른 사람에게 의견을 말할 때도 틀리지 않게 분명하게 전달해야 해요."
도전하다	◆ **정의** 목표한 것을 얻기 위해 어려움에 맞서다. **예** 무슨 일이든지 도전해 보세요. ● **설명** "여러분, 우리 반에서 누가 이번 영어 말하기 대회에 도전해 볼래요? 이렇게 어렵지만 자신이 목표한 것에 대해 자신감을 가지고 나가는 것을 '도전하다'라고 말해요."

전개 - 20분

1) 교사는 학생들에게 본 대화 내용을 소개하며 28쪽의 두 번째 QR 코드 속 영상을 보게 한다.
   🔳 "정호와 와니가 반장 후보에 대해 이야기하고 있어요. 어떤 사람이 반장이 되면 좋은지 함께 확인해 봐요."

2) 교사는 학생들이 대화의 전체 내용을 이해했는지 확인하는 질문을 한다.
   🔳 "와니와 정호가 누구를 반장으로 추천했어요? 그 이유는 뭐예요?"

3) 교사는 학생들에게 대화문을 읽게 한다. 그리고 세부 내용을 이해했는지 확인하는 질문을 한다.
   🔳 "선영이가 왜 우리 반을 잘 이끌 것 같아요?"
   🔳 "정호는 어떤 성격을 가진 사람을 반장으로 추천할 거예요?"

4) 대화에 제시된 새 표현의 의미를 설명한다.

어휘 및 표현

강하다	◆ **정의** 정신적으로 굳세고 뜻을 굽히지 않다. **예** 소연이는 책임감이 강해요. ● **설명** "수호는 어떤 어려운 일도 그만두지 않고 이겨 내요. 이런 사람을 '책임감이 강하다'라고 말해요."
이끌다	◆ **정의** 사람이나 단체 등을 인도하여 일을 주도해 나가다. **예** 우리 아버지는 가족을 잘 이끌어 주세요. ● **설명** "반장은 우리 반을 어떻게 해야 해요? 잘 이끌어 가야 해요. 이렇게 어떤 단체나 사람들을 데리고 앞으로 나아가는 것을 '이끌다'라고 말해요."

5) 교사는 학생들에게 대화문을 다시 한번 읽게 한다. 이때 역할을 나누는 등 다양한 방식으로 읽게 할 수 있다.

6) 교사는 다음의 절차에 따라 부가 문법 '-어야지'에 대해 설명한다. 그리고 새로 제시되는 어휘가 있다면 그 의미를 함께 설명한다.

부가 문법 **'-어야지'**

[설명]

🏫 "여러분은 보통 결심이나 의지를 나타낼 때 어떻게 얘기해요? 이럴 때 오늘부터 열심히 운동해야지, 이번 시험에는 꼭 붙어야지, 이렇게 자신의 결심을 이야기할 수 있어요. 이렇게 '-어야지'는 말하는 사람의 결심이나 의지를 나타낼 때 사용해요."

[예시]

· 주말에는 꼭 도서관에 가야지.
· 오늘은 집에 가서 푹 쉬어야지.
· 이번 학기부터 열심히 공부해야지.
· 이제부터 부모님 말씀을 잘 들어야지.

[정보]

▶ 형태 정보:

	ㅏ, ㅗ	ㅓ, ㅜ, ㅣ…	하다
동사	-아야지	-어야지	-여야지

① 동사의 어간 끝음절 모음이 'ㅏ, ㅗ'인 경우 '-아야지', 동사의 어간 끝음절 모음이 'ㅏ, ㅗ'가 아닌 경우 '-어야지', '-하다'가 붙은 동사 어간에는 '-여야지'를 쓰는데, 흔히 줄여서 '-해야지'로 쓴다.

▶ 제약 정보:

① 형용사와 결합하지 않는다.
· 나는 수업이 끝나면 기분이 좋아야지. (X)
· 나는 아이스크림을 먹은 후에 배가 아파야지. (X)

② 말하는 사람의 의지를 표현하므로 과거 '-었-'과 결합하지 않는다.
· 어제부터 감기에 걸려서 집에 가서 쉬었어야지. (X)
· 어제부터 감기에 걸려서 집에 가서 쉬어야지.(O)

③ 장형 부정 '-지 않다'는 어색한 표현으로 다짐이나 명령문 또는 청유문에서는 '-지 말다'를 주로 쓴다.
· 이제 게임을 하지 않아야지. (X)
· 이제 게임을 하지 말아야지. (O)

7) 교사는 학생들에게 목표 표현에 대해 설명한다.

목표 표현 1 **'-으면 좋겠는데'**

[설명]

🏫 "'-으면 좋겠는데'는 어떠한 바람이 있을 때 사용해요."

[예시]

· 많은 사람이 함께 만나면 좋겠는데.
· 편하게 이야기할 수 있으면 좋겠는데.
· 재미있게 놀 수 있는 장소면 좋겠는데.
· 조용하게 공부할 수 있는 곳이었으면 좋겠는데.

목표 표현 2 **'~으로 -어야지'**

[설명]

🏫 "'~으로 -어야지'는 말하는 사람이 어떤 것으로 결정했을 때 사용해요."

[예시]

· 다음 여행은 해외로 가야지.
· 이번 숙제는 컴퓨터로 해야지.
· 소연이의 이번 생일 선물은 책으로 사야지.
· 이번 모임 때는 지난번보다 조금 더 큰 식당으로 예약해야지.

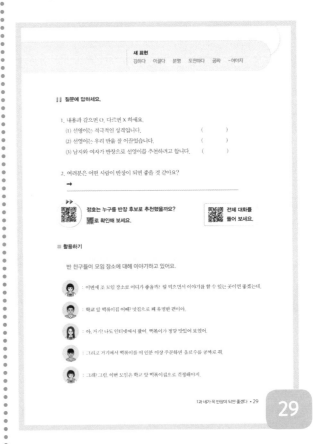

29

8) 교사는 학생들에게 교재의 1번과 2번 문제를 풀게 한다.

9) 교사는 학생들과 함께 문제의 답을 확인한다.

정답
1. (1) ○ (2) × (3) ○
2. 리더십이 있는 사람이 반장이 되면 좋겠어요.

10) 교사는 학생들에게 29쪽 첫 번째 QR 코드 속 영상을 보게 한다.
   📺 "정호가 반장 후보를 추천하고 있어요. 누구를 추천했는지 함께 확인해 봐요."

11) 교사는 학생들이 대화 내용을 잘 이해했는지 질문을 한다. 그리고 새 표현이 있다면 그 의미를 함께 설명한다.
   📺 "선영이는 반장 선거에 나가 볼 생각이 있어요?"
   📺 "친구들이 선영이를 뽑아 줄까요?"

어휘 및 표현

공짜	◆ 정의 힘이나 노력, 돈을 들이지 않고 거저 얻은 것. 예 선배에게 공짜로 점심을 얻어먹었어요. ◆ 정보 유의어 '무료' ● 설명 "돈을 내지 않고 무료로 물건을 받는 것을 공짜라고 해요. 여러분은 공짜로 무엇을 받아 봤어요?"

활용 – 10분

1) 교사는 학생들이 목표 표현을 사용하여 대답할 수 있도록 질문을 한다.
   📺 "누구를 반장으로 추천하면 좋을까요?"
   📺 "여러분 요즘에 무엇을 하기로 결정한 일이 있어요?"

2) 교사는 질문을 통해 학생들이 '활용하기'의 대화 상황을 추측할 수 있도록 한다.
   📺 "모임 장소로 어디가 좋을까요?"

3) 교사는 학생들에게 대화문을 읽게 한 후 대화의 내용을 이해했는지 확인하는 질문을 한다. 그리고 새 표현이 있다면 그 의미를 함께 설명한다.
   📺 "선영이와 정호는 무슨 장소를 찾고 있어요?"
   📺 "왜 떡볶이 집으로 결정했어요?"

4) 교사는 학생들에게 대화문을 다시 한번 읽게 한다. 이때 역할을 나누는 등 다양한 방식으로 읽게 할 수 있다.

> **교수-학습 지침**
> ※ 고등학생 대상 수업의 경우 필수적으로 5분간 다음 활동을 추가로 진행함.
> → 교사는 짝 활동, 그룹 활동을 통해 모임 장소를 결정하는 상황에 대해 이야기하도록 지도한다.

정리 – 5분

교사는 학생들에게 29쪽의 '전체 대화를 들어 보세요.' QR 코드 속 대화를 듣게 하고 수업을 마무리한다.

30 · 의사소통 한국어 3

30

• 8차시 | 대화해 봐요 2

[학습 목표]
• 학급 회의 시간에 자신의 의견을 제안하고 주장할 수 있다.
• 부가 문법: -어야겠-, -다고 생각하다
• 목표 표현: -는 것보다 – 는 것이 좋다고 생각합니다
  -으니까 – 는 것이 좋겠습니다

본 대화는 학급 회의 시간에 장기 자랑에서 무엇을 할지 회의를 하고 있는 상황이다.

도입 – 7분

1) 교사는 학생들에게 '대화해 봐요 2'의 내용을 추측할 수 있는 질문을 한다.
   📺 "여러분 장기 자랑이 뭐예요?"
   📺 "누구와 함께 결정할까요?"

2) 교사는 학생들에게 30쪽의 첫 번째 QR 코드 속 영상을 보게 한다.
   📺 "장기 자랑에서 무엇을 하기로 했는지 함께 확인해 봐요."

3) 교사는 학생들이 대화 내용을 잘 이해했는지 질문을 한다. 그리고 새 표현이 있다면 그 의미를 함께 설명한다.
   📺 "장기 자랑에서 무엇을 할 거예요?"
   📺 "찬성과 반대가 각각 몇 표가 나왔어요?"

어휘 및 표현

장기 자랑	◆ **정의** 가장 잘하는 재주를 단체나 모임에서 뽐내는 것. **예** 우리 반은 장기 자랑으로 노래를 불렀어요. ● **설명** "우리 반은 수학여행에서 장기 자랑으로 무엇을 할 거예요? 장기 자랑은 자신이 잘하는 것을 다른 사람 앞에서 보여 주는 것을 말해요. 춤과 노래 등 잘하는 것이 있으면 다른 사람들 앞에서 자랑해 보세요."
발표하다	◆ **정의** 어떤 사실이나 결과, 작품 등을 세상에 드러내어 널리 알리다. **예** 투표 결과를 발표하겠습니다. ● **설명** "다른 사람 앞에서 자기가 정리한 내용을 말하는 것을 '발표하다'라고 해요. 그리고 어떤 중요한 사실을 다른 사람들에게 알리는 것도 '발표하다'라고 해요."
표	◆ **정의** 투표의 쪽지를 세는 단위. **예** 노래자랑이 열 표를 얻었습니다. ● **설명** "종이로 된 것을 셀 때 어떻게 말해요? '장'이라고 해요. 그런데 그냥 종이가 아닌 투표 종이를 셀 때는 '표'라고 말해요."
참여	◆ **정의** 여러 사람이 같이 하는 어떤 일에 끼어들어 함께 일함. **예** 봉사 활동에 참여할 거예요. ● **설명** "말하기 대회나 미술 대회, 체육 대회 등에 나가서 함께 하는 것을 '참여하다'라고 말해요. 여러분은 어떤 대회에 참여해 봤어요?"
나누다	◆ **정의** 여러 가지가 섞인 것을 어떤 기준에 따라 둘 이상의 부류가 되게 구분하거나 분류하다. **예** 네 개 조로 나누어 활동을 합시다. ● **설명** "여러분 맛있는 빵이나 과자가 있으면 친구들과 함께 먹어요. 그래서 음식을 반으로 나누어요. 그리고 숙제를 하거나 활동을 할 때도 팀으로 사람을 나누어요."

전개 – 20분

1) 교사는 학생들에게 본 대화 내용을 소개하며 30쪽의 두 번째 QR 코드 속 영상을 보게 한다.

   📖 "언제 어디에서 모여서 장기 자랑 연습을 해요? 무슨 장기 자랑을 하고 어디에 모여서 연습하는지 함께 확인해 봐요."

2) 교사는 학생들이 대화의 전체 내용을 이해했는지 확인하는 질문을 한다.

   📖 "학생들이 무슨 주제로 학급 회의를 하고 있어요?"

3) 교사는 학생들에게 대화문을 읽게 한다. 그리고 세부 내용을 이해했는지 확인하는 질문을 한다.

   📖 "어떤 노래를 하기로 결정했어요?"
   📖 "어디에서 연습하기로 했어요?"

4) 대화에 제시된 새 표현의 의미를 설명한다.

어휘 및 표현

곡	◆ **정의** 노래나 음악 작품을 세는 단위. **예** 장기 자랑에서 노래 한 곡을 불렀어요. ● **설명** "투표 종이를 셀 때 어떻게 말했어요? 똑같이 노래나 음악을 셀 때는 '곡'이라고 해요."
섞다	◆ **정의** 두 가지 이상의 것을 한데 합치다. **예** 음식 재료를 섞어요. ● **설명** "(비빔밥 사진을 보여 주며) 비빔밥은 밥 위에 여러 가지 채소가 있어요. 비빔밥을 어떻게 먹어요? 숟가락으로 밥하고 야채를 모두 섞어서 먹어요. 이렇게 두 가지 이상을 하나로 만드는 것을 '섞다'라고 해요."

5) 교사는 학생들에게 대화문을 다시 한번 읽게 한다. 이때 역할을 나누는 등 다양한 방식으로 읽게 할 수 있다.

6) 교사는 다음의 설차에 따라 부가 문법 '-어야겠-', '-다고 생각하다'에 대해 설명한다. 그리고 새로 제시되는 어휘가 있다면 그 의미를 함께 설명한다.

부가 문법 1   '-어야겠-'

[설명]

📖 "오늘 날씨가 추워요. 두꺼운 옷을 입어야겠네요. 이렇게 '-어야겠-'은 어떤 행동이나 의지를 나타낼 때 사용해요."

[예시]

· 오늘부터 2시간씩 복습을 해야겠어요.
· 앞으로 봉사 활동을 자주 다녀야겠어요.
· 요즘 살이 쪄서 운동을 열심히 해야겠어요.
· 새로 구입한 책을 오늘까지 책을 다 읽어야겠어요.

[정보]

▶ 형태 정보:

	ㅏ, ㅗ	ㅓ, ㅜ, ㅣ …	하다
동사	-아야겠-	-어야겠-	-여야겠-

① 동사의 어간 끝음절 모음이 'ㅏ, ㅗ'인 경우 '-아야겠-', 동사의 어간 끝음절 모음이 'ㅏ, ㅗ'가 아닌 경우 '-어야겠-', '하다'가 붙은 동사 어간에는 '-여야겠-'을 쓰는데, 흔히 줄여서 '-해야겠-'을 쓴다.

▶ 제약 정보:

① 형용사와 결합하지 않는다.

· 저는 시험이 끝나니 기분이 좋아야겠어요. (X)
· 제가 내일 연주회가 있어서 예뻐야겠어요 .(X)

② 과거 '-었-'과 결합하지 않는다.

· 감기에 걸려서 약을 먹었어야겠어요. (X)
· 감기에 걸려서 약을 먹어야겠어요. (O)

부가 문법 2 **'-다고 생각하다'**

[설명]

📖 "학급 회의에서 자신의 의견이나 생각을 말할 때 어떻게 말해요? '우리 반 친구들이 모두 함께 장기 자랑을 나가는 것이 좋다고 생각합니다.'라고 말할 수 있어요. 이렇게 '-다고 생각하다'는 다른 사람에게 들은 내용을 이야기해 주거나 말하는 사람의 생각이나 의견을 말할 때 사용해요."

[예시]

· 내일까지 숙제를 내는 것은 힘들다고 생각해요.
· 지난 시험보다 이번 시험이 더 어렵다고 생각해요.
· 한두 명이 춤을 추는 것보다 우리 반 모두가 노래를 부르는 것이 좋다고 생각합니다.
· 외모보다 마음이 중요하다고 생각합니다.

[정보]

▶ 형태 정보:

	받침 O	받침 X, 'ㄹ' 받침
동사	-는다고	-ㄴ다고
형용사	-다고	

① 동사 어간 끝음절에 받침이 있으면 '-는다고 생각하다', 동사 어간 끝음절에 받침이 없거나 'ㄹ' 받침으로 끝나면 '-ㄴ다고 생각하다'를 쓴다. 단, 'ㄹ' 받침으로 끝날 때는 'ㄹ'이 탈락한다.

② 형용사 어간 끝음절의 받침 유무와 관계없이 '-다고 생각하다'를 쓴다.

7) 교사는 학생들에게 목표 표현에 대해 설명한다.

목표 표현 1 **'-는 것보다 -는 것이 좋다고 생각합니다'**

[설명]

📖 "'-는 것보다 -는 것이 좋다고 생각합니다'는 어떠한 대상보다 다른 것이 좋다고 생각하며 제안할 때 사용해요."

[예시]

· 라면을 먹는 것보다 밥을 먹는 것이 좋다고 생각해.
· 싼 옷을 많이 사는 것보다 비싸지만 질 좋은 옷을 사는 것이 좋다고 생각해요.
· 기분이 안 좋을 때는 집에서 쉬는 것보다 밖에서 친구들을 만나는 것이 좋다고 생각합니다.
· 한두 명이 춤을 추는 것보다 우리 반 모두가 노래를 부르는 것이 좋다고 생각합니다.

목표 표현 2 **'-으니까 -는 것이 좋겠습니다'**

[설명]

📖 "'-으니까 -는 것이 좋겠습니다'는 어떠한 것이 좋은 이유나 그 원인을 말하며 제안할 때 사용해요."

[예시]

· 날씨가 너무 더우니까 시원한 음식을 먹는 것이 좋겠어요.
· 지금 길이 막히는 시간이니까 택시보다 지하철을 타는 것이 좋겠어.
· 음악을 좋아하는 친구들이 많은 편이니까 축제에서 공연을 하는 것이 좋겠습니다.
· 교내에서는 행사를 많이 했으니까 이번 행사는 야외에서 하는 것이 좋겠습니다.

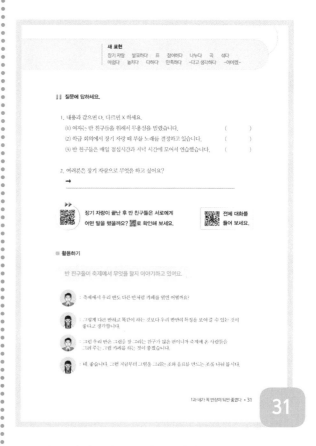

8) 교사는 학생들에게 교재의 1번과 2번 문제를 풀게 한다.

9) 교사는 학생들과 함께 문제의 답을 확인한다.

정답
1. (1) × (2) ○ (3) ×
2. 반 친구들이 모두 춤을 추면서 노래를 부르는 것이 좋다고 생각합니다.

10) 교사는 학생들에게 31쪽 첫 번째 QR 코드 속 영상을 보게 한다.

🏫 "친구들은 장기 자랑이 끝난 후 서로에게 어떤 말을 했는지 함께 확인해 봐요."

11) 교사는 학생들이 대화 내용을 잘 이해했는지 질문을 한다. 그리고 새 표현이 있다면 그 의미를 함께 설명한다.

🏫 "반 친구들은 얼마 동안 장기 자랑을 연습했을까요?"

🏫 "반 친구들은 장기 자랑에서 상을 받았을까요?"

어휘 및 표현

놓치다	◆ **정의** 하려고 한 일이나 할 수 있었던 일을 잘못하여 이루지 못하다. 예 대회에서 일등을 놓쳤어요. ● **설명** "방과 후 수업을 신청 기간 안에 신청을 못 했어요. 이럴 때 신청 기회를 '놓쳤다'라고 말해요."
다하다	◆ **정의** 어떤 일을 위하여 힘이나 마음 등을 모두 가져다 바치다. 예 마지막까지 힘을 다했어요. ● **설명** "어떤 일을 할 때 내가 할 수 있는 힘과 능력을 모두 써서 노력하는 것을 말해요. 마지막까지 '최선을 다해요. 노력을 다해요.'라고 말해요.
만족하다	◆ **정의** 기대하거나 필요한 것이 부족함 없거나 마음에 들다. 예 이번 대회 결과에 대해 매우 만족해요. ◆ **정보** 반의어 '불만족하다' ● **설명** "열심히 공부하고 노력해서 좋은 성적을 받았어요. 그래서 그 결과 때문에 기분이 좋을 때 '만족한다'라고 말해요."
아쉽다	◆ **정의** 미련이 남아 안타깝고 서운하다. 예 대회에서 탈락한 것이 너무 아쉬워요. ● **설명** "오랜 시간 동안 함께 지낸 친구와 헤어질 때 어떤 기분이 들어요? 친구가 계속 생각나고 헤어지고 싶지 않은 마음을 '아쉽다'라고 말해요."

활용 - 10분

1) 교사는 학생들이 목표 표현을 사용하여 대답할 수 있도록 질문을 한다.

🏫 "장기 자랑에서 인기가요 여러 곡을 섞어서 부르는 게 어떨까요?"

🏫 "반 학생들이 다 같이 연습하기 위해 넓은 장소가 필요한데 어디가 좋을까요?"

2) 교사는 질문을 통해 학생들이 '활용하기'의 대화 상황을 추측할 수 있도록 한다.

🏫 "반 친구들이 축제 활동으로 무엇을 할까요?"

3) 교사는 학생들에게 대화문을 읽게 한 후 대화의 내용을 이해했는지 확인하는 질문을 한다. 그리고 새 표현이 있다면 그 의미를 함께 설명한다.

🏫 "무슨 카페를 하기로 했나요?"

🏫 "반 친구들과 조를 어떻게 나누기로 했나요?"

4) 교사는 학생들에게 대화문을 다시 한번 읽게 한다. 이때 역할을 나누는 등 다양한 방식으로 읽게 할 수 있다.

> **교수-학습 지침**
> ※ 고등학생 대상 수업의 경우 필수적으로 5분간 다음 활동을 추가로 진행함.
> → 교사는 짝 활동, 그룹 활동을 통해 의사를 결정하는 일에 대해 이야기하도록 지도한다.

정리 - 8분

교사는 학생들에게 31쪽의 '전체 대화를 들어 보세요' QR 코드 속 대화를 듣게 하고 수업을 마무리한다.

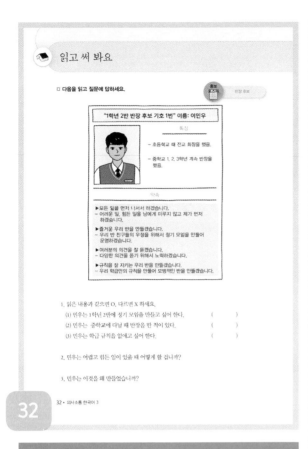

32 • 의사소통 한국어 3

32

• 9차시 | 읽고 써 봐요 - 읽기

[학습 목표]
• 반장 후보자의 글을 읽고 이해할 수 있다.

본 활동은 반장 선거 후보자의 약속과 특징에 대한 내용이 담긴 선거 포스터를 읽고 이해하기 위한 활동이다.

읽기 전 - 5분

교사는 학생들에게 읽기 내용을 추측할 수 있는 질문을 한다.

📖 "여러분, 반장 선거를 하기 전에 반장 후보들이 무엇을 준비할까요?
📖 "포스터에 무슨 내용이 들어갈까요?"
📖 "여러분이 반장이라면 무슨 내용을 넣고 싶어요?"

읽기 중 - 30분

1) 교사는 학생들에게 읽기 지문을 개별적으로 읽게 한다.

2) 교사는 학생들이 읽기 지문의 전체 내용을 이해했는지 확인하는 질문을 한다.

📖 "여러분 책에 있는 글을 보세요. 무슨 글이에요?"
📖 "이런 글을 어디에서 볼 수 있어요?"

3) 교사는 학생들에게 읽기 지문을 읽게 한다. 그리고 세부 내용을 이해했는지 확인하는 질문을 한다.

📖 "누가 반장 후보예요?"
📖 "민우의 특징이 뭐예요?"
📖 "민우가 친구들에게 약속한 내용은 뭐예요?"

4) 읽기 지문에 제시된 새 표현의 의미를 설명한다.

어휘 및 표현

후보	◆ 정의 어떤 직위나 신분을 얻기 위한 선거에 일정한 자격을 갖추고 나선 사람. 예 이번 반장 선거에 민우가 후보로 나와요. ● 설명 "반장을 뽑을 때 반장이 되고 싶어서 나간 사람이 한 사람이 아닌 여러 명이 있어요. 이 사람들을 모두 '후보'라고 해요."
기호	◆ 정의 어떤 뜻을 나타내기 위해 쓰는 여러 가지 표시. 예 저는 기호 1번 이민우입니다. ● 설명 "문자 메시지를 보낼 때 여러 문자 기호를 사용하여 의견을 전달해요. 이렇게 한글이 아닌 다른 것으로 의미를 알려주기 위해 사용하는 것을 '기호'라고 해요."
나서다	◆ 정의 어떤 일을 적극적으로 시작하다. 예 저는 무슨 일이든 먼저 나서서 하겠습니다. ● 설명 "먼저 적극적으로 행동을 하는 것을 '나서다'라고 해요. 우리 반에서 어려운 일이 있을 때 먼저 나서는 사람이 누구예요?"
남	◆ 정의 내가 아닌 다른 사람. 예 유미는 평소에 자신보다 남을 더 생각하고 배려해요. ● 설명 "나 말고 다른 사람을 '남'이라고 해요."
미루다	◆ 정의 일이나 정해진 때를 나중으로 넘기다. 예 약속을 내일로 미루었어요. ● 설명 "오늘 해야 할 숙제가 있는데 하기 싫어요. 그래서 숙제를 오늘 하지 않고 내일 해요. 이것을 '미루다'라고 해요."
우정	◆ 정의 친구 사이의 정. 예 저랑 호민이는 십 년 넘게 우정을 쌓았어요. ● 설명 "'우정'은 친구를 좋아하고 생각하는 마음이에요. 친구들과 함께 오랜 시간을 지내면 우정이 많이 깊어져요. 여러분은 어떤 친구와 가장 우정이 깊어요?"
정기	◆ 정의 기한이나 기간이 일정하게 정해져 있는 그 기한이나 기간. 예 정기 공연을 해요. ● 설명 "백화점의 정기 휴일은 보통 월요일이에요. 이렇게 어떤 기간이 일정하게 정해져 있는 것을 '정기'라고 해요."

운영하다	◆ **정의** 조직이나 기구 등을 관리하고 이끌어 나가다. **예** 학급을 잘 운영할 거예요. ● **설명** "학급이나 회사, 가게 등을 관리하고 이끌어 나가는 것을 '운영하다'라고 해요. 사장님은 회사를 운영하는 사람이에요. 이렇게 이야기할 수 있어요."
모범적	◆ **정의** 행동이나 태도가 본받아 배울 만함. **예** 형은 동생에게 모범적인 모습을 보여 줘야 한다. ● **설명** "우리 반에서 가장 모범적인 학생이 누구예요? 다른 사람이 배우고 따라 하고 싶게 행동하는 사람을 보고 '모범적이다'라고 말해요."
없애다	◆ **정의** 자리나 공간을 차지하고 있던 것을 존재하지 않게 한다. **예** 방에 있는 텔레비전을 없앴어요. ● **설명** "방 청소를 하면서 필요 없는 물건들을 없앴어요. 어떤 물건을 버리거나 다른 곳으로 놓는 것을 '없애다'라고 말해요."

읽기 후 – 10분

1) 교사는 학생들에게 교재의 문제를 풀게 한다.

2) 교사는 학생들과 함께 문제의 답을 확인한다.

> **정답**
> 1. (1) ○ (2) ○ (3) ✕
> 2. 남에게 미루지 않고 먼저 할 겁니다.
> 3. 반장이 되고 싶어서

3) 교사는 질문을 통해 읽기 내용을 재확인하며 수업을 마무리한다.

> 🔲 "민우는 어렵고 힘든 일이 있을 때 어떻게 할 거예요?"

> **교수-학습 지침**
> ※ 고등학생 대상 수업의 경우 필수적으로 5분간 다음 활동을 추가로 진행함.
> → 교사는 실제 반장·회장 선거 포스터 글을 준비해 선거 포스터 정보를 확인하는 활동을 하도록 지도한다.

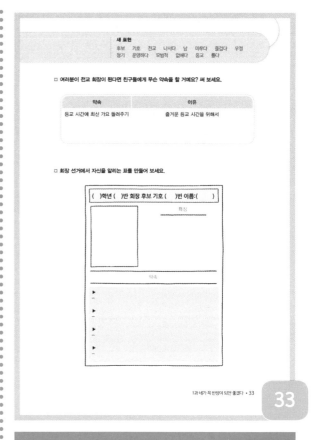

• 10차시 | 읽고 써 봐요 – 쓰기

[학습 목표]
• 선거에서 약속하는 글을 쓸 수 있다.

본 활동은 반장 후보 포스터에 들어갈 내용을 미리 구상하고 반장 후보 포스터를 직접 만들어 보는 활동이다.

쓰기 전 – 5분

1) 교사는 학생들에게 쓰기 내용을 추측할 수 있는 질문을 한다.

> 🔲 "반장이나 회장 후보 포스터를 본 적 있어요?"
> 🔲 "이런 선거 포스터에는 무슨 내용이 있어요?"

2) 교사는 학생들에게 어떤 쓰기 활동을 할 것인지 명확히 알려 준다.

> 🔲 "이번 시간에는 회장 후보 포스터를 쓸 거예요."

쓰기 중 – 30분

1. 회장 후보가 된다면 친구들에게 하고 싶은 약속에 대해 쓰는 활동이다.

1) 교사는 학생들에게 무엇을 써야 하는지 알려 준다. 그리고 새 표현이 있다면 그 의미를 함께 설명한다.

> 🔲 "전교 회장이 되기 위해 친구들에게 무슨 약속을 할 거예요?"

2) 교사는 학생들에게 회장이 된다면 친구들에게 무슨 약속을 하고 싶은지 쓰게 한다. 이때 교사는 학생들에게 개별적으로 쓰기 지도를 할 수 있다.

2. 회장 선거 포스터의 내용을 쓰는 활동이다.

1) 교사는 학생들에게 무엇을 써야 하는지 알려 준다. 그리고 새 표현이 있다면 그 의미를 함께 설명한다.

- 📖 "여러분 반장이 뭔지 알아요?"
- 📖 "반장 선거를 나가려면 무엇을 준비해야 해요?"
- 📖 "여러분이 위에서 작성한 약속과 이유를 참고해서 회장 선거 포스터를 만들어 볼 거예요."
- 📖 "(교재에 제시된 표의 그림 칸을 가리키며) 여러분 얼굴을 먼저 그려 보세요."
- 📖 "(교재에 제시된 표의 특징 칸을 가리키며) 그리고 오른쪽에는 여러분이 가지고 있는 특징을 써 보세요."
- 📖 "초등학교 때부터 상을 받았거나 활동을 한 내용을 써 보세요."
- 📖 "여러분은 회장이 되면 친구들에게 무슨 약속을 할 거예요? 써 보세요."

어휘 및 표현

전교	◆ 정의 한 학교의 전체. 예 제가 전교에서 일등이에요. ● 설명 "우리 학교에서 누가 전교 회장이에요? '전교'는 반이 아닌 학년과 반 전체를 말해요."
즐겁다	◆ 정의 마음에 들어 흐뭇하고 기쁘다. 예 새로 만난 친구들과 즐거운 시간을 보냈어요. ● 설명 "여러분은 학교생활이 어때요? 수업도 재미있고 친구들과 함께 어울려서 공부하는 것도 좋아요. 이런 기분을 '즐겁다'라고 말해요."
등교	◆ 정의 학생이 학교에 감. 예 우리 학교 등교 시간은 8시 30분이에요. ◆ 정보 반의어 '하교' ● 설명 "학교에 가는 것을 '등교'라고 해요. 여러분은 매일 아침 등교를 해요."
틀다	◆ 정의 기계나 장치를 작동시키다. 예 라디오를 틀어 주세요. ● 설명 "텔레비전을 보고 싶으면 꺼져 있는 텔레비전을 켜야 해요. 그리고 텔레비전을 '틀다'라고도 말해요. '틀다'는 '켜다'와 비슷한 말이에요. 하지만 보통 '선풍기, 에어컨, 텔레비전, 라디오' 등과 함께 사용해요."

2) 교사는 학생들에게 회장 선거 약속에 대한 내용을 쓰게 한다. 이때 교사는 학생들에게 개별적으로 쓰기 지도를 할 수 있다.

쓰기 후 – 10분

1) 쓰기 활동이 모두 마무리되면 교사는 학생들에게 각자 쓴 것을 발표하게 한다.

2) 교사는 선거 포스터에 대해 다시 한번 정리하며 수업을 마무리한다.

교수–학습 지침

※ 고등학생 대상 수업의 경우 필수적으로 5분간 다음 활동을 추가로 진행함.
→ 교사는 학생들에게 수업 중에 지도받은 내용을 반영해 공책에 글을 다시 쓰게 할 수 있다. 이를 통해 학생들 스스로 자신의 글을 점검하도록 지도한다.

2과 나하고 와니가 청소를 할 테니까 너희는 게시판을 꾸며

● 단원 목표

자신의 의견을 다른 사람에게 제안하고 자신이 바라는 행동을 요청할 수 있다.

● 단원 내용

꼭 배워요 (필수)	• 주제: 환경 미화
	• 기능: 제안하기, 요청하기
	• 어휘: 환경 미화 관련 어휘
	• 문법:-도록, -을 테니(까), -는 대신에, -어 놓다/두다
문화	• 문화: 한국의 집을 만나다
더 배워요 (선택)	• 대화 1: 교실 환경 미화하기 • 대화 2: 집안 환경 미화하기
	• 읽기: 학급 신문
	• 쓰기: 학급 신문 쓰기

02 나하고 와니가 청소를 할 테니까
너희는 게시판을 꾸며

◎ 2과에서 무엇을 배우는지 알아봅시다.

더 배워요(선택)
환경 미화

꼭 배워요(필수)
**교실 환경
꾸미기**

학습 도구(선택)
2. 협동 학습 하기

● 수업 개요

〈꼭 배워요〉 학습 목표

• 다른 사람에게 자신의 의견을 제안할 수 있다.
• 다른 사람에게 어떤 일을 해 줄 것을 요청할 수 있다.

1차시	• 도입 대화를 통해 본 단원의 주제에 대해 이해하고 말할 수 있다.
2차시	• 환경 미화 관련 어휘 및 표현을 알고 활용할 수 있다.
3차시	• 환경 미화 역할 분담을 위해 제안할 수 있다. • '-도록'을 사용하여 앞에 오는 말이 뒤에 오는 말에 대한 목적, 결과, 방식 등을 나타내는 표현을 할 수 있다.
4차시	• 환경 미화를 위해 친구들과 역할을 나누고 제안할 수 있다. • '-을 테니(까)'를 사용하여 뒤에 오는 말에 대한 조건을 강조하거나 앞에 오는 말에 대한 말하는 사람의 의지를 나타내는 표현을 할 수 있다.

5차시	• 학급 게시판을 어떻게 꾸밀지 제안할 수 있다. • '-는 대신에'를 사용하여 앞에 오는 말이 나타내는 행동이나 상태를 비슷한 수준의 다른 행동이나 상태로 바꾸는 표현을 할 수 있다.
6차시	• 환경 미화를 위해 자신의 의견을 제안하고 요청할 수 있다. • '-어 놓다/두다'를 사용하여 앞의 말이 나타내는 행동을 끝내고 그 결과를 유지함을 나타내는 표현을 할 수 있다.

● 1차시 | 복습 및 〈꼭 배워요〉 도입

[학습 목표]
• 도입 대화를 통해 본 단원의 주제에 대해 이해하고 말할 수 있다.

복습 – 20분

1단원에서 배운 주제 및 문법에 대해 복습한다.

1) 교사는 지난 단원의 주제와 관련된 질문을 하여 학생들에게 학습한 내용을 떠올리게 한다.
   📖 "여러분은 어떤 사람이 반장이 되면 좋겠어요?"
   📖 "누구를 반장으로 추천하고 싶어요? 그 이유가 뭐예요?"

2) 교사는 '-으면 좋겠다'와 관련된 질문을 하여 학생들에게 학습한 내용을 떠올리게 한다.
   📖 "이번 학기에 바라는 것이 뭐예요?"
   📖 "부모님께 바라는 것이 뭐예요?"

3) 교사는 '-기 위해'와 관련된 질문을 하여 학생들에게 학습한 내용을 떠올리게 한다.
   📖 "학급 회의를 해 본 적이 있어요? 무엇을 위해서 학급 회의를 했어요?"
   📖 "여러분은 왜 공부를 해요?"

4) 교사는 '-어 보이다'와 관련된 질문을 하여 학생들에게 학습한 내용을 떠올리게 한다.
   📖 "짝꿍의 첫인상이 어땠어요?"
   📖 "오늘 친구의 모습이 어때 보여요?"

5) 교사는 '-는 편이다'와 관련된 질문을 하여 학생들에게 학습한 내용을 떠올리게 한다.
   📖 "여러분은 학교 도서관에 자주 가요? 아니면 집에서 주로 공부를 해요?"
   📖 "여러분은 주로 주말에 무엇을 해요?"

※ 고등학생 대상 수업의 경우 필수적으로 5분간 다음 활동을 추가로 진행함.
→ 교사는 학생들이 두 명씩 짝을 지어 추천하기에 대해 이야기하게 할 수 있다. 이때 교사는 지난 단원에서 배운 '-으면 좋겠', '-기 위해', '-어 보이다', '-는 편이다' 중 세 가지 이상의 문법을 사용하여 대본을 만들 수 있도록 지도한다.

〈꼭 배워요〉 도입 – 25분

1) 교사는 학생들과 교재 35쪽의 그림을 보고 이야기하며 본 단원의 주제에 대해 흥미를 유발한다.
   📖 "소연이와 정호, 영수가 무엇을 들고 있어요?"
   📖 "왜 청소 도구를 들고 있어요?"

2) 교사는 학생들에게 교재 35쪽의 대화를 읽게 한다. 그리고 세부 내용을 이해했는지 확인하는 질문을 한다.
   📖 "환경 미화가 뭐예요?"
   📖 "소연이는 무엇을 할 거예요?"
   📖 "영수는 혼자 청소를 할 거예요?"

3) 교사는 학생들에게 '함께 이야기해 봐요'의 질문을 하면서 단원의 주제를 도입한다.
   📖 "환경 미화를 위해 무엇을 해요?"
   📖 "학급 게시판을 어떻게 꾸미면 좋을까요?"

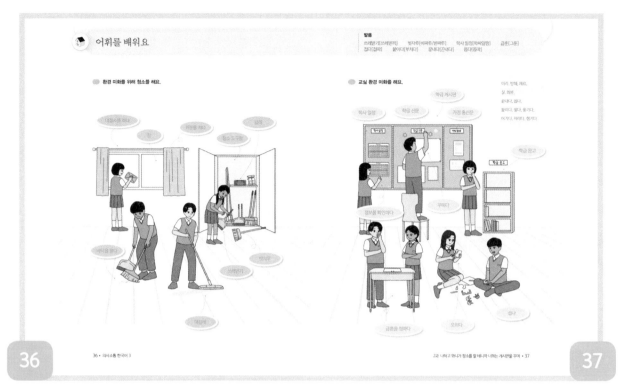

36 · 의사소통 한국어 3

2과 나하고 친구가 청소를 할 때요과 나에는 게시판을 꾸며 · 37

• 2차시 | 어휘를 배워요

[학습 목표]
• 환경 미화 관련 어휘와 표현을 알고 활용할 수 있다.

본 단원에는 환경 미화 시 교실 청소와 교실 꾸미기에 관련된 어휘 및 표현이 제시되어 있다.

도입 – 5분

1) 교사는 질문을 통해 학습하게 될 어휘 및 표현을 자연스럽게 노출한다.

📖 "여러분, 교실을 깨끗하게 청소하고 예쁘게 꾸미는 것을 뭐라고 해요?"

📖 "학급 게시판에 무슨 내용이 들어갈까요?"

2) 교사는 학생들과 제시된 그림을 보며 이야기를 나눈다.

📖 "36쪽의 그림을 보세요. 지금 학생들이 환경 미화를 위해 무엇을 하고 있어요?"

📖 "37쪽의 그림을 보세요. 환경 미화를 위해 교실 어디를 어떻게 꾸밀 수 있어요?"

전개 – 35분

1. 환경 미화를 할 때 청소와 관련된 어휘 및 표현이다.

1) 교사는 다음에 제시되는 내용을 참고하여 학생들에게 어휘 및 표현을 설명한다. 이때 새로 등장하는 발음 규칙이 있다면 함께 설명한다.

대청소	◆ 정의 전체를 다 청소함.
	예 오늘은 대청소를 할 거예요.
	● 설명 "청소를 해요. 그런데 책상 위만 정리하거나 쓰레기만 버리는 게 아니고 교실 여기저기 전체를 청소해요. 이것을 '대청소'라고 해요."
창	◆ 정의 공기나 햇빛이 들어올 수 있도록 벽이나 지붕에 만들어 놓은 문.
	예 동생 방에는 큰 창이 있어요.
	◆ 정보 유의어 '창문'
	● 설명 "(교실 창문을 가리키며) 이것을 뭐라고 해요? '창' 또는 '창문'이라고 해요."
커튼	◆ 정의 창이나 문을 가릴 수 있도록 그 위에 매달아 길게 늘어뜨린 천.
	예 커튼을 창문에 달았어요.
	● 설명 "(창문에 달려 있는 커튼을 가리키며) 이것을 뭐라고 해요? '커튼'이라고 해요."
치다	◆ 정의 커튼을 닫다.
	예 커튼을 쳐야 춥지 않다.
	● 설명 "햇빛이 들어오지 않게 하기 위해서 커튼을 닫는 것을 '치다'라고 해요."
쓰레받기	◆ 정의 빗자루로 쓰레기를 쓸어서 담는 기구.
	예 바닥을 쓸 때 쓰레기를 쓰레받기에 담아요.
	● 설명 "(쓰레받기를/쓰레받기 사진을 가리키며) 이것을 뭐라고 해요? '쓰레받기'라고 해요."
걸레	◆ 정의 더러운 것이나 물기를 닦는 데 쓰는 헝겊.
	예 걸레로 바닥에 있는 물을 닦았어요.
	● 설명 "바닥에 물이 있어요. 그래서 바닥을 닦고 싶어요. 무엇으로 닦아요? 이것을 '걸레'라고 해요."

빗자루	◆ 정의 먼지나 쓰레기를 쓸어 내는 도구. 예 빗자루로 바닥을 쓸었어요. ● 설명 "(빗자루를/빗자루 사진을 가리키며) 이 것을 뭐라고 해요? '빗자루'라고 해요."
대걸레	◆ 정의 긴 막대 자루가 달린 걸레. 예 대걸레로 바닥을 깨끗하게 닦았어요. ● 설명 "(대걸레를/대걸레 사진을 가리키며) 이 것을 뭐라고 해요? '대걸레'라고 해요."
청소 도구함	◆ 정의 청소 도구를 넣을 수 있게 만든 큰 상자. 예 청소 도구함에 빗자루, 쓰레받기, 걸레가 있어요. ● 설명 "빗자루, 걸레 등 청소할 때 사용하는 것들을 넣어 놓는 곳을 '청소 도구함'이라고 해요."
바닥	◆ 정의 어떤 공간에서 아래쪽의 평평하고 넓은 부분. 예 교실 바닥이 더러워요. ● 설명 "(바닥을 가리키며) 이것을 뭐라고 해요? '바닥'이라고 해요."
쓸다	◆ 정의 밀어내어 한데 모아 치우다. 예 마당에 있는 눈을 쓸었어요. ● 설명 "(빗자루를 들고 쓰는 모습을 하며) 바닥에 쓰레기가 있을 때 빗자루를 가지고 바닥을 어떻게 해요? '바닥을 쓸어요.'"

2) 교사는 질문을 통해 학생들이 어휘 및 표현을 잘 이해했는지 확인한다.

교 "청소 도구함에 어떤 청소 도구들이 들어 있어요?"

교 "창문을 가릴 수 있도록 매달아 놓은 천을 뭐라고 해요?"

2. 환경 미화를 할 때 교실 꾸미기와 관련된 어휘 및 표현이다.

1) 교사는 다음에 제시되는 내용을 참고하여 학생들에게 어휘 및 표현을 설명한다. 이때 새로 등장하는 발음 규칙이 있다면 함께 설명한다.

학급	◆ 정의 한 교실에서 공부하는 학생의 집단. 예 우리 학교는 학생 수가 적어서 한 학년에 한 학급밖에 없어요. ● 설명 "우리 학교 1학년은 몇 반까지 있어요? 반을 다른 말로 '학급'이라고 해요."
게시판	◆ 정의 알릴 내용을 여러 사람이 볼 수 있도록 붙여 두는 판. 예 반장이 학급 게시판에 우리 반 친구들 사진을 붙였다. ● 설명 "(교실 뒤 게시판을 가리키며) 학교에서 학생들에게 알려야 하는 내용이 있어요. 그 내용이 궁금하면 게시판을 보면 돼요."
학사 일정	◆ 정의 학교와 관련된 행사를 진행하기 위해 정해진 계획. 예 시험 기간을 알고 싶으면 학사 일정을 확인하면 돼요. ● 설명 "시험 기간, 소풍 날짜, 체육 대회 등 1년 동안의 학교 행사 계획을 '학사 일정'이라고 해요."

학급 신문	◆ 정의 학교에서 함께 활동하는 반의 신문. 예 학급 신문을 이번 주까지 만들어야 해요. ● 설명 "친구들과 함께 반에서 만든 신문을 뭐라고 해요? 이것을 '학급 신문'이라고 해요."
가정 통신문	◆ 정의 학교에서 학부모에게 학교 생활에 관한 소식이나 정보 등을 알리기 위해 보내는 문서. 예 학교에서 받은 가정 통신문을 부모님께 보여 드렸어요. ● 설명 "학교나 선생님이 학교 생활에 대한 내용을 여러분 부모님께 알리고 싶어요. 이런 내용이 써 있는 종이를 '가정 통신문'이라고 해요."
학급 문고	◆ 정의 각 학급에 갖추어 둔 책. 또는 그 책을 모아 둔 곳. 예 반 학급 문고는 부반장이 직접 관리해요. ● 설명 "각 반에서 관리하는 책을 뭐라고 해요? 이것을 '학급 문고'라고 해요."
꾸미다	◆ 정의 모양이 좋아지도록 손질하다. 예 교실을 꾸며요. ● 설명 "이사를 갔어요. 방을 예쁘게 하고 싶어요. 이것을 '꾸미다'라고 말해요."
(정보를) 확인하다	◆ 정의 틀림없이 맞는지를 알아보다. 예 내일 일정을 확인한 후 다시 연락할게요. ● 설명 "친구들과 내일 모임이 있어요. 그런데 시간을 잘 몰라요. 그래서 친구에게 모임 시간을 확인했어요."
정하다	◆ 정의 규칙이나 법 등을 새로이 만들다. 예 우리 반 규칙을 정했어요. ● 설명 "우리 반 친구들과 함께 '싸우지 않기, 수업 시간에 떠들지 않기 등' 교실에서 지켜야 할 약속을 만들었어요. 이것을 '정하다'라고 해요."
급훈	◆ 정의 학급에서 교육 목표로 정한 짧은 말. 예 우리 반 급훈을 정해야 해요. ● 설명 "'끝까지 노력하자'와 같이 우리 반에서 목표로 정한 짧은 말을 뭐라고 해요? 이런 것을 '급훈'이라고 해요."
오리다	◆ 정의 칼이나 가위 등으로 자르다. 예 수호는 색종이를 꽃 모양으로 오렸어요. ● 설명 "(가위와 색종이를 준비해서 직접 오리는 모습을 보여 주며) 이렇게 하는 것을 '오리다'라고 해요."
접다	◆ 정의 종이를 겹치게 꺾어 모양을 만들다. 예 색종이로 종이배를 접었어요. ● 설명 "(가위와 색종이를 준비해서 직접 접는 모습을 보여 주며) 이렇게 하는 것을 '접다'라고 해요."

2) 교사는 질문을 통해 학생들이 어휘 및 표현을 잘 이해했는지 확인한다.

교 "학급 게시판에 무엇이 붙어 있어요?"

교 "학교에서 함께 활동하는 반의 신문이 뭐예요?"

※ 고등학생 대상 수업의 경우 필수적으로 5분간 다음 활동을 추가로 진행함.
→ 교사는 준비물로 목표 어휘에 대한 그림 카드를 준비한다. 학생들에게 그림 카드를 보여 주고 청소 관련 어휘를 맞히는 활동을 하도록 지도한다.
→ 교사는 준비물로 목표 어휘에 대한 그림 카드를 준비한다. 학생들에게 그림 카드를 보여 주고 교실 환경 미화 관련 어휘를 맞히는 활동을 하도록 지도한다.

정리 – 5분

교사는 질문을 통해 어휘 및 표현 학습을 마무리한다.

📖 "환경 미화가 뭐예요?"

📖 "환경 미화를 하기 위해 어디를 청소해요?"

📖 "어디를 꾸며요? 어떻게 꾸며요?"

교사 지식

→ '쓰레받기[쓰레받끼], 학사 일정[학싸 일쩡], 접다[접따], 돕다[돕따]'에서 확인되는 발음 규칙:
· 경음화 ▶ 1과 28쪽 참고
→ '급훈 [그푼]'에서 확인되는 발음 규칙:
· 'ㅎ' 축약 ▶ 'ㅎ'과 예사소리의 연쇄에서 두 소리가 합쳐져 거센소리가 되는 현상을 말한다.
→ '빗자루[비짜루·빋짜루]'에서 확인되는 발음 법칙:
· 사이시옷 첨가 ▶ 'ㄱ, ㄷ, ㅂ, ㅅ, ㅈ'으로 시작하는 단어 앞에 사이시옷이 올 때는 이들 자음만을 된소리로 발음하는 것을 원칙으로 하되, 사이시옷을 [ㄷ]로 발음하는 것도 허용한다.
예 콧김[코낌·콛낌] 댓글[대끌·댇끌]
→ '붙이다[부치다]'에서 확인되는 발음 규칙:
· 구개음화 ▶ 받침 'ㄷ, ㅌ'이 조사나 접미사의 모음 'ㅣ'와 결합되는 경우에는 [ㅈ, ㅊ]로 바꿔서 뒤 음절 첫소리로 옮겨 발음한다.
→ '끝내다[끈내다]'에서 확인되는 발음 규칙:
· 비음화 ▶ 받침 'ㄱ, ㄷ, ㅂ'은 'ㄴ, ㅁ' 앞에서 [ㅇ], [ㄴ], [ㅁ]으로 발음한다.

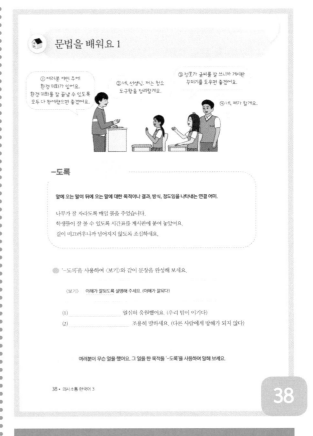

3차시 | 문법을 배워요 1

[학습 목표]

• 환경 미화 역할 분담을 위해 제안할 수 있다.
• '-도록'을 사용하여 앞에 오는 말이 뒤에 오는 말에 대한 목적, 결과, 방식 등을 나타내는 표현을 할 수 있다.

도입 – 5분

1) 교사는 학생들에게 대화문을 읽게 한다. 그리고 학생들이 대화 상황을 이해했는지 확인 질문을 한다.
📖 "선생님이 학생들에게 무엇을 부탁했어요?"
📖 "와니는 무슨 일을 할 거예요?"

2) 교사는 학생들에게 목표 문법의 의미를 추측할 수 있는 질문을 한다.
📖 "교실 공기가 안 좋으면 어떻게 해요? 환기가 되도록 창문을 열어 놓아야 해요."

전개 – 35분

다음의 절차에 따라 문법에 대해 설명한다. 그리고 새로 제시되는 어휘 및 표현이 있다면 그 의미를 함께 설명한다.

[설명]

📖 "'-도록'은 뒤에 나오는 행동에 대한 목적, 결과, 방식, 정도를 표현할 때 사용해요."

[예시]

· 추우니까 감기에 걸리지 않도록 조심해.
· 반 친구들에게 도움이 될 수 있도록 최선을 다하겠습니다.
· 영화가 너무 슬퍼서 눈이 빠지도록 울었어요.

[정보]

▶ 형태 정보:

	받침 O	받침 X
동사	-도록	

① 동사 어간 끝음절의 받침 유무와 관계없이 '-도록'을 쓴다.

▶ 제약 정보:

① 일반적으로 형용사와는 결합하지 않으나 일부 형용사와는 결합할 수 있다.

· 이 에어컨은 자연 바람에 가깝도록 만든 제품입니다. (O)

② 과거 '-었-', 미래 · 추측의 '-겠-'과 결합하지 않는다.

· 나무가 잘 자라도록 비료를 줘요. (O)
· 나무가 잘 자랐도록 비료를 줬어요. (X)
· 나무가 잘 자라겠도록 비료를 줄 거예요. (X)

▶ 주의 사항:

① '-도록 하다'와 형태는 비슷하나 다른 의미를 지니고 있으므로 학습자가 바꿔 사용하지 않도록 한다. '-도록 하다'는 다른 사람에게 어떤 일을 하게 하거나 시킴을 나타낼 때 사용하는 표현이다.

② '-도록 하다'와 '-게 하다'는 다른 사람에게 어떤 일을 하게 하거나 시킴을 나타낸다. 그런데 '-도록 하다'는 듣는 사람에게 어떠한 행동을 직접 시키는 경우에도 사용하며, '-게 하다'는 듣는 사람에게 어떠한 행동을 직접 시키는 경우에는 사용할 수 없다.

[확인]

교사는 문법을 설명한 뒤에 '연습 문제'를 통해 학생들이 문법을 이해했는지 확인한다.

정답
(1) 우리 팀이 이기도록
(2) 다른 사람에게 방해가 되지 않도록

어휘 및 표현

방해	◆ 정의 일이 제대로 되지 못하도록 간섭하고 막음. 예 도서관에서 떠들면 다른 사람에게 방해가 돼요. ● 설명 "여러분이 공부하고 있는데 동생이 옆에서 떠들고 계속 공부를 못하게 하는 것을 '방해'라고 해요."
끝내다	◆ 정의 일을 마지막까지 이루다. 예 숙제를 끝내고 텔레비전을 봤어요. ● 설명 "선생님이 내 준 숙제를 모두 다 했어요. 이제 숙제가 없어요. 이럴 때 숙제를 다 '끝냈다'라고 말해요."
돕다	◆ 정의 남이 하는 일을 거들거나 보탬이 되는 일을 하다. 예 어머니를 따라서 집안일을 도왔어요. ● 설명 "친구가 어떤 일이 생겨 힘들어 할 때 옆에서 친구 일을 함께 해 주는 것을 '돕다'라고 해요."
이기다	◆ 정의 내기나 시합, 싸움 등에서 상대를 누르고 더 좋은 결과를 내다. 예 축구 경기에서 우리 팀이 이겼어요. ● 설명 "축구나 야구 등 경기를 할 때 상대팀보다 점수가 높아요. 이럴 때 '경기에서 이겼다'라고 말해요."
자라다	◆ 정의 생물이 점점 커지다. 예 식물이 많이 자랐어요. ● 설명 "작년에는 키가 165cm였는데 올해는 170cm예요. 키가 5cm 자랐어요. 이렇게 말해요."

교수-학습 지침

※ 고등학생 대상 수업의 경우 필수적으로 5분간 다음 활동을 추가로 진행함.
→ 교사는 학생들에게 목표 문법을 활용할 수 있는 새로운 화제를 제시한다.

📖 "새해에 어떤 계획을 세웠어요? 그것을 위해 어떻게 노력해요? '-도록'을 사용하여 말해 보세요."

예시 답안
미술 대회에서 1등하도록 열심히 노력할 거예요.
친구들과 사이좋게 지내도록 노력할 거예요.

정리 - 5분

1) 교사는 학생들에게 대화문을 다시 한번 읽게 한다.

2) 교사는 교과서에 제시된 열린 질문을 통해 학생들에게 배운 문법을 활용하여 자유롭게 이야기를 나누게 한다.

📖 "여러분이 무슨 일을 했어요. 그 일을 한 목적을 '-도록'을 사용하여 말해 보세요."

예시 답안
좋은 성적이 나오도록 최선을 다했어요.

● 4차시 | 문법을 배워요 2

[학습 목표]

- 환경 미화를 위해 친구들과 역할을 나누고 제안할 수 있다.
- '-을 테니(까)'를 사용하여 뒤에 오는 말에 대한 조건을 강조하거나 앞에 오는 말에 대한 말하는 사람의 의지를 나타내는 표현을 할 수 있다.

도입 – 5분

1) 교사는 학생들에게 대화문을 읽게 한다. 그리고 학생들이 대화 상황을 이해했는지 확인 질문을 한다.
   📖 "친구들이 무엇을 하기 위해 역할을 나누어요?"
   📖 "정호와 호민이가 어디에 갈 거예요? 왜요?"

2) 교사는 학생들에게 목표 문법의 의미를 추측할 수 있는 질문을 한다.
   📖 "여러분은 친구들과 함께 청소를 해 본 적이 있어요?"
   📖 "청소를 하기 위해서 친구들과 어떻게 역할을 나누었어요?"

전개 – 35분

다음의 절차에 따라 문법에 대해 설명한다. 그리고 새로 제시되는 어휘 및 표현이 있다면 그 의미를 함께 설명한다.

[설명]

📖 "'-을 테니(까)'는 뒤에 오는 말에 대한 조건을 강조하거나 앞에 오는 말에 대한 말하는 사람의 의지를 나타내는 표현을 할 때 사용해요."

[예시]

- 내가 요리를 할 테니까 너는 청소 좀 해 줘.
- 제가 다 준비해 놓을 테니까 걱정하지 마세요.
- 내가 먼저 가 있을 테니까 너는 천천히 와.

[정보]

▶ 형태 정보:

	받침 O	받침 X, 'ㄹ' 받침
동사	-을 테니(까)	-ㄹ 테니(까)

① 동사 어간 끝음절에 받침이 있으면 '-을 테니(까)', 동사 어간 끝음절에 받침이 없거나 'ㄹ' 받침으로 끝나면 '-ㄹ 테니(까)'를 쓴다. 단, 'ㄹ' 받침으로 끝날 때는 'ㄹ'이 탈락한다.

② '이다', '아니다'는 '-일 테니(까)'를 쓴다. 단, '이다' 앞의 명사에 받침이 없으면 '명사+ㄹ 테니(까)'라고 쓴다.

▶ 제약 정보:

① 형용사와 결합하지 않는다.
   · (제가) 다리가 아플 테니 의자에 앉겠습니다. (X)

- 형용사와 결합할 때는 추측의 의미인 '-을 테니'의 의미가 된다.

② 과거 '-었-', 미래 · 추측의 '-겠-'과 결합하지 않는다.
   · 오늘은 반드시 청소를 했을 테니 걱정하지 마세요. (X)
   · 오늘은 반드시 청소를 하겠을 테니 걱정하지 마세요. (X)

③ '-은/ㄴ 테니, -는 테니'의 형태로 쓰지 않는다.
   · 피곤해서 잠깐 자는 테니 깨우지 마. (X)
   · 이 책을 읽은 테니 조용히 해 줘. (X)

[확인]

교사는 문법을 설명한 뒤에 아래 '연습 문제'를 통해 학생들이 문법을 이해했는지 확인한다.

> **정답**
> (1) 내가 교실 청소를 할 테니까
> (2) 열쇠를 탁자 위에 둘 테니까

어휘 및 표현

재료	◆ 정의 어떤 일을 하는 데 쓰이는 거리. 📖 예 교실 게시판을 꾸미기 위해 다양한 재료를 샀어요. ● 설명 "김밥을 만들기 위해서 채소, 계란, 밥 등이 필요해요. 이것을 '재료'라고 해요."

※ 고등학생 대상 수업의 경우 필수적으로 5분간 다음 활동을 추가로 진행함.

➜ 교사는 학생들에게 목표 문법을 활용할 수 있는 새로운 화제를 제시한다.

> 📖 "친구의 생일 파티를 준비해요. 누가 무엇을 준비할지 '-을 테니(까)'를 사용하여 말해 보세요."

예시 답안
내가 케이크를 준비할 테니까 네가 선물을 준비해. 내가 풍선을 불 테니까 네가 풍선을 벽에 붙여.

정리 – 5분

1) 교사는 학생들에게 대화문을 다시 한번 읽게 한다.

2) 교사는 교재에 제시된 열린 질문을 통해 학생들에게 배운 문법을 활용하여 자유롭게 이야기를 나누게 한다.

> 📖 "여러분은 오늘 대청소를 해요. '-을 테니(까)'를 사용하여 나와 친구들과의 역할을 정해 보세요."

예시 답안
내가 바닥을 쓸 테니까 네가 걸레질을 해. 내가 사물함을 정리할 테니까 정호와 너는 쓰레기를 버리고 와.

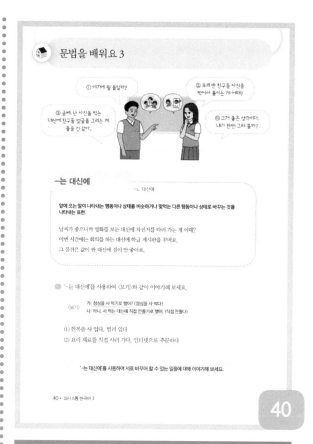

• 5차시 | 문법을 배워요 3

[학습 목표]

• 학급 게시판을 어떻게 꾸밀지 제안할 수 있다.

• '-는 대신에'를 사용하여 앞에 오는 말이 나타내는 행동이나 상태를 비슷한 수준의 다른 행동이나 상태로 바꾸는 표현을 할 수 있다.

도입 – 5분

1) 교사는 학생들에게 대화문을 읽게 한다. 그리고 학생들이 대화 상황을 이해했는지 확인 질문을 한다.

> 📖 "정호와 안나의 뒤에 있는 것은 무엇일까요?"

> 📖 "학급 게시판에 어떤 내용을 넣을 거예요?"

2) 교사는 학생들에게 목표 문법의 의미를 추측할 수 있는 질문을 한다.

> 📖 "게시판에 무엇을 붙일까요? 반 친구들 사진을 붙일까요?"

> 📖 "반 친구들 사진을 붙이는 대신에 직접 그림을 그리는 것은 어때요?"

전개 – 35분

다음의 절차에 따라 문법에 대해 설명한다. 그리고 새로 제시되는 어휘 및 표현이 있다면 그 의미를 함께 설명한다.

[설명]

📖 "'-는 대신에'는 앞에 오는 행동 또는 상황과 비슷한 행동이나 상황으로 바꿀 때 사용해요."

[예시]

· 일요일에 늦잠을 자는 대신에 운동을 하기로 했어요.
· 이 식당은 음식의 양이 적은 대신에 가격이 싸요.
· 배드민턴을 치는 대신에 줄넘기를 할까요?

[정보]

▶ 형태 정보:

	받침 O	받침 X, 'ㄹ' 받침
동사	-는 대신에	
형용사	-은 대신에	-ㄴ 대신에

① 동사 어간 끝음절의 받침 유무와 관계없이 '-는 대신에'를 쓴다. 단, 'ㄹ' 받침으로 끝날 때는 'ㄹ'이 날락한다.

② 형용사 어간 끝음절에 받침이 있으면 '-은 대신에', 형용사 어간 끝음절에 받침이 없거나 'ㄹ' 받침으로 끝나면 '-ㄴ 대신에'로 쓴다. 단, 'ㄹ' 받침으로 끝날 때는 'ㄹ'이 탈락한다.

▶ 제약 정보:

① 과거 '-었-', 미래·추측의 '-겠-'과 결합하지 않는다.

· 연극을 봤는 대신에 영화를 볼 거예요. (X)

② '명사+대신에'의 구성으로도 사용된다.

· 밥 대신에 국수를 먹었어요.
· 연극 대신에 영화를 보러 갔어요.

[확인]

교사는 문법을 설명한 뒤에 아래 '연습 문제'를 통해 학생들이 문법을 이해했는지 확인한다.

> **정답**
> (1) 한복을 사서 입는 대신에 빌려 입기로 했어.
> (2) 요리 재료를 직접 사러 가는 대신에 인터넷으로 주문하기로 했어.

어휘 및 표현

질	◆ **정의** 속성, 가치, 쓸모, 등급 등과 같은 사물의 근본 성질. 예 인터넷에서 주문한 상품의 질이 생각보다 좋았어요. ● **설명** "산 물건이 금방 고장이 나서 쓸 수 없게 되었어요. 그럴 때 그 물건의 '질'이 안 좋다고 해요."
붙이다	◆ **정의** 무엇이 닿아서 떨어지지 않게 하다. 예 게시판에 공지문을 붙여요. ● **설명** "(풀과 종이를 준비해 직접 붙이는 모습을 보이며) 이렇게 하는 것을 '붙이다'라고 해요."

정리 - 5분

1) 교사는 학생들에게 대화문을 다시 한번 읽게 한다.

2) 교사는 교재에 제시된 열린 질문을 통해 학생들에게 배운 문법을 활용하여 자유롭게 이야기를 나누게 한다.

📖 "'-는 대신에'를 사용하여 서로 바꾸어 할 수 있는 일에 대해 이야기해 보세요."

> **예시 답안**
> 밥을 먹는 대신에 빵을 먹었어요. 전화를 하는 대신에 문자를 보냈어요. 선물을 사는 대신에 편지를 썼어요.

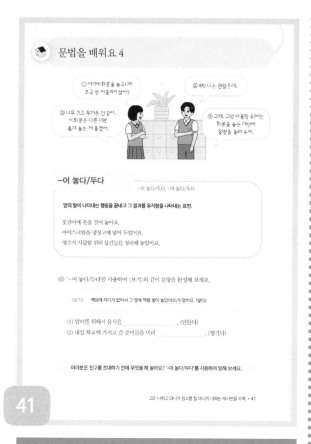

41

• 6차시 | 문법을 배워요 4

[학습 목표]

- 환경 미화를 위해 자신의 의견을 제안하고 요청할 수 있다.
- '-어 놓다/두다'를 사용하여 앞의 말이 나타내는 행동을 끝내고 그 결과를 유지함을 나타내는 표현을 할 수 있다.

도입 – 5분

1) 교사는 학생들에게 대화문을 읽게 한다. 그리고 학생들이 대화 상황을 이해했는지 확인 질문을 한다.

　📖 "선영이가 무엇을 옮기고 싶어 해요? 그 이유가 뭐예요?"

2) 교사는 학생들에게 목표 문법의 의미를 추측할 수 있는 질문을 한다.

　📖 "사물함 위에 놓아 둔 화분이 어때 보여요?"

전개 – 35분

다음의 절차에 따라 문법에 대해 설명한다. 그리고 새로 제시되는 어휘 및 표현이 있다면 그 의미를 함께 설명한다.

[설명]

　📖 "'-어 놓다/두다'는 앞에 오는 말이 나타내는 행동을 끝내고 그 결과를 유지하는 것을 표현할 때 사용해요."

[예시]

- 더워서 창문을 열어 놓았어요.
- 집에 가니까 어머니께서 맛있는 밥을 차려 놓았어요.
- 비행기 표를 한 달 전에 미리 사 놓았어요.

[정보]

▶ 형태 정보:

	ㅏ, ㅗ	ㅓ, ㅜ, ㅣ…	하다
동사	-아 놓다/두다	-어 놓다/두다	-여 놓다/두다

① 동사 어간 끝음절 모음이 'ㅏ, ㅗ'인 경우 '-아 놓다/두다', 동사 어간 끝음절 모음이 'ㅏ, ㅗ'가 아닌 경우 '-어 놓다/두다', '-하다'가 붙은 동사 어간에는 '-여 놓다/두다'를 쓰는데, 흔히 줄여서 '-해 놓다/두다'로 쓴다.

▶ 제약 정보:

① '-어 놓다'는 동사 '놓다'와 결합하지 않는다. '-어 두다'와 결합하여 '놓아 두다'로 쓴다.

- 친구에게서 온 편지를 책상 위에 놓아 놓았어요. (X)
- 선영이가 식탁 위에 꽃병을 놓아 두었습니다. (O)

[확인]

교사는 문법을 설명한 뒤에 아래 '연습 문제'를 통해 학생들이 문법을 이해했는지 확인한다.

> 정답
> (1) 만들어 놓았어요.
> (2) 챙겨 놓았어요.

어휘 및 표현

미리	◆ 정의 어떤 일이 있기 전에 먼저. 예 시험을 보기 전에 미리 공부해요. ● 설명 "친구와 주말에 영화관에 가기로 했는데 영화관에서 직접 표를 사지 않고, 영화관에 가기 전에 '미리' 인터넷으로 예약을 했어요. 이렇게 어떤 일이 있기 전에 먼저 그 일을 하는 것을 '미리'라고 해요."
화분	◆ 정의 흙을 담고 꽃이나 풀을 심어 가꾸는 그릇. 예 일주일에 한 번씩 화분에 물을 줘요. ● 설명 "(화분을 준비한 후 직접 보여 주며) 이것을 '화분'이라고 해요."
옮기다	◆ 정의 한 곳에서 다른 곳으로 이동하게 하다. 예 자리가 좁아서 다른 자리로 옮겼어요. ● 설명 "교실 앞에 있는 화분을 교실 뒤로 가져다 놓아요. 이럴 때 화분을 '옮기다'라고 해요."
챙기다	◆ 정의 필요한 물건을 찾아서 갖추어 놓거나 제대로 갖추었는지 살피다. 예 출발하기 전에 가방을 챙겨야 해요. ● 설명 "여러분, 미술 시간 준비물을 모두 가지고 왔어요? 모두 챙겨 왔어요? 어떤 것을 잊어버리지 않고 잘 가지고 오는 것을 '챙기다'라고 해요."

쌓다	◆ **정의** 여러 개의 물건을 겹겹이 올려놓다. 　　예 교실 뒤에 버려야 할 물건들을 쌓아 놓았어요. ● **설명** "잘 안 읽는 책들을 책상 옆에 쌓아 두어요. 　　책 위에 책을 놓고 또 책을 놓는 것처럼 어떤 　　물건 위에 물건을 또 올려놓고 계속 올려놓 　　는 것을 '쌓다'라고 해요."

교수-학습 지침

※ **고등학생 대상 수업의 경우 필수적으로 5분간 다음 활동을
추가로 진행함.**

➜ 교사는 학생들에게 목표 문법을 활용할 수 있는 새로운 화제
를 제시한다.

　　교 "여러분은 시험을 보기 전에 무엇을 해 놓아요? '-어
　　놓다/두다'를 사용하여 말해 보세요."

　예시 답안
　시험범위를 정리해 놓아요. 컴퓨터용 사인펜을 준비해 놓아요.

정리 - 5분

1) 교사는 학생들에게 대화문을 다시 한번 읽게 한다.

2) 교사는 교재에 제시된 열린 질문을 통해 학생들에
게 배운 문법을 활용하여 자유롭게 이야기를 나누게
한다.

　　교 "여러분은 친구를 초대하기 전에 무엇을 해 놓아요? ' -어
　　놓다/두다'를 사용하여 친구들과 서로 이야기해 보세요."

　예시 답안
　청소를 해 놓아요. 음식을 만들어 놓아요. 간식을 준비해 놓아요.

● 메모

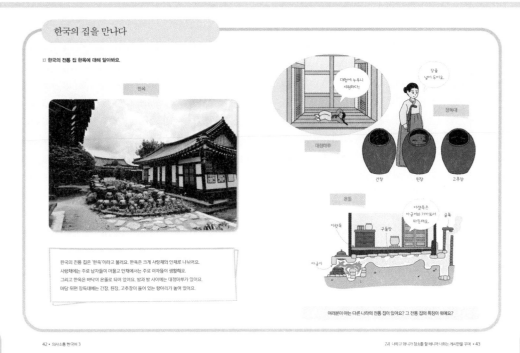

● 문화

[학습 목표]

- 한국의 주거 문화인 한옥에 대해 알 수 있다.
- 한국의 전통 집과 다른 나라의 전통 문화를 비교하여 이야기할 수 있다.

1) 질문을 통해 학생들에게 주제를 추측하게 한다.

　📖 "한국의 전통 집을 알아요?"

　📖 "이 집의 이름이 뭐예요?"

2) 교재 42~43쪽을 보며 한옥 전체에 대해 설명한다.

교수-학습 지침

교사는 간접 체험 활동으로 학생들에게 직접 한옥을 만들어 보는 문화 활동을 진행할 수 있다. 교사는 한옥 키트를 준비해서 미리 한옥의 명칭을 알려 주고 한옥을 만들어 볼 수 있도록 지도한다.

더 알아보기

북촌 한옥 마을	북촌 한옥 마을은 서울에 있어요. 조선 시대 양반들이 살던 곳인데 지금까지 한옥이 보존되어 있어요. 대부분 사람이 살고 있지만 일부는 식당이나 카페로 바뀐 곳도 있어요.
전주 한옥 마을	전주 한옥 마을은 전주에 있어요. 여기에는 한옥으로 된 숙박 시설이 있어요. 그래서 관광객들이 여기에 머물기도 해요. 그리고 한옥을 구경할 때 한복을 빌려 입고 사진을 찍을 수 있어요.

3) 본 문화와 관련하여 상호문화적 관점에서 이야기할 수 있도록 한다.

　📖 "한국의 전통 집을 뭐라고 해요?"

　📖 "한옥에 무엇이 있어요?"

　📖 "여러분, 다른 나라의 전통 집에 대해 알아요?"

　📖 "다른 나라는 집이 어떻게 되어 있어요? 한옥과 어떻게 달라요?"

　📖 "전통 집과 현대의 집이 같아요? 달라요?"

　📖 "한옥과 다른 나라의 전통 집을 비교해서 같은 점이나 다른 점을 이야기해 보세요."

02 더 배워요

◎ 2과에서 무엇을 배우는지 알아봅시다.

함께 이야기해 봐요

1. 학급 신문에 어떤 내용이 있어요?

2. 여러분은 학급 신문에 어떤 내용을 넣고 싶어요?

44 / **45**

〈더 배워요〉 학습 목표

- 다른 사람에게 어떤 일을 할 것을 제안할 수 있다.
- 다른 사람에게 원하는 것을 요청할 수 있다.

7차시	• 환경 미화를 하기 위해 친구에게 역할을 제안할 수 있다.
8차시	• 어떤 상황에 대해서 판단하고 자신이 원하는 것을 요청할 수 있다.
9차시	• 학급 신문에 대한 글을 읽고 이해할 수 있다.
10차시	• 학급 신문에 들어갈 내용을 쓸 수 있다.

〈학습 도구 한국어〉 학습 목표

7~8차시	• 협동 학습에서 제안하기에 대해 안다.
9~10차시	• 협동 학습에서 조정하기에 대해 안다.

• 7차시 | 〈더 배워요〉 도입 및 대화해 봐요 1

〈더 배워요〉 도입 - 5분

1) 〈꼭 배워요〉의 목표 어휘 및 문법 등을 확인할 수 있는 질문을 통해 학생들이 해당 표현을 사용하여 답할 수 있도록 유도한다.

🔲 "환경 미화를 하려면 먼저 무엇을 해야 해요?"

🔲 "어디를 청소해요?"

🔲 "무엇을 어떻게 꾸며요?"

2) '대화해 봐요 1, 2'에서 학습할 내용을 대표하는 네 개의 그림들을 확인하며 학생들이 앞으로 배우게 될 주제 및 내용을 추측할 수 있도록 한다.

🔲 "여러분, 무슨 역할을 나눌까요?"

🔲 "환경 미화를 할 때 여러분은 먼저 무엇을 할 거예요?"

🔲 "두 사람이 왜 쓰레기를 정리하려고 할까요?"

🔲 "쓰레기가 왜 이렇게 많을까요?"

🔲 "유미는 방 분위기를 왜 바꾸고 싶을까요?"

🔲 "방 분위기를 어떻게 바꾸고 싶을까요?"

🔲 "방 분위기가 어떻게 달라졌을까요?"

🔲 "방 분위기가 달라졌는데 무슨 효과가 있을까요?"

3) '함께 이야기해 봐요'에 제시된 질문을 통해 이야기를 나눔으로써 '읽고 써 봐요'에서 학습할 내용을 추측하게 한다.

🔲 "학급 신문에 어떤 내용이 있어요?"

🔲 "여러분은 학급 신문에 어떤 내용을 넣고 싶어요?"

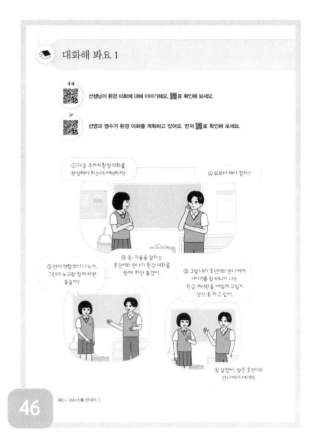

46 · 의사소통 한국어 3

[학습 목표]

- 환경 미화를 하기 위해 친구에게 역할을 제안할 수 있다.
- 부가 문법: -을지
- 목표 표현: ~까지 -어야 하다
  ~부터 -자

본 대화는 선영이와 영수가 환경 미화를 어떻게 진행할 지에 대해 이야기를 나누고 있는 상황이다.

도입 – 5분

1) 교사는 학생들에게 '대화해 봐요 1'의 내용을 추측할 수 있는 질문을 한다.

   📖 "환경 미화는 무엇을 하는 활동이에요?"

   📖 "여러분은 환경 미화를 할 때 어떻게 역할을 나눴어요?"

2) 교사는 학생들에게 46쪽의 첫 번째 QR 코드 속 영상을 보게 한다.

   📖 "선생님이 환경 미화에 대해 공지를 하고 있어요. 어떤 공지인지 함께 확인해 봐요."

3) 교사는 학생들이 대화문을 읽게 한 후 내용을 이해했는지 확인하는 질문을 한다. 그리고 새 표현이 있다면 그 의미를 함께 설명한다.

   📖 "이번 주는 무슨 기간이에요?"

   📖 "언제까지 환경 미화를 끝내야 돼요?"

어휘 및 표현

기간	◆ 정의 어느 일정한 때부터 다른 일정한 때까지의 동안. 예 시험 기간 동안 열심히 공부해야 해요. ● 설명 "책을 빌리면 오늘부터 5일 뒤까지 볼 수 있어요. 이렇게 5일 동안의 시간을 '기간'이라고 해요."
마무리하다	◆ 정의 일을 끝내다. 예 올해를 마무리하고 새해를 준비해요. ● 설명 "'끝내다'와 비슷한 의미예요. 일을 모두 끝냈을 때 '일을 모두 마무리했어요' 이렇게도 말해요."
완성하다	◆ 정의 완전하게 다 이루다. 예 어젯밤에 만들기 작품을 모두 완성했어요. ● 설명 "(하나 빼고 다 맞춘 퍼즐 판에 마지막 하나 퍼즐을 끼워 넣는 모습을 보여 주며) 이렇게 모두 다 끝까지 완료한 것을 '완성하다'라고 해요."

전개 – 20분

1) 교사는 학생들에게 본 대화 내용을 소개하며 46쪽의 두 번째 QR 코드 속 영상을 보게 한다.

   📖 "선영이와 영수가 환경 미화 계획을 하고 있어요. 어떻게 계획하는지 함께 확인해 봐요."

2) 교사는 학생들이 대화의 전체 내용을 이해했는지 확인하는 질문을 한다.

   📖 "선영이와 영수가 제일 먼저 무엇을 하기로 했어요?"

   📖 "환경 미화를 누구랑 함께 하려고 해요?"

3) 교사는 학생들에게 대화문을 읽게 한다. 그리고 세부 내용을 이해했는지 확인하는 질문을 한다.

   📖 "환경 미화에서 호민이와 안나는 어떤 역할을 하게 될까요?"

   📖 "선영이가 친구들에게 이야기하는 동안 영수는 무엇을 하고 있어야 돼요?"

4) 대화에 제시된 새 표현의 의미를 설명한다.

어휘 및 표현

역할	◆ 정의 맡은 일 또는 해야 하는 일. 예 우리 반 반장은 많은 역할을 하고 있어요. ● 설명 "동아리에서 친구들과 연극을 준비했는데 선영이는 엄마 역할을 하고 영수는 아빠 역할을 했어요. 이렇게 자기가 맡은 일을 '역할'이라고 해요."

5) 교사는 학생들에게 대화문을 다시 한번 읽게 한다. 이때 역할을 나누는 등 다양한 방식으로 읽게 할 수 있다.

6) 교사는 다음의 절차에 따라 부가 문법 '-을지'에 대해 설명한다. 그리고 새로 제시되는 어휘가 있다면 그 의미를 함께 설명한다.

부가 문법   **'-을지'**

[설명]

📕 "내일 시험인데 공부를 많이 못 했어요. 그럼 여러분은 걱정될 거예요. 이럴 때 '시험을 잘 볼 수 있을까? 시험을 잘 볼 수 있을지 걱정돼요.'라고 이야기할 수 있어요. 이렇게 '-을지'는 '어떤 일이나 사실에 대해서 확실히 알 수 없어서 추측하거나 의문을 나타낼 때 사용해요.'"

[예시]

· 선물을 샀는데 친구가 좋아할지 모르겠어요.
· 인터넷으로 신발을 샀는데 사이즈가 잘 맞을지 걱정이야.
· 내가 성인이 되면 어떤 일을 하게 될지 궁금해.
· 다음 주가 지나면 좀 시원할지 모르겠다.

[정보]

▶ 형태 정보:

	받침 O	받침 X, 'ㄹ' 받침
동사, 형용사	-을지	-ㄹ 지

① 동사 및 형용사 어간 끝음절에 받침이 있으면 '-을지', 동사 및 형용사 어간 끝음절에 받침이 없거나 'ㄹ' 받침으로 끝나면 '-ㄹ 지'를 쓴다. 단, 'ㄹ' 받침으로 끝날 때는 'ㄹ'이 탈락한다.

7) 교사는 학생들에게 목표 표현에 대해 설명한다.

목표 표현 1   **'~까지 -어야 하다'**

[설명]

📕 "'~까지 -어야 하다'는 정해진 기간까지 해야 할 일을 말할 때 사용해요."

[예시]

· 이번 주까지 선생님께 숙제를 내야 해.
· 오늘은 두 시까지 태권도 학원에 가야 돼요.
· 내일은 9시까지 학교에 가야 돼요.
· 이번 학기까지 영어 성적을 올려야 해요.

목표 표현 2   **'~부터 -자'**

[설명]

📕 "'~부터 -자'는 어떤 것을 먼저 하자고 제안할 때 사용해요."

[예시]

· 환경 미화를 시작하기 전에 청소부터 끝내자.
· 너무 배고픈데 먼저 밥부터 먹으러 가자.

· 자전거를 타러 가기 전에 숙제부터 끝내자.
· 밥을 먹기 전에 손부터 씻자.

8) 교사는 학생들에게 교재의 1번과 2번 문제를 풀게 한다.

9) 교사는 학생들과 함께 문제의 답을 확인한다.

정답
1.(1) ○ (2) × (3) ×
2. 환경 미화를 다음 주까지 완성해야 하는데 함께 할 수 있어?

10) 교사는 학생들에게 47쪽 첫 번째 QR 코드 속 영상을 보게 한다.

📕 "학생들이 환경 미화를 하고 있어요. 게시판을 어떻게 꾸밀지 함께 확인해 봐요."

11) 교사는 학생들이 대화 내용을 잘 이해했는지 질문을 한다. 그리고 새 표현이 있다면 그 의미를 함께 설명한다.

📕 "게시판을 어떻게 꾸미기로 했어요?"
📕 "학급 신문에 무엇을 넣기로 했어요?"

활용 – 10분

1) 교사는 학생들이 목표 표현을 사용하여 대답할 수 있도록 질문을 한다.

🔉 "정해진 시간까지 해야 할 일이 있으면 어떻게 말해요?"

🔉 "다른 사람에게 어떤 일을 먼저 하자고 어떻게 제안해요?"

2) 교사는 질문을 통해 학생들이 '활용하기'의 대화 상황을 추측할 수 있도록 한다.

🔉 "약속 시간이 다 되었는데 환경 미화 마무리할 시간이 부족해요. 선영이와 영수는 어떻게 할까요? 함께 읽어 봐요."

3) 교사는 학생들에게 대화문을 읽게 한 후 대화의 내용을 이해했는지 확인하는 질문을 한다. 그리고 새 표현이 있다면 그 의미를 함께 설명한다.

🔉 "치킨 집에 몇 시까지 가야 돼요?"

🔉 "치킨 집에 가기 전에 무엇을 해야 해요?"

4) 교사는 학생들에게 대화문을 다시 한번 읽게 한다. 이때 역할을 나누는 등 다양한 방식으로 읽게 할 수 있다.

교수-학습 지침

※ 고등학생 대상 수업의 경우 필수적으로 5분간 다음 활동을 추가로 진행함.
→ 교사는 짝 활동, 그룹 활동을 통해 환경 미화를 할 때 역할을 나누고 의견을 제안하는 상황에 대해 이야기하도록 지도한다.

정리 – 5분

교사는 학생들에게 47쪽의 '전체 대화를 들어 보세요' QR 코드 속 대화를 듣게 하고 수업을 마무리한다.

48 · 의사소통 한국어 3

48

● 8차시 | 대화해 봐요 2

[학습 목표]

• 어떤 상황에 대해서 판단하고 자신이 원하는 것을 요청할 수 있다.
• 부가 문법: -어 드리다
• 목표 표현: -지 않니?
  -되고 ~도 -을 거야

본 대화는 방의 배치를 바꾸는 문제에 대해 선영이와 엄마가 대화를 나누고 있는 상황이다.

도입 – 7분

1) 교사는 학생들에게 '대화해 봐요 2'의 내용을 추측할 수 있는 질문을 한다.

🔉 "여러분 방은 어때요? 깨끗해요?"

🔉 "어떤 가구가 있어요? 어떻게 배치되어 있어요?"

🔉 "방의 가구 배치가 마음에 들어요?"

2) 교사는 학생들에게 48쪽의 첫 번째 QR 코드 속 영상을 보게 한다.

🔉 "수호가 유미에게 제안을 하고 있어요. 무슨 제안인지 함께 확인해 봐요."

3) 교사는 학생들이 대화 내용을 잘 이해했는지 질문을 한다. 그리고 새 표현이 있다면 그 의미를 함께 설명한다.

🔳 "수호가 유미에게 왜 방 분위기를 바꾸기를 제안했어요?"

🔳 "수호는 왜 책상하고 의자를 바꿨어요?"

어휘 및 표현

분위기	◆ 정의 주위의 상황이나 환경. 예 집안 분위기가 달라졌어요. ● 설명 "청소를 하니까 교실 분위기가 청소하기 전과 어때요? 많이 달라졌지요? 이렇게 주변 환경이나 상황을 '분위기'라고 해요."
안되다	◆ 정의 일이나 현상 등이 좋게 이루어지지 않다. 예 급하게 먹어서 소화가 잘 안돼요. ● 설명 "조용한 도서관에서는 공부가 잘 돼요. 그런데 시끄러운 장소에서는 공부가 잘 안돼요."

전개 - 20분

1) 교사는 학생들에게 본 대화 내용을 소개하며 18쪽의 두 번째 QR 코드 속 영상을 보게 한다.

> 🔳 "유미는 방 분위기를 바꾸고 싶어 해요. 어떻게 바꾸기로 했는지 함께 확인해 봐요."

2) 교사는 학생들이 대화의 전체 내용을 이해했는지 확인하는 질문을 한다.

> 🔳 "선영이는 왜 방 분위기를 바꾸고 싶어 해요?"

3) 교사는 학생들에게 대화문을 읽게 한다. 그리고 세부 내용을 이해했는지 확인하는 질문을 한다.

> 🔳 "현재 선영이의 방에 있는 책장이 어때요?"
>
> 🔳 "책장을 새로 사는 대신에 무엇을 하기로 했어요?"

4) 대화에 제시된 새 표현의 의미를 설명한다.

어휘 및 표현

갑자기	◆ 정의 미처 생각할 틈도 없이 빨리. 예 갑자기 날씨가 더워졌어요. ● 설명 "'갑자기'는 미리 생각할 시간도 없이 빨리 되는 거예요. 친구와 약속을 했어요. 그런데 갑자기 급한 일이 생겨서 친구와의 약속을 취소했어요."
요새	◆ 정의 얼마 전부터 이제까지의 매우 짧은 동안. 예 요새 선영이가 연락이 없어요. ● 설명 "'요새'는 '최근 얼마 오래되지 않은 기간 동안'이라는 뜻이에요. '요새 나온 노래 중에 어떤 노래가 제일 좋아?'와 같이 말할 수 있어요."
배치	◆ 정의 사람이나 물건 등을 알맞은 자리에 나누어 놓음. 예 가구를 다시 배치했어요. ● 설명 "어떤 물건을 옮겨서 잘 어울리는 곳에 두는 것을 '배치'라고 해요."

달라지다	◆ 정의 전과 다르게 되다. 예 어렸을 때 본 친구를 10년 만에 봤는데 너무 달라져서 처음에는 몰라봤어요. ● 설명 "이전과 다르게 바뀌고 변한 것을 '달라지다'라고 해요. 도시가 발전해서 많이 변했어요. 도시가 달라졌어요."

5) 교사는 학생들에게 대화문을 다시 한번 읽게 한다. 이때 역할을 나누는 등 다양한 방식으로 읽게 할 수 있다.

6) 교사는 다음의 절차에 따라 부가 문법 '-어 드리다'에 대해 설명한다. 그리고 새로 제시되는 어휘가 있다면 그 의미를 함께 설명한다.

부가 문법　　'-어 드리다'

[설명]

> 🔳 "여러분의 부모님이 집안일을 하고 있어요. 그런데 할 일이 너무 많아요. 그럼 여러분 어떻게 해요? 도와줘요. 이럴 때 윗사람에게는 이렇게 말해요. 부모님을 도와드려요. 이렇게 '-어 드리다'는 윗사람을 위하여 도움을 주는 행동을 말할 때 사용해요."

[예시]

· 제가 가위를 가져다 드릴게요.
· 어머니 생신날에 맛있는 요리를 해 드렸어요.
· 할머니 짐이 무거워 보여서 제가 들어 드렸어요.
· 할아버지, 글씨가 너무 작으면 제가 읽어 드릴까요?

[정보]

▶ 형태 정보:

	ㅏ, ㅗ	ㅓ, ㅜ, ㅣ…	하다
동사	-아 드리다	-어 드리다	-여 드리다

① 동사 어간 끝음절의 모음이 'ㅏ, ㅗ'인 경우 '-아 드리다', 동사 어간 끝음절의 모음이 'ㅏ, ㅗ'가 아닌 경우 '-어 드리다', '-하다'가 붙은 동사 어간에는 '-여 드리다'를 쓰는데, 흔히 줄여서 '-해 드리다'로 쓴다.

▶ 제약 정보:

① 형용사와 결합하지 않는다.

· 제가 음식을 맛있어 드릴게요. (X)
· 제가 음식을 맛있게 해 드릴게요. (O)

- 형용사와 결합할 수 없으므로 주로 '-게 하다'와 결합하여 '-게 해 드리다'의 형태로 사용할 수 있다.

② 동사 '드리다'와 결합하지 않는다.

· 어머니 생신 선물로 꽃다발을 드려 드리겠어요. (X)
· 어머니 생신 선물로 꽃다발을 드리겠어요. (O)

- 동사 '드리다'의 형태와 '-어 드리다'의 형태가 충돌하여 이중 표현이 되어서 어색하므로 사용하지 않는다.

7) 교사는 학생들에게 목표 표현에 대해 설명한다.

목표 표현 1   '-지 않니?'

[설명]

📖 "'-지 않니?'는 자신의 생각을 다른 사람에게 물어보면서 확인할 때 사용해요."

[예시]

· 수학 문제가 어렵지 않니?
· 게시판을 혼자 꾸미려면 너무 힘들지 않니?
· 이 빵을 혼자 먹기에 많지 않니?
· 이 시간까지 아무 것도 안 먹었으면 배가 고프지 않니?

목표 표현 2   '-되고 ~도 -을 거야'

[설명]

📖 "'-되고 ~도 -을 거야'는 두 가지 이상의 가능성이 있는 일을 말할 때 사용해요."

[예시]

· 청소를 하면 방도 정리되고 공부할 때 집중도 잘 될 거야.
· 책을 많이 읽으면 다양한 정보도 알게 되고 관심 분야도 많아지게 될 거야.
· 운동을 하면 건강도 좋아지게 되고 몸도 가벼워질 거야.
· 봉사 활동 동아리에 가입하면 다른 학교 친구들도 많이 사귀게 되고 다양한 봉사 활동도 할 수 있을 거야.

8) 교사는 학생들에게 교재의 1번과 2번 문제를 풀게 한다.

9) 교사는 학생들과 함께 문제의 답을 확인한다.

정답
1.(1) × (2) ○ (3) ○
2. 가구를 새로 사는 대신에 배치를 바꿔 볼 거예요.

10) 교사는 학생들에게 49쪽 첫 번째 QR 코드 속 영상을 보게 한다.

📖 "유미가 방 배치를 바꾼 다음 수호와 만나서 경험을 이야기를 해요. 그런데 수호의 표정이 안 좋아요. 왜 안 좋은지 함께 확인해 봐요."

11) 교사는 학생들이 대화 내용을 잘 이해했는지 질문을 한다. 그리고 새 표현이 있다면 그 의미를 함께 설명한다.

📖 "수호는 책상과 의자를 바꾼 다음 성적이 어떻게 됐어요?"

📖 "유미는 방 배치를 바꾸고 나서 어떻게 바뀌었어요?"

어휘 및 표현

표정	◆ 정의 마음속에 품은 감정이나 생각 등이 얼굴에 드러남. 예 유미는 항상 표정이 밝아요. ● 설명 "웃어요. 표정이 밝아요. 사람의 기분이 얼굴에 나타나는 것을 '표정'이라고 해요."
혼나다	◆ 정의 심하게 꾸지람을 듣거나 벌을 받다. 예 오늘 숙제를 안 해서 선생님께 혼났어요. ● 설명 "동생이랑 싸웠어요. 아버지께서 우리에게 뭐라고 하셨어요. 이럴 때 '아버지께 혼났다'라고 말해요."

활용 - 10분

1) 교사는 학생들이 목표 표현을 사용하여 대답할 수 있도록 질문을 한다.

📖 "집중이 안 될 때 새로운 환경으로 바꿔 주면 어떻게 될까요?"

2) 교사는 질문을 통해 학생들이 '활용하기'의 대화 상황을 추측할 수 있도록 한다.

📖 "요즘 유미가 집에 일찍 간 이유에 대해 이야기하고 있어요. 그 이유가 무엇일까요?"

3) 교사는 학생들에게 대화문을 읽게 한 후 대화의 내용을 이해했는지 확인하는 질문을 한다. 그리고 새 표현이 있다면 그 의미를 함께 설명한다.

📖 "유미는 학교에서 공부에 집중이 안 될 때 어떻게 해요?"

📖 "유미는 혼자 공부하는 것에 대해 어떻게 생각해요?"

새롭다	◆ 정의 지금까지의 것과 다르거나 있은 적이 없다. 예 계절이 바뀌어 산에 꽃이 피니까 경치가 새로웠다. ● 설명 "학년이 바뀌어서 새 친구도 새로운 선생님도 만났어요. 기분이 어때요? 이럴 때 '기분이 새롭다'라고 말해요."

4) 교사는 학생들에게 대화문을 다시 한번 읽게 한다. 이때 역할을 나누는 등 다양한 방식으로 읽게 할 수 있다.

교수-학습 지침

※ 고등학생 대상 수업의 경우 필수적으로 5분간 다음 활동을 추가로 진행함.
→ 교사는 짝 활동, 그룹 활동을 통해 부모님께 방 꾸미기를 요청하는 상황에 대해 이야기하도록 지도한다.

정리 - 8분

교사는 학생들에게 49쪽의 '전체 대화를 들어 보세요' QR 코드 속 대화를 듣게 하고 수업을 마무리한다.

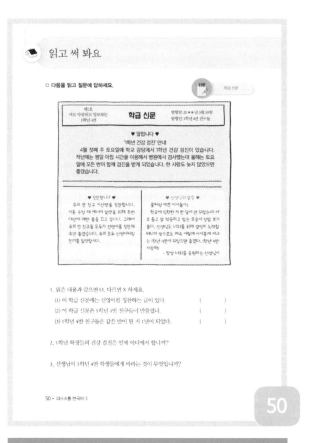

● 9차시 | 읽고 써 봐요 - 읽기

[학습 목표]

• 학급 신문에 대한 글을 읽고 이해할 수 있다.

본 활동은 안내와 칭찬 등 학급 신문에 들어간 내용을 읽고 이해하기 위한 활동이다.

읽기 전 - 5분

교사는 학생들에게 읽기 내용을 추측할 수 있는 질문을 한다.

🔲 "여러분, 신문 알지요? 우리 반 친구들이 우리 반 이야기로 신문을 만들면 그것을 뭐라고 할까요?"

🔲 "여러분은 학급 신문을 만들어 본 적이 있어요?"

🔲 "학급 신문에 어떤 내용이 들어가면 좋을까요?"

🔲 "여러분이 학급 신문을 만든다면 어떤 내용을 넣고 싶어요?"

읽기 중 - 30분

1) 교사는 학생들에게 읽기 지문을 개별적으로 읽게 한다.

2) 교사는 학생들이 읽기 지문의 전체 내용을 이해했는지 확인하는 질문을 한다.

🔲 "이게 무슨 글이에요?"

📖 "이 글을 어디에서 볼 수 있어요?"

3) 교사는 학생들에게 읽기 지문을 읽게 한다. 그리고 세부 내용을 이해했는지 확인하는 질문을 한다.

📖 "사람들이 선영이를 칭찬한 이유가 뭐예요?"

📖 "선생님께서 우리에게 바라는 점이 뭐예요?"

📖 "건강 검진은 무슨 요일에 있어요?"

4) 읽기 지문에 제시된 새 표현의 의미를 설명한다.

어휘 및 표현

양보하다	◆ 정의 다른 사람을 위해 자리나 물건 등을 내주거나 넘겨주다. 예 아이가 있어서 자리를 양보했어요. ● 설명 "버스나 지하철에 몸이 약한 사람이나 할머니, 할아버지에게 자리를 어떻게 해요? '할머니, 할아버지에게 자리를 양보해요.' 이렇게 말해요."
발행일	◆ 정의 책이나 신문 등의 출판물을 발행한 날짜. 예 이 잡지는 발행일이 매달 25일이에요. ● 설명 "신문이나 책이 인쇄되어 나온 날을 '발행일'이라고 해요."
발행인	◆ 정의 책이나 신문 등의 출판물을 발행하는 사람. 예 학급 신문의 발행인은 우리 반 학생 모두예요. ● 설명 "책이나 신문, 잡지 등을 만들어 인쇄한 사람을 '발행인'이라고 해요."
강당	◆ 정의 강연이나 강의, 공연 등을 할 때에 쓰는 건물이나 큰 방. 예 학교 강당은 정말 넓어요. ● 설명 "학교 실내 체육관처럼 많은 사람들이 함께 모일 수 있는 넓은 장소예요. 여기는 어디일까요? '강당'이에요."
검사하다	◆ 정의 어떤 일이나 대상을 조사하여 옳고 그름이나 좋고 나쁨을 알아내다. 예 선생님께서 숙제 검사를 해 주셨어요. ● 설명 "수업 시간에 수학 문제를 풀고 맞는지 틀렸는지 선생님이 확인하는 것을 '검사하다'라고 해요."
건강 검진	◆ 정의 건강 상태를 검사하고 진찰하는 일. 예 2년에 한번 건강 검진을 받았어요. ● 설명 "몸이 건강한지 건강하지 않은지 병원에서 여러 가지 확인하는 일을 '건강 검진'이라고 해요."
에너지	◆ 정의 어떠한 것이 가지고 있는, 일을 할 수 있는 힘. 예 자동차는 석유나 가스가 가지고 있는 에너지로 움직이는 것이에요. ● 설명 "우리는 전기 에너지를 절약해야 해요."
주번	◆ 정의 한 주일 동안씩 교대로 하는 근무. 예 이번 주 주번인 호민이가 학교에 지각을 했어요. ● 설명 "학교에 일찍 와서 교실 정리나 칠판 정리를 도와주는 친구가 있어요. 매주 바뀌어요. 이런 사람을 '주번'이라고 해요."
매번	◆ 정의 어떤 일이 있을 때마다. 예 제 친구는 약속 시간보다 매번 늦게 왔어요. ● 설명 "물건을 두고 어디에 두었는지 잊어버렸어요. 그런데 그 다음에도 또 그 물건이 어디 있는지 몰라요. 계속 찾을 때마다 생각이 안 나요. 이럴 때 '매번 생각이 안 난다'라고 해요."
사이좋다	◆ 정의 서로 친하다. 예 "저와 동생은 사이좋은 자매예요." ● 설명 "와니와 안나는 싸우지 않고 친해요. 둘은 사이좋은 친구예요."

읽기 후 – 10분

1) 교사는 학생들에게 교재의 문제를 풀게 한다.

2) 교사는 학생들과 함께 문제의 답을 확인한다.

정답
1.(1) ○ (2) ○ (3) ×
2. 4월 첫째 주 토요일에 학교 강당에서 있습니다.
3. 우리 반 친구들이 사이좋게 지내는 것입니다.

3) 교사는 질문을 통해 읽기 내용을 재확인하며 수업을 마무리한다.

📖 "선영이를 칭찬한 이유가 뭐예요?"

교수-학습 지침
※ 고등학생 대상 수업의 경우 필수적으로 5분간 다음 활동을 추가로 진행함.
→ 교사는 실제 학급 신문을 준비해 학급 신문 내용을 확인하는 활동을 하도록 지도한다.

● 10차시 | 읽고 써 봐요 - 쓰기

[학습 목표]
• 학급 신문에 들어갈 내용을 쓸 수 있다.

본 활동은 학급 신문에 들어갈 내용을 미리 구상하고 학급 신문을 직접 만들어 보는 활동이다.

쓰기 전 - 5분

1) 교사는 학생들에게 쓰기 내용을 추측할 수 있는 질문을 한다.
- 📖 "학급 신문을 자주 봐요?"
- 📖 "학급 신문에는 무슨 내용이 있어요?"

2) 교사는 학생들에게 어떤 쓰기 활동을 할 것인지 명확히 알려 준다.
- 📖 "이번 시간에는 학급 신문을 써 볼 거예요."

쓰기 중 - 30분

1. 학급 신문에 쓰고 싶은 주제에 대해 쓰는 활동이다.

1) 교사는 학생들에게 무엇을 써야 하는지 알려 준다. 그리고 새 표현이 있다면 그 의미를 함께 설명한다.

- 📖 "학급 신문에 어떤 주제가 들어가면 좋겠어요? 그리고 그 주제에 어떤 내용이 들어가면 좋을까요? 간단히 써 보세요."

2) 교사는 학생들에게 학급 신문에 넣고 싶은 내용에 대해 쓰게 한다. 이때 교사는 학생들에게 개별적으로 쓰기 지도를 할 수 있다.

2. 학급 신문을 만드는 활동이다.

1) 교사는 학생들에게 무엇을 써야 하는지 알려 준다. 그리고 새 표현이 있다면 그 의미를 함께 설명한다.
- 📖 "학급 신문에 무슨 내용이 있어요?"
- 📖 "공지글, 칭찬, 선생님의 말씀이 있어요."
- 📖 "실제 학급 신문에 어떤 내용이 들어가면 좋을까요?"
- 📖 "여러분은 무슨 내용을 넣고 싶어요?"
- 📖 "(첫 번째 활동의 표 주제를 가리키며) 여기에 쓴 주제를 골라서 학급 신문 내용에 자세히 써 넣으세요."

2) 교사는 학생들에게 학급 신문에 들어갈 내용을 쓰게 한다. 이때 교사는 학생들에게 개별적으로 쓰기 지도를 할 수 있다.

쓰기 후 - 10분

1) 쓰기 활동이 모두 마무리되면 교사는 학생들에게 각자 쓴 것을 발표하게 한다.

2) 교사는 학급 신문에 대해 다시 한번 정리하며 수업을 마무리한다.

교수-학습 지침

※ 고등학생 대상 수업의 경우 필수적으로 5분간 다음 활동을 추가로 진행함.
→ 교사는 학생들에게 수업 중에 지도받은 내용을 반영해 공책에 글을 다시 쓰게 할 수 있다. 이를 통해 학생들 스스로 자신의 글을 점검하도록 지도한다.

교수-학습 지침

본 쓰기 활동은 3~4명의 학생을 한 모둠으로 하여 학습 신문을 완성해 보는 그룹 활동으로 해 볼 수 있다. 교사는 각 모둠에게 커다란 종이를 나눠 준다. 그리고 모둠의 학생들은 첫 번째 쓰기 단계에서 작성했던 주제나 내용을 가지고 무엇을 넣을지 서로 상의한 다음 몇 가지 주제를 골라 쓰면서 공동으로 학급 신문을 완성해 볼 수 있다.

3과 | 이번 과제를 하려면 자료가 많이 있어야 해

● 단원 목표

다른 사람과 함께 과제를 하는 과정에 대해 계획을 세울 수 있으며 문제가 생겼을 때 해결할 수 있다.

● 단원 내용

꼭 배워요 (필수)	• 주제: 과제	
	• 기능: 계획하기, 문제 해결하기	
	• 어휘: 과제 관련 어휘	
	• 문법: -잖아(요), -어 가다, -으려면, -어도	
문화	• 문화: 한국 중고등학교의 수행 평가를 알아보다.	
더 배워요 (선택)	• 대화 1: 조별 과제 계획하기 • 대화 2: 조별 과제를 위한 문제 해결하기	
	• 읽기: 백과사전	
	• 쓰기: 자신의 학교를 소개하는 글쓰기	

● 수업 개요

〈꼭 배워요〉 학습 목표	
• 다른 사람과 어떤 일을 계획할 수 있다. • 어떤 문제가 생겼을 때 그 문제를 해결할 수 있다.	
1차시	• 도입 대화를 통해 본 단원의 주제에 대해 이해하고 말할 수 있다.
2차시	• 과제의 종류와 과제 수행 과정에 대한 어휘 및 표현을 알고 활용할 수 있다.
3차시	• 문제를 해결하기 위해 문제 상황을 파악할 수 있다. • '-잖아(요)'를 사용하여 말하는 사람이 상대방에게 확인하거나 정정해 주듯 말함을 나타내는 표현을 할 수 있다.
4차시	• 문제를 해결하기 위해 도움을 요청할 수 있다. • '-어 가다'를 사용하여 앞의 말이 나타내는 행동이나 상태가 계속 진행됨을 나타내는 표현을 할 수 있다.

5차시	• 과제를 준비하기 위한 계획을 세울 수 있다. • '-으려면'을 사용하여 어떤 행동을 할 의도나 의향이 있는 경우를 가정할 때 쓰는 표현을 할 수 있다.
6차시	• 과제 수행 후 무엇을 할지 계획할 수 있다. • '-어도'를 사용하여 앞에 오는 말을 가정하거나 인정하지만 뒤에 오는 말에는 관계가 없거나 영향을 끼치지 않음을 나타내는 표현을 할 수 있다.

교수-학습 지침

※ 고등학생 대상 수업의 경우 필수적으로 5분간 다음 활동을 추가로 진행함.
→ 교사는 학생들에게 요청하는 역할극을 하게 할 수 있다. 이때 교사는 지난 단원에서 배운 '-도록', '-을 테니까', '-는 대신에', '-어 놓다/두다' 중 세 가지 이상의 문법을 사용하여 대본을 만들 수 있도록 지도한다.

• 1차시 | 복습 및 〈꼭 배워요〉 도입

[학습 목표]

• 도입 대화를 통해 본 단원의 주제에 대해 이해하고 말할 수 있다.

복습 – 20분

2단원에서 배운 주제 및 문법에 대해 복습한다.

1) 교사는 지난 단원의 주제와 관련된 질문을 하여 학생들에게 학습한 내용을 떠올리게 한다.

🔲 "환경 미화가 뭐예요?"

🔲 "환경 미화를 할 때 어디를 청소해요?"

🔲 "어디를 꾸며요?"

2) 교사는 '-도록'과 관련된 질문을 하여 학생들에게 학습한 내용을 떠올리게 한다.

🔲 "환경 미화를 잘 마무리할 수 있도록 우리 모두 무엇을 해야 해요?"

🔲 "여러분은 꿈이 뭐예요? 그것을 위해 어떻게 노력해요?"

3) 교사는 '-을 테니(까)'와 관련된 질문을 하여 학생들에게 학습한 내용을 떠올리게 한다.

🔲 "오늘 대청소를 해야 해요. 친구와 어떻게 역할을 나눌 거예요?"

🔲 "친구와 생일 파티를 준비해요. 어떻게 역할을 나눌 거예요?"

4) 교사는 '-는 대신에'와 관련된 질문을 하여 학생들에게 학습한 내용을 떠올리게 한다.

🔲 "여러분 친구와 서로 바꿔 할 수 있는 일이 뭐가 있어요?"

🔲 "여러분은 여러분의 부모님 일 중에서 어떤 일을 대신할 수 있어요?"

5) 교사는 '-어 놓다/두다'와 관련된 질문을 하여 학생들에게 학습한 내용을 떠올리게 한다.

🔲 "여러분은 친구를 초대하기 전에 무엇을 해 놓아요?"

🔲 "여러분은 시험을 보기 전에 무엇을 준비해 놓아요?"

〈꼭 배워요〉 도입 – 25분

1) 교사는 학생들과 교재 53쪽의 그림을 보고 이야기하며 본 단원의 주제에 대해 흥미를 유발한다.

🔲 "여기가 어디예요?"

🔲 "달력에 월요일이 무슨 날이라고 적혀 있어요?"

🔲 "수호 표정이 왜 안 좋아요?"

2) 교사는 학생들에게 교재 53쪽의 대화를 읽게 한다. 그리고 세부 내용을 이해했는지 확인하는 질문을 한다.

🔲 "모둠 과제가 무엇일까요?"

🔲 "수호에게 지금 무슨 문제가 있어요?"

🔲 "소연이는 과제할 때 무엇이 중요하다고 생각해요?"

3) 교사는 학생들에게 '함께 이야기해 봐요'의 질문을 하면서 단원의 주제를 도입한다.

🔲 "과제를 누구와 어떻게 준비할까요?"

🔲 "다른 사람과 함께 과제를 할 때 무엇을 주의해야 할까요?"

• 2차시 | 어휘를 배워요

[학습 목표]

• 과제의 종류와 과제 수행 과정에 대한 어휘와 표현을 알고 활용할 수 있다.

본 단원에는 과제 종류와 과제를 수행할 때 그 과정에 관련된 어휘 및 표현이 제시되어 있다.

도입 – 5분

1) 교사는 질문을 통해 학습하게 될 어휘 및 표현을 자연스럽게 노출한다.

　교 "여러분, 어떤 과제를 해 봤어요?"

　교 "과제를 할 때 자료 조사는 어디에서 어떻게 해요?"

2) 교사는 학생들과 제시된 그림을 보며 이야기를 나눈다.

　교 "54쪽의 그림을 보세요. 과제 종류에는 무엇이 있을까요?"

　교 "55쪽의 그림을 보세요. 과제를 할 때 무엇을 먼저 해요? 자료 조사를 한 뒤에 무엇을 해요?"

전개 – 35분

1. 과제의 종류와 관련된 어휘 및 표현이다.

1) 교사는 다음에 제시되는 내용을 참고하여 학생들에게 어휘 및 표현을 설명한다. 이때 새로 등장하는 발음 규칙이 있다면 함께 설명한다.

과제	◆ 정의 회사나 학교 등에서 맡겨진 일이나 풀어야 할 문제. 예 이번 주는 과제가 너무 많아서 바빠요. ● 설명 "숙제를 다른 말로 뭐라고 해요? '과제'라고 해요."
독후감	◆ 정의 책을 읽고 난 뒤의 느낌을 적은 글. 예 책을 읽고 독후감을 써야 해요. ● 설명 "책을 읽고 여러분의 생각이나 느낌을 쓴 글을 뭐라고 해요? 이것을 '독후감'이라고 해요."
보고서	◆ 정의 연구하거나 조사한 것의 내용이나 결과를 알리는 문서나 글. 예 보고서를 모두 완성했어요. ● 설명 "여러 정보를 알아본 뒤에 그 내용을 모아서 정리한 글을 '보고서'라고 해요."
영상	◆ 정의 영화, 텔레비전 등의 화면에 나타나는 모습. 예 우리의 모습을 영상에 담아 주세요. ● 설명 "(학생들에게 직접 동영상을 보여 주며) 사진 말고 목소리나 지금의 모습을 그대로 찍어 담아 두는 것을 '영상'이라고 해요."
발표	◆ 정의 어떤 사실이나 결과, 작품 등을 세상에 드러내어 널리 알림. 예 발표 과제를 준비해야 해요. ● 설명 "다른 사람이나 많은 사람 앞에 나와서 준비한 내용을 말하는 것을 뭐라고 해요? '발표'라고 해요."
개인	◆ 정의 어떤 단체나 조직을 이루는 한 사람 한사람. 예 수학여행을 가서 개인 활동을 하면 안 돼요. ● 설명 "한 사람 한 사람을 의미하는 '단체'의 반대가 뭐예요? 이것을 '개인'이라고 해요."

모둠	◆ **정의** 초, 중등학교에서, 효율적인 학습을 위하여 학생들을 대여섯 명 내외로 묶은 모임. **예** 과학 시간에 모둠으로 앉았어요. ● **설명** "과제나 활동 등 혼자 하는 것이 아닌 다른 친구들과 함께 하는 활동을 뭐라고 해요? 이것을 '모둠(활동)'이라고 해요."

2) 교사는 질문을 통해 학생들이 어휘 및 표현을 잘 이해했는지 확인한다.

📖 "책을 읽고 난 뒤 느낌을 적은 글이 뭐예요?"

📖 "친구들과 함께 하는 과제를 뭐라고 해요?"

---

2. 과제 수행과 관련된 어휘 및 표현이다.

1) 교사는 다음에 제시되는 내용을 참고하여 학생들에게 어휘 및 표현을 설명한다. 이때 새로 등장하는 발음 규칙이 있다면 함께 설명한다.

자료	◆ **정의** 연구나 조사를 하는 데 기본이 되는 재료. **예** 발표 과제를 준비하려면 자료를 많이 찾아야 해요. ● **설명** "세종대왕을 주제로 발표 과제를 해야 해요. 발표를 하기 위해서 세종대왕에 대한 여러 정보가 많이 필요해요. 이 정보를 '자료'라고 해요."
조사	◆ **정의** 어떤 일이나 사물의 내용을 알기 위하여 자세히 살펴보거나 찾아봄. **예** 이것은 제가 조사한 자료예요. ● **설명** "어떤 일에 대해 자세히 알고 싶어서 자료를 찾아보는 것을 '조사'라고 해요."
검색하다	◆ **정의** 책이나 컴퓨터에서 필요한 자료를 찾아내다. **예** 자료를 검색하기 위해 도서관에 가요. ● **설명** "인터넷에서 내가 알고 싶은 내용을 찾아보는 것을 뭐라고 해요? '검색하다'라고 말해요."
참고하다	◆ **정의** 책의 내용에서 도움을 얻다. **예** 이 내용은 도서관에서 빌린 책을 참고했다. ● **설명** "책에서 필요한 내용을 찾아서 정리했어요. 이렇게 내가 필요한 내용을 책에서 얻는 것을 '참고하다'라고 말해요."
작성하다	◆ **정의** 원고나 서류 등을 만들다. **예** 체험학습을 다녀온 뒤에 보고서를 작성해요. ● **설명** "과제나 보고서를 만드는 것을 '작성하다'라고 말해요."
저장하다	◆ **정의** 물건이나 자료를 모아서 보관하다. **예** 인터넷으로 찾은 자료를 저장해 놓아야 해요. ● **설명** "컴퓨터로 보고서 작업을 한 후 그 보고서가 없어지지 않게 무엇을 해요? '저장해야 해요.'"
파일	◆ **정의** 컴퓨터의 기억 장치에 일정한 단위로 저장된 정보의 묶음. **예** 파일을 저장해 놓아야 해요. ● **설명** "여러분은 컴퓨터에 어떤 자료가 있어요? 사진, 보고서 등 컴퓨터에 있는 여러 자료를 '파일'이라고 해요."

마우스	◆ **정의** 책상 위에 올려 두고 손으로 잡아 끌거나 눌러서 컴퓨터를 작동시키는 장치. **예** 마우스가 고장이 났어요. ● **설명** "(마우스를 직접 보여 주며) 컴퓨터를 할 때 마우스를 눌러서 컴퓨터가 일을 할 수 있게 하는 것이에요."
키보드	◆ **정의** 컴퓨터에서 문자나 기호를 입력하는 글자판. **예** 키보드로 글자를 입력해요. ● **설명** "(키보드를 직접 보여 주며) 컴퓨터를 할 때 글자를 칠 수 있는 판이에요."
제출하다	◆ **정의** 의견, 서류 등을 내놓다. **예** 다음 주 월요일까지 과제를 제출해야 해요. ● **설명** "선생님께 숙제를 '내다'와 비슷한 말이에요. 뭐예요? '제출하다'예요."

2) 교사는 질문을 통해 학생들이 어휘 및 표현을 잘 이해했는지 확인한다.

📖 "컴퓨터에 파일을 모아서 보관하는 것을 뭐라고 해요?"

📖 "보고서를 완료한 다음에 선생님께 내는 것을 뭐라고 해요?"

교수-학습 지침

※ 고등학생 대상 수업의 경우 필수적으로 5분간 다음 활동을 추가로 진행함.

➜ 교사는 학생들에게 과제 관련 어휘를 활용하여 다른 사람과 과제를 계획할 수 있도록 지도한다.

➜ 교사는 학생들에게 문제 해결을 위한 토의 주제를 제시한 후 그 주제에 대해 의논하며 문제 해결 과정을 경험하도록 지도한다.

정리 – 5분

교사는 질문을 통해 어휘 및 표현 학습을 마무리한다.

📖 "모둠 과제가 뭐예요?"

📖 "과제의 종류는 어떤 것이 있어요?"

📖 "과제를 준비하기 전에 무엇을 조사해요?"

교사 지식

➜ '독후감[도쿠감]와 검색하다[검새카다]'에서 확인되는 발음 규칙:

· 'ㅎ' 축약 ▶2과 50쪽 참고

➜ '작성하다[작썽하다], 학부모[학뿌모], 담다[담따]'에서 확인되는 발음 규칙:

· 경음화 ▶1과 28쪽 참고

• 3차시 | 문법을 배워요 1

[학습 목표]

- 문제를 해결하기 위해 문제 상황을 파악할 수 있다.
- '-잖아(요)'를 사용하여 말하는 사람이 상대방에게 확인하거나 정정해 주듯 말함을 나타내는 표현을 할 수 있다.

도입 – 5분

1) 교사는 학생들에게 대화문을 읽게 한다. 그리고 학생들이 대화 상황을 이해했는지 확인 질문을 한다.

   🔲 "호민이 왜 아직 안 자고 있어요?"

   🔲 "과제를 언제까지 끝내야 해요?"

2) 교사는 학생들에게 목표 문법의 의미를 추측할 수 있는 질문을 한다.

   🔲 "여러분, 지난주에 제가 모둠 과제를 냈잖아요. 과제를 다 했어요?"

전개 – 35분

다음의 절차에 따라 문법에 대해 설명한다. 그리고 새로 제시되는 어휘 및 표현이 있다면 그 의미를 함께 설명한다.

[설명]

🔲 "'-잖아(요)'는 말하는 사람이 다른 사람에게 어떤 상황을 확인하거나 정정해 줄 때 사용해요."

[예시]

- 이번 방학에 가족 모두 함께 여행을 가잖아.
- 이 옷은 저에게 너무 크잖아요.
- 오늘부터 연휴가 시작되잖아.

[정보]

▶ 형태 정보:

	받침 O	받침 X
동사, 형용사	-잖아(요)	

① 동사 및 형용사 어간 끝음절의 받침 유무와 관계없이 '-잖아(요)'를 쓴다.

② '이다, 아니다'는 '-잖아(요)'를 붙여 쓴다. 단, 이다 앞의 명사에 받침이 없으면 주로 '명사+-잖아(요)'라고 쓴다.

▶ 제약 정보:

① 미래의 일이나 추측을 나타내는 '-겠-'과 결합하지 않는다.

▶ 주의 사항:

① 말하는 사람보다 아랫사람에게 사용하거나 친구 사이에서 또는 친한 사이에서 편하게 말할 때 사용한다. '-잖아'에 '요'를 붙이면 높임 표현이 된다.

[확인]

교사는 문법을 설명한 뒤 '연습 문제'를 통해 학생들이 문법을 이해했는지 확인한다.

> 정답
> (1) 있잖아
> (2) 좋잖아

어휘 및 표현

조별	◆ 정의 조를 단위로 하는 구별. 예 5개로 조를 나눈 뒤에 조별로 조장을 뽑을 거예요. ● 설명 "한 명이 아니고 두 명 이상 함께 하는 활동을 '모둠, 모둠별'이라고 해요. '조별'도 비슷한 말이에요."
얼른	◆ 정의 시간을 끌지 않고 바로. 예 따뜻한 음식은 식기 전에 얼른 먹어야 해요. ● 설명 "쉬는 시간에 수업을 시작하는 음악이 나오면 자리에 얼른 앉아야 해요. '얼른'은 '빨리'와 비슷한 의미예요."

학부모	◆ 정의 학생을 자녀로 둔 부모. 　예 오늘은 학교에 학부모님이 오시는 날이에 　　요. ● 설명 "'어머니, 아버지'를 함께 부르는 말이 뭐예 　요? '부모님'이에요. 그런데 여러분과 같이 　학교에 다니는 자녀가 있는 부모님을 '학부 　모'라고 말해요."
바뀌다	◆ 정의 원래 있던 것이 다른 것으로 대체되다. 　예 개학하고 학교에 가니 교실 책상과 의자가 　　모두 새것으로 바뀌어 있었어요. ● 설명 "오랜만에 학교 앞 빵집에 갔는데 사장님이 　다른 사람이에요. 사장님이 다른 사람으로 　'바뀌었어요.' 이렇게 말해요."

교수-학습 지침

※ 고등학생 대상 수업의 경우 필수적으로 5분간 다음 활동을 추가로 진행함.

→ 교사는 학생들에게 목표 문법을 활용할 수 있는 새로운 화제를 제시한다.

　📖 "친구가 이미 알고 있는 내용을 다시 확인하며 말할 때 어떻게 표현해요? '-잖아(요)'를 사용하여 말해 보세요."

예시 답안

내일까지 숙제를 제출해야 하잖아. 학교 정문 앞 떡볶이 가게는 비싸잖아.

정리 - 5분

1) 교사는 학생들에게 대화문을 다시 한번 읽게 한다.

2) 교사는 교재에 제시된 열린 질문을 통해 학생들에게 배운 문법을 활용하여 자유롭게 이야기를 나누게 한다.

　📖 "어떤 일에 대해 친구가 알았으면 좋겠어요. '-잖아(요)'를 사용하여 말해 보세요."

예시 답안

선생님께서 내일 출장을 가시잖아. 수호가 매운 음식을 좋아하잖아. 저 운동화는 너무 비싸잖아.

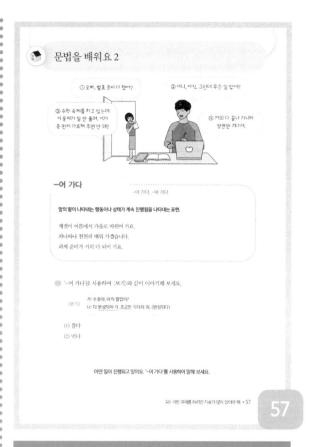

57

● 4차시 | 문법을 배워요 2

[학습 목표]

• 문제를 해결하기 위해 도움을 요청할 수 있다.

• '-어 가다'를 사용하여 앞의 말이 나타내는 행동 이나 상태가 계속 진행됨을 나타내는 표현을 할 수 있다.

도입 - 5분

1) 교사는 학생들에게 대화문을 읽게 한다. 그리고 학생들이 대화 상황을 이해했는지 확인 질문을 한다.

　📖 "선영이가 민우 방에 왜 왔을까요?"

　📖 "민우에게 무슨 부탁을 했어요?"

2) 교사는 학생들에게 목표 문법의 의미를 추측할 수 있는 질문을 한다.

　📖 "여러분 올해 세워 놓은 계획이 있어요?"

　📖 "잘 진행돼 가고 있어요?"

전개 - 35분

다음의 절차에 따라 문법에 대해 설명한다. 그리고 새로 제시되는 어휘 및 표현이 있다면 그 의미를 함께 설명한다.

[설명]

📘 "'-어 가다'는 앞의 말이 나타내는 행동이나 상태가 계속 진행됨을 나타낼 때 사용해요."

[예시]

· 보고 있는 드라마가 거의 끝나 가요.
· 동생이 크면서 아빠를 더 닮아 가요.
· 음식을 거의 다 만들어 가요.

[정보]

▶ 형태 정보:

	ㅏ, ㅗ	ㅓ, ㅜ, ㅣ …	하다
동사	-아 가다	-어 가다	-여 가다

① 동사 어간 끝음절의 모음이 'ㅏ, ㅗ'인 경우 '-아 가다', 동사 어간 끝음절의 모음이 'ㅏ, ㅗ'가 아닌 경우 '-어 가다', '-하다'가 붙은 동사 어간에는 '-여 가다'를 쓰는데, 흔히 줄여서 '-해 가다'로 쓴다.

▶ 주의 사항:

① 일반적으로 형용사와 결합하지 않지만 상태의 변화나 정도를 나타내는 일부 형용사에 '-어 가다'가 결합하여 상태가 계속 진행되는 것을 보여 주는 경우가 있다.

· 밤이 점점 깊어 간다.
· 친구가 함께 건강하게 늙어 간다.

[확인]

교사는 문법을 설명한 뒤에 아래 '연습 문제'를 통해 학생들이 문법을 이해했는지 확인한다.

정답
(1) 풀어 가
(2) 먹어 가

어휘 및 표현

하나하나	◆ 정의 하나씩 하나씩. 📘 예 소풍 때 찍을 사진을 하나하나 앨범에 넣었어요. ● 설명 "(여러 개의 연필을 들고 하나씩 하나씩 학생에게 나누어 주면서) 이렇게 여러 개를 하나하나 나누거나 확인할 때 사용해요. 또는 '선생님은 수학 문제를 하나하나 자세히 설명해 주셨어요.' 이렇게도 말해요."

교수-학습 지침

※ 고등학생 대상 수업의 경우 필수적으로 5분간 다음 활동을 추가로 진행함.
→ 교사는 학생들에게 목표 문법을 활용할 수 있는 새로운 화제를 제시한다.
📘 "여러분 오늘의 할 일 중 다 끝나 가는 것이 무엇이 있어요? '-어 가다'를 사용하여 말해 보세요."

예시 답안
숙제를 거의 다 해 가요. 책을 거의 다 읽어 가요.

정리 – 5분

1) 교사는 학생들에게 대화문을 다시 한번 읽게 한다.

2) 교사는 교재에 제시된 열린 질문을 통해 학생들에게 배운 문법을 활용하여 자유롭게 이야기를 나누게 한다.
📘 "어떤 일이 진행되고 있어요. '-어 가다'를 사용하여 말해 보세요."

예시 답안
청소를 다 해 가요. 숙제를 다 해 가요. 이야기가 다 끝나 가요.

● 5차시 | 문법을 배워요 3

[학습 목표]

- 과제를 준비하기 위한 계획을 세울 수 있다.
- '-으려면'을 사용하여 어떤 행동을 할 의도나 의향이 있는 경우를 가정할 때 쓰는 표현을 할 수 있다.

도입 - 5분

1) 교사는 학생들에게 대화문을 읽게 한다. 그리고 학생들이 대화 상황을 이해했는지 확인 질문을 한다.

🔲 "세인이는 과제를 다 했어요?"

🔲 "왜 아직 못 했어요?"

2) 교사는 학생들에게 목표 문법의 의미를 추측할 수 있는 질문을 한다.

🔲 "과제를 준비하려면 무엇을 먼저 해야 해요?"

🔲 "다양한 자료를 찾으려면 어디로 가면 좋아요?"

전개 - 35분

다음의 절차에 따라 문법에 대해 설명한다. 그리고 새로 제시되는 어휘 및 표현이 있다면 그 의미를 함께 설명한다.

[설명]

🔲 "'-으려면'은 어떤 행동을 할 의도나 계획이 있는 경우를 가정했을 때 사용해요."

[예시]

- 선생님을 만나려면 교무실로 가야 해요.
- 질문을 하려면 선생님 말씀이 다 끝난 뒤에 해야 해요.
- 운동 중에 다치지 않으려면 준비 운동을 충분히 해야 해요.

[정보]

▶ 형태 정보:

	받침 O	받침 X, 'ㄹ' 받침
동사	-으려면	-려면

① 동사 어간 끝음절에 받침이 있으면 '-으려면', 동사 어간 끝음절에 받침이 없거나 'ㄹ' 받침으로 끝나면 '-려면'을 쓴다.

[확인]

교사는 문법을 설명한 뒤에 아래 '연습 문제'를 통해 학생들이 문법을 이해했는지 확인한다.

정답
(1) 빌리려면 (2) 받으려면

어휘 및 표현

담다	◆ 정의 어떤 물건을 그릇에 넣다. 예 음식을 그릇에 담았어요. ● 설명 "(빈 상자를 보여 주고 상자에 여러 물건을 넣으면서) 이렇게 상자에 물건을 넣거나 음식을 그릇에 놓는 것을 '담다'라고 해요."

교수-학습 지침

※ 고등학생 대상 수업의 경우 필수적으로 5분간 다음 활동을 추가로 진행함.
→ 교사는 학생들에게 목표 문법을 활용할 수 있는 새로운 화제를 제시한다.
🔲 "공부를 잘 하려면 어떻게 해야 해요? '-으려면'을 사용하여 말해 보세요."

예시 답안
공부를 잘 하려면 수업 시간에 선생님의 말씀을 잘 들어야 해요. 공부를 잘 하려면 예습과 복습을 잘 해야 해요.

정리 - 5분

1) 교사는 학생들에게 대화문을 다시 한번 읽게 한다.

2) 교사는 교재에 제시된 열린 질문을 통해 학생들에게 배운 문법을 활용하여 자유롭게 이야기를 나누게 한다.

🔲 "운동을 잘하고 싶으면 어떻게 해야 해요? '-으려면'을 사용하여 말해 보세요."

예시 답안
달리기를 잘하려면 매일 연습을 해야 해요. 축구를 잘하려면 공과 친해져야 해요. 수영을 잘하려면 물을 무서워하면 안 돼요.

• 6차시 | 문법을 배워요 4

[학습 목표]

* 과제 수행 후 무엇을 할지 계획할 수 있다.
* '-어도'를 사용하여 앞에 오는 말을 가정하거나 인정하지만 뒤에 오는 말에는 관계가 없거나 영향을 끼치지 않음을 나타내는 표현을 할 수 있다.

도입 – 5분

1) 교사는 학생들에게 대화문을 읽게 한다. 그리고 학생들이 대화 상황을 이해했는지 확인 질문을 한다.

　📖 "두 사람은 과제를 다 끝냈나요?"

　📖 "정호는 과제를 끝내고 무엇을 하려고 해요?"

2) 교사는 학생들에게 목표 문법의 의미를 추측할 수 있는 질문을 한다.

　📖 "한 번 본 책을 또 본 적이 있어요?"

　📖 "좋아하는 책은 여러 번 읽어도 재미있어요."

전개 – 35분

다음의 절차에 따라 문법에 대해 설명한다. 그리고 새로 제시되는 어휘 및 표현이 있다면 그 의미를 함께 설명한다.

[설명]

📖 "'-어도'는 앞에 오는 말을 가정하거나 인정하지만 뒤에 오는 말에는 영향을 미치지 않음을 표현할 때 사용해요."

[예시]

* 그 단어는 아무리 외워도 잘 기억나지 않아요.
* 유미는 키가 작아도 농구를 잘해요.
* 소연이는 아무리 시끄러워도 공부만 해요.

[정보]

▶ 형태 정보:

	ㅏ, ㅗ	ㅓ, ㅜ, ㅣ…	하다
동사, 형용사	-아도	-어도	-여도

① 동사 및 형용사 어간 끝음절의 모음이 'ㅏ, ㅗ'인 경우 '-아도', 동사, 형용사 어간 끝음절의 모음이 'ㅏ, ㅗ'가 아닌 경우 '-어도', '-하다'가 붙은 동사, 형용사 어간에는 '-여도'를 쓰는데, 흔히 줄여서 '-해도'로 쓴다.

② '이다, 아니다'는 '-어도'를 쓴다. 단, '이다' 앞의 명사에 받침이 없으면 '명사+-여도'라고 쓴다.

▶ 주의 사항:

① '-어도 되다/좋다/괜찮다'의 구성으로 허락의 의미를 나타낸다.

* 여기에서 이야기해도 돼요?
* 내일 9시까지 와도 돼요?

[확인]

교사는 문법을 설명한 뒤에 아래 '연습 문제'를 통해 학생들이 문법을 이해했는지 확인한다.

> 정답
> (1) 자도
> (2) 힘들어도

어휘 및 표현

두통	◆ 정의 머리가 아픈 증세. 　📖 예 두통이 있어서 약국에 갔어요. ● 설명 "머리가 아픈 것을 다른 말로 '두통'이라고 해요."
피로	◆ 정의 과로로 정신이나 몸이 지쳐 힘듦. 그런 상태. 　📖 예 피로가 쌓였어요. ● 설명 "시험 기간이라서 평소보다 공부를 더 많이 했어요. 밤늦게까지 잠을 못 잤어요. 몸이 힘들어요. 이것을 '피로'라고 해요. '피로가 쌓였다'라고 말해요."

풀리다	◆ 정의 피로 등이 없어져 몸이 정상적인 상태가 되다.
	예 잠을 충분히 자면 피로가 풀려요.
	● 설명 "시험 때문에 스트레스를 받았어요. 그래서 노래방에 가서 노래를 불렀어요. '스트레스가 없어졌어요.' '스트레스가 없어지다'와 비슷한 의미가 있어요. '스트레스가 풀리다'라고 말해요."

교수-학습 지침

※ 고등학생 대상 수업의 경우 필수적으로 5분간 다음 활동을 추가로 진행함.

→ 교사는 학생들에게 목표 문법을 활용할 수 있는 새로운 화제를 제시한다.

교 "여러분은 하기 싫어도 해야 하는 것이 있어요? '-어도'를 사용하여 말해 보세요."

예시 답안
아침에 늦잠을 자고 싶어도 일찍 일어나야 해요. 숙제를 하기 싫어도 다 끝내고 자야 해요.

정리 – 5분

1) 교사는 학생들에게 대화문을 다시 한번 읽게 한다.

2) 교사는 교재에 제시된 열린 질문을 통해 학생들에게 배운 문법을 활용하여 자유롭게 이야기를 나누게 한다.

교 "여러분에게 어렵고 힘든 일이 있어요? 그때 어떻게 해요? '-어도'를 사용하여 말해 보세요."

예시 답안
과제가 힘들어도 다 끝내야 해요. 운동이 힘들어도 해야 해요. 아침에 일찍 일어나기가 힘들어도 일찍 일어나야 해요.

• 문화

[학습 목표]
- 한국 중고등학교의 수행 평가 문화에 대해 알 수 있다.
- 한국 중고등학교의 수행 평가 문화와 다른 나라의 중고등학교의 평가 문화를 비교하여 이야기할 수 있다.

1) 질문을 통해 학생들에게 주제를 추측하게 한다.

📱 "여러분 수행 평가가 뭐예요?"

📱 "시험이 뭐예요?"

📱 "수행 평가와 시험이 같아요?"

2) 교재 60~61쪽을 보며 한국 중고등학교의 수행 평가 문화에 대해 순서대로 설명한다.

교수-학습 지침

교사는 활동으로 학생들에게 하고 싶은 수행 평가나 그 이유, 수행 평가 방법을 적어 의견을 말하는 활동을 진행할 수 있다. 학생들이 필요로 하고 직접 해 보고 싶은 수행 평가에 대해 서로 의견을 나눌 수 있도록 지도한다.

더 알아보기

· 수행 평가 방법 및 시기

학기별로 시행하며 1학기 수행 평가와 2학기 수행 평가로 나눈다. 또한 평가 시기는 과목마다 다르기 때문에 학기 초에 담임 선생님이나 과목별 담당 선생님이 공지하는 시기를 잘 들어서 준비해야 한다.

· 수행 평가 방법

과목별로 수행 평가를 하는 방법이 다르다. 보고서를 작성하여 평가하거나 활동지를 보고 평가하는 등 직접 실습을 하는 평가도 있다. 평가 방법에 따라서 평가 항목도 달라진다. 평가 항목은 언어 영역에서는 표현 능력이나 소통 능력, 사회에서는 문제 해결 능력을, 과학과 예체능에서는 실기 능력을 보는 경우가 있다. 이처럼 수행 평가는 수시로 과목의 특성에 따라서 학생들을 평가하기 때문에 학생들이 수행 평가에 대해서 잘 이해하고 있어야 한다.

3) 본 문화와 관련하여 상호문화적 관점에서 이야기할 수 있도록 한다.

📱 "여러분, 다른 중고등학교에서 평가를 어떻게 하는지 알아요?"

📱 "다른 나라도 수행 평가와 비슷한 방법이 있어요? 어떻게 평가해요?"

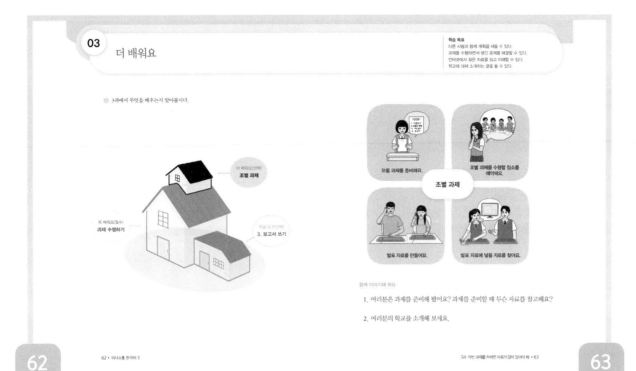

〈더 배워요〉 학습 목표

- 다른 사람과 함께 계획을 세울 수 있다.
- 과제를 수행하면서 생긴 문제를 해결할 수 있다.

7차시	• 친구들과 모둠 과제를 어떻게 할지에 대한 계획을 세울 수 있다.
8차시	• 과제 준비 시 생긴 문제를 친구와 함께 해결할 수 있다.
9차시	• 인터넷에서 찾은 자료를 읽고 이해할 수 있다.
10차시	• 학교에 대해 소개하는 글을 쓸 수 있다.

〈학습 도구 한국어〉 학습 목표

7~8차시	• 보고서 쓰기에서 요약하기에 대해 안다.
9~10차시	• 보고서 쓰기에서 정교화하기에 대해 안다.

• 7차시 | 〈더 배워요〉 도입 및 대화해 봐요 1

〈더 배워요〉 도입 - 5분

1) 〈꼭 배워요〉의 목표 어휘 및 문법 등을 확인할 수 있는 질문을 통해 학생들이 해당 표현을 사용하여 답할 수 있도록 유도한다.

- 교 "조별 과제를 할 때 무엇을 먼저 해야 할까요?"
- 교 "자료 조사는 어디에서 해야 할까요?"
- 교 "조별 과제를 준비하다가 친구가 준 자료가 부족하면 어떻게 해야 할까요?"

2) '대화해 봐요 1, 2'에서 학습할 내용을 대표하는 네 개의 그림들을 확인하며 학생들이 앞으로 배우게 될 주제 및 내용을 추측할 수 있도록 한다.

- 교 "모둠 과제를 할 때 어떻게 계획을 세워야 할까요?"
- 교 "과제를 할 때 무엇을 가장 먼저 해야 해요?"
- 교 "보고서를 작성하려면 무엇이 필요할까요?"
- 교 "친구들과 함께 보고서를 작성하려면 어디에 가야 해요?"
- 교 "발표가 뭐예요?"
- 교 "다양한 자료를 찾으려면 어떻게 해야 할까요?"
- 교 "혼자가 아닌 친구들과 함께 하는 과제를 뭐라고 해요?"
- 교 "모둠 과제를 할 때 어려움이 있으면 어떻게 해요?"

3) '함께 이야기해 봐요'에 제시된 질문을 통해 이야기를 나눔으로써 '읽고 써 봐요'에서 학습할 내용을 추측하게 한다.

- 교 "여러분은 과제를 준비해 봤어요? 과제를 준비할 때 무슨 자료를 참고해요?"
- 교 "여러분의 학교를 소개해 보세요."

3과 · 이번 과제를 하려면 자료가 많이 있어야 해 79

[학습 목표]
• 친구들과 모둠 과제를 어떻게 할지에 대한 계획을 세울
  수 있다.
• 부가 문법: -이나
• 목표 표현: -미리 -은 다음에 -하다
         -이/가 -으면 -는 -을게

본 대화는 네 명의 친구들이 모둠 과제를 어떻게 진행할
지에 대해 이야기를 나누고 있는 상황이다.

도입 - 5분

1) 교사는 학생들에게 '대화해 봐요 1'의 내용을 추측할
   수 있는 질문을 한다.
   📕 "과제가 뭐예요?"
   📕 "여러분은 무슨 과제를 해 봤어요?"

2) 교사는 학생들에게 64쪽의 첫 번째 QR 코드 속 영상
   을 보게 한다.
   📕 "과제 제출 날짜가 언제까지일까요? 과제 제출 날짜가 언
      제까지인지 함께 확인해 봐요."

3) 교사는 학생들이 대화 내용을 잘 이해했는지 질문을
   한다. 그리고 새 표현이 있다면 그 의미를 함께 설명
   한다.
   📕 "모둠 과제를 언제까지 내야 해요?"
   📕 "기간이 얼마나 남았어요?"

어휘 및 표현

남다	◆ 정의 다 쓰지 않아서 나머지가 있게 되다. 예 이번 달 용돈이 남았어요. ● 설명 "음식을 많이 주문하면 배가 불러서 음식을 다 먹을 수 없어요. 음식을 다 못 먹으면 음식이 어떻게 돼요? '음식이 남아요.'"
조원	◆ 정의 어떤 조에 속에 있는 사람. 예 조원들과 함께 숙제를 했어요. ● 설명 "모둠 활동을 할 때 함께 과제를 할 때 같은 모둠의 사람을 '조원'이라고 해요."

전개 - 20분

1) 교사는 학생들에게 본 대화 내용을 소개하며 64쪽의
   두 번째 QR 코드 속 영상을 보게 한다.
   📕 "선영이와 친구들이 과제를 하기 위해서 계획을 세우고
      있어요. 어떻게 계획을 세우고 있는지 함께 확인해 봐요."

2) 교사는 학생들이 대화의 전체 내용을 이해했는지 확
   인하는 질문을 한다.
   📕 "모둠 과제를 하기 위해서 친구들과 먼저 무엇을 해야 해
      요?"
   📕 "모두 함께 어디에 가기로 했어요?"

3) 교사는 학생들에게 대화문을 읽게 한다. 그리고 세부
   내용을 이해했는지 확인하는 질문을 한다.
   📕 "과제 제출 날짜까지 시간이 얼마나 남았어요?"
   📕 "박물관에 가기 전에 무엇을 하기로 했어요?"

4) 대화에 제시된 새 표현의 의미를 설명한다.

어휘 및 표현

관람	◆ 정의 유물, 그림, 조각과 같은 전시품이나, 공연, 영화, 운동 경기 등을 구경하는 것. 예 저는 축구 관람은 좋아하지만 직접 축구를 하는 것은 좋아하지 않아요. ● 설명 "텔레비전을 봐요. 그런데 영화나 축구, 박물관 등에 가서 보는 것은 '관람'이라고 말해요."

5) 교사는 학생들에게 대화문을 다시 한번 읽게 한다.
   이때 역할을 나누는 등 다양한 방식으로 읽게 할 수
   있다.

6) 교사는 다음의 절차에 따라 부가 문법 '-이나'에 대해
   설명한다. 그리고 새로 제시되는 어휘가 있다면 그 의
   미를 함께 설명한다.

[설명]

📖 "'아이스크림을 3개나 먹었어요. 집에서 학교까지 한 시간이나 걸렸어요.'"이렇게 '이나'는 수량이 생각한 것보다 많은 상황이 생겼을 때 강조하는 의미로 사용해요."

[예시]

· 신발을 두 켤레나 샀어요.
· 올해도 반이나 지나갔어요.
· 너무 배가 고파서 밥을 삼 인분이나 먹었어요.
· 집에 고양이가 네 마리나 있어요?

[정보]

▶ 형태 정보:

	받침 O	받침 X
명사	이나	나

① 명사 끝음절에 받침이 있으면 '이나', 명사 끝음절에 받침이 없으면 '나'를 쓴다.

7) 교사는 학생들에게 목표 표현에 대해 설명한다.

목표 표현 1 '미리 -은 다음에 -하다'

[설명]

📖 "'미리 -은 다음에 -하다'는 어떠한 일을 하기 전에 미리 그것과 관련하여 도움이 되는 일을 할 때 사용해요."

[예시]

· 미리 메모를 한 다음에 마트에 가요.
· 보통 책가방을 미리 챙긴 다음에 자요.
· 미리 책을 읽은 다음에 자료 정리를 해요.
· 미리 시간을 정한 다음에 선생님께 가세요.

목표 표현 2 '-이/가 -으면 -는 -을게'

[설명]

📖 "'-이/가 -으면 -는 -을게'는 어떤 것을 먼저 하자고 제안할 때 사용해요."

[예시]

· 네가 과일을 씻으면 나는 채소를 씻을게.
· 네가 피아노를 치면 나는 노래를 할게.
· 영수가 사진을 찾으면 나는 내용을 찾아 정리할게.
· 네가 여기서 기다리면 나는 교무실에 가서 열쇠를 가져올게.

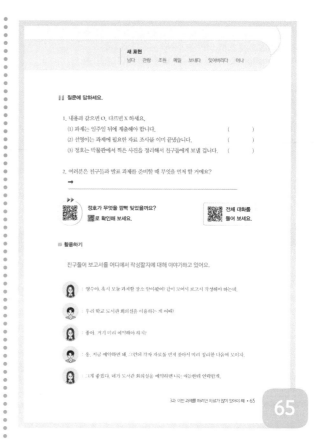

8) 교사는 학생들에게 교재의 1번과 2번 문제를 풀게 한다.

9) 교사는 학생들과 함께 문제의 답을 확인한다.

정답
1. (1) ○ (2) × (3) ○
2. 먼저 친구들과 계획을 세울 거예요.

10) 교사는 학생들에게 65쪽의 첫 번째 QR 코드 속 영상을 보게 한다.

📖 "정호가 무엇을 깜빡 잊었을까요? 정호가 깜빡 잊은 게 무엇인지 함께 확인해 봐요."

11) 교사는 학생들이 대화 내용을 잘 이해했는지 질문을 한다. 그리고 새 표현이 있다면 그 의미를 함께 설명한다.

📖 "어제 정호에게 무슨 일이 있었어요?"
📖 "정호가 무엇을 보내 주기로 했었어요?"

어휘 및 표현

메일	◆ 정의 인터넷이나 통신망으로 주고받는 편지. 📖 예 아버지께서는 집에 오면 가장 먼저 컴퓨터를 켜고 메일을 확인해요. ● 설명 "종이에 써서 직접 주고받는 편지가 아니라 인터넷으로 주고받는 편지예요. 이것을 뭐라고 해요? '메일'이라고 해요."

보내다	◆ **정의** 사람이나 물건 등을 다른 곳으로 가게 하다. **예** 멀리 있는 친구에게 우편으로 생일 선물을 보냈어요. ● **설명** "이 편지를 다른 나라에 있는 친구에게 주고 싶어요. 어떻게 해요? 우체국에 가서 편지를 보내면 돼요."
잊어버리다	◆ **정의** 한번 알았던 것을 모두 기억하지 못하거나 전혀 기억해 내지 못하다. **예** 메일 아이디와 비밀번호를 잊어버렸어요. ● **설명** "엄마의 생일을 기억하지 못했어요. 이럴 때 '엄마의 생일을 잊어버렸어요.'라고 말해요."

활용 – 10분

1) 교사는 학생들이 목표 표현을 사용하여 대답할 수 있도록 질문을 한다.
   - 🔲 "어떠한 일을 하기 전에 그 일을 위해 미리 그것과 관련하여 도움이 되는 일을 할 때 어떻게 말해요?"
   - 🔲 "어떤 것을 먼저 하자고 제안할 때 어떻게 제안해요?"

2) 교사는 질문을 통해 학생들이 '활용하기'의 대화 상황을 추측할 수 있도록 한다.
   - 🔲 "친구들이 보고서 작성 장소를 어디로 결정할까요? 함께 읽어 봐요."

3) 교사는 학생들에게 대화문을 읽게 한 후 대화의 내용을 이해했는지 확인하는 질문을 한다. 그리고 새 표현이 있다면 그 의미를 함께 설명한다.
   - 🔲 "영수가 모둠 과제를 할 장소를 알아봤어요?"
   - 🔲 "어떤 장소를 제안했어요?"

4) 교사는 학생들에게 대화문을 다시 한번 읽게 한다. 이때 역할을 나누는 등 다양한 방식으로 읽게 할 수 있다.

교수-학습 지침

※ 고등학생 대상 수업의 경우 필수적으로 5분간 다음 활동을 추가로 진행함.
→ 교사는 짝 활동, 그룹 활동을 통해 모둠 과제에 대한 계획을 세우는 상황에 대해 이야기하도록 지도한다.

정리 – 5분

교사는 학생들에게 65쪽의 '전체 대화를 들어 보세요' QR 코드 속 대화를 들게 하고 수업을 마무리한다.

66

• 8차시 | 대화해 봐요 2

[학습 목표]
- 과제 준비 시 생긴 문제를 친구와 함께 해결할 수 있다.
- 부가 문법: -거든
- 목표 표현: -어 줄래?
         -으면 되니까 -어 줄게

본 대화는 민우가 발표 준비를 하는데 문제가 생겨서 유미에게 부탁하는 대화를 나누고 있는 상황이다.

도입 – 7분

1) 교사는 학생들에게 '대화해 봐요 2'의 내용을 추측할 수 있는 질문을 한다.
   - 🔲 "여러분 발표 과제를 해 봤어요?"
   - 🔲 "발표 과제를 할 때 무엇을 준비해야 해요?"
   - 🔲 "과제를 하는 중에 문제가 생겨서 친구에게 부탁해 본 적이 있어요?"

2) 교사는 학생들에게 66쪽의 첫 번째 QR 코드 속 영상을 보게 한다.
   - 🔲 "누가 발표자로 결정되었을까요? 발표자를 함께 확인해 봐요."

3) 교사는 학생들이 대화 내용을 잘 이해했는지 질문을 한다. 그리고 새 표현이 있다면 그 의미를 함께 설명한다.

🔲 "누가 발표를 잘해요?"

🔲 "과제를 할 때 누가 자료를 보내 주기로 했어요?"

어휘 및 표현

발표자	◆ **정의** 어떤 사실이나 의견, 입장을 공식적으로 드러내어 알리는 사람. 🔲 우리 조에서 이번 발표자는 정호예요. ● **설명** "다른 사람 앞에서 발표하는 사람을 '발표자'라고 해요."
맡다	◆ **정의** 책임을 지고 어떤 일을 하다. 🔲 이번 조별 과제에서 제가 자료 정리를 맡았어요. ● **설명** "여러분은 조별 과제에서 어떤 역할을 맡았어요? 이렇게 어떤 일을 책임감을 가지고 하는 것을 '맡다'라고 해요."

전개 - 20분

1) 교사는 학생들에게 본 대화 내용을 소개하며 66쪽의 두 번째 QR 코드 속 영상을 보게 한다.

🔲 "민우가 유미에게 왜 전화를 했을까요? 왜 전화했는지 함께 확인해 봐요."

2) 교사는 학생들이 대화의 전체 내용을 이해했는지 확인하는 질문을 한다.

🔲 "민우가 유미에게 왜 전화를 했어요? 무슨 일이 있어요?"

3) 교사는 학생들에게 대화문을 읽게 한다. 그리고 세부 내용을 이해했는지 확인하는 질문을 한다.

🔲 "민우가 발표를 잘하려면 무슨 자료가 더 필요할까요?"

🔲 "민우가 필요한 자료를 누가 보내 주기로 했어요?"

4) 대화에 제시된 새 표현의 의미를 설명한다.

어휘 및 표현

웬일	◆ **정의** 어찌 된 일. 또는 어떠한 일. 🔲 소연이가 웬일로 지각을 했어요. ● **설명** "다른 학교로 간 친구가 웬일로 전화를 했어요. 이렇게 '웬일'은 생각하지도 못한 어떤 일이 일어났을 때 사용하는 말이에요."
당연하다	◆ **정의** 일의 앞뒤 사정을 놓고 볼 때 마땅히 그러하다. 🔲 공부를 안 했으니 시험 결과가 나쁜 것은 당연해요. ● **설명** "여러분처럼 중고등학교 나이에는 이성에 관심이 많은 게 당연해요. 이렇게 '당연하다'는 어떤 일이 일어나거나 결과가 그렇게 나오는 게 이상하지 않다는 의미예요."

5) 교사는 학생들에게 대화문을 다시 한번 읽게 한다. 이때 역할을 나누는 등 다양한 방식으로 읽게 할 수 있다.

6) 교사는 다음의 절차에 따라 부가 문법 '-거든'에 대해 설명한다. 그리고 새로 제시되는 어휘가 있다면 그 의미를 함께 설명한다.

부가 문법   '-거든'

[설명]

🔲 "친구나 후배가 힘들어 보여요. 이럴 때 어떻게 말해요? '힘이 들거든 언제든지 이야기해. 내가 도와줄게.'"라고 이야기할 수 있어요. 이렇게 '-거든'은 앞에 문장이 뒤 문장에 대해 조건이나 가정을 나타낼 때 연결해 주는 표현이에요."

[예시]

· 서울에 도착하거든 전화 줘요.

· 옷이 너무 비싸거든 사지 마세요.

· 선영이를 만나거든 안부 좀 전해 줘.

· 밤에 열이 다시 나거든 꼭 병원에 가세요.

[정보]

▶ 형태 정보:

	받침 O	받침 X
동사, 형용사	-거든	

① 동사 및 형용사 어간 끝음절의 받침 유무와 관계없이 '-거든'을 쓴다.

▶ 주의 사항:

① 과거는 '-었거든'으로 쓴다.

7) 교사는 학생들에게 목표 표현에 대해 설명한다.

목표 표현 1   '-어 줄래?'

[설명]

🔲 "'-어 줄래?'는 부탁을 해야 하거나 도움을 요청할 때 사용해요."

[예시]

· 이 책 좀 민우에게 전해 줄래?

· 짐이 조금 무거운데 함께 들어 줄래?

· 동생에게 동화책을 좀 읽어 줄래?

· 색종이로 비행기 하나만 만들어 줄래?

목표 표현 2   '-으면 되니까 -어 줄게'

[설명]

🔲 "'-으면 되니까 -어 줄게'는 다른 사람을 위해 어떤 이유를 말하면서 다른 사람의 부탁을 들어주거나 무엇을 해 줄 때 사용해요."

[예시]

· "시간이 별로 없으니까 내가 도와줄게."

· "이 도서관은 처음이니까 내가 안내해 줄게."

· "날씨가 더우니까 내가 에어컨을 켜 줄게."

· "음식이 좀 매우니까 내가 물을 가지고 올게."

1) 교사는 학생들이 목표 표현을 사용하여 대답할 수 있도록 질문을 한다.

　📖 "친구와 함께 과제를 하는데 친구가 자료를 다 못 찾았으면 어떻게 이야기할까요?"

2) 교사는 질문을 통해 학생들이 '활용하기'의 대화 상황을 추측할 수 있도록 한다.

　📖 "나나가 세인에게 필요한 보고서 자료에 대해 이야기하고 있어요. 그 이유가 무엇일까요? 함께 읽어 봐요."

3) 교사는 학생들에게 대화문을 읽게 한 후 대화의 내용을 이해했는지 확인하는 질문을 한다. 그리고 새 표현이 있다면 그 의미를 함께 설명한다.

　📖 "세인이는 자료를 다 찾았어요?"

　📖 "나나도 함께 자료를 찾았어요?"

4) 교사는 학생들에게 대화문을 다시 한번 읽게 한다. 이 때 역할을 나누는 등 다양한 방식으로 읽게 할 수 있다.

교수-학습 지침

※ 고등학생 대상 수업의 경우 필수적으로 5분간 다음 활동을 추가로 진행함.

→ 교사는 짝 활동, 그룹 활동을 통해 모둠 과제를 할 때 일어난 문제에 대해 해결하는 상황에 대해 이야기하도록 지도한다.

정리 – 8분

교사는 학생들에게 67쪽의 '전체 대화를 들어 보세요' QR 코드 속 대화를 듣게 하고 수업을 마무리한다.

---

8) 교사는 학생들에게 교재의 1번과 2번 문제를 풀게 한다.

9) 교사는 학생들과 함께 문제의 답을 확인한다.

정답

1. (1) ○ (2) × (3) ○
2. 도서관에서 자료를 찾거나 인터넷에서 검색해요.

---

10) 교사는 학생들에게 67쪽의 첫 번째 QR 코드 속 영상을 보게 한다.

　📖 "민우의 얼굴이 빨개요. 왜 빨간지 함께 확인해 봐요."

11) 교사는 학생들이 대화 내용을 잘 이해했는지 질문을 한다. 그리고 새 표현이 있다면 그 의미를 함께 설명한다.

　📖 "발표 때 민우가 긴장했어요?"

　📖 "그런데 민우 얼굴이 왜 빨개요?"

어휘 및 표현

빨갛다	◆ **정의** 피나 잘 익은 고추처럼 밝고 짙게 붉다. 　📖 제 생일에 친구가 빨간 장미를 선물해 줬어요. ● **설명** "(빨간색 종이/빨간색 고추 그림 등을 보여 주며) 이것은 무슨 색이에요? 빨간색이에요. '빨갛다'라고도 해요."

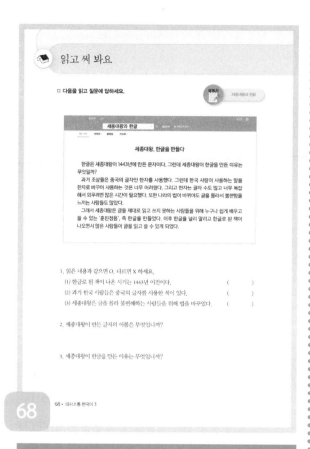

• 9차시 | 읽고 써 봐요 - 읽기

[학습 목표]
• 인터넷에서 찾은 자료를 읽고 이해할 수 있다.

본 활동은 세종대왕과 한글에 대한 내용이 담긴 백과사전식 설명문을 읽고 이해하기 위한 활동이다.

읽기 전 - 5분

교사는 학생들에게 읽기 내용을 추측할 수 있는 질문을 한다.

🔲 "여러분, 한글을 만든 사람이 누구예요?"

🔲 "세종대왕과 한글에 대해서 조사하려면 인터넷에서 어떻게 검색해야 해요?"

읽기 중 - 30분

1) 교사는 학생들에게 읽기 지문을 개별적으로 읽게 한다.

2) 교사는 학생들이 읽기 지문의 전체 내용을 이해했는지 확인하는 질문을 한다.

🔲 "지금 한국에서 우리가 사용하는 글자의 이름이 뭐예요?"

🔲 "세종대왕이 한글을 왜 만들었을까요?"

3) 교사는 학생들에게 읽기 지문을 읽게 한다. 그리고 세부 내용을 이해했는지 확인하는 질문을 한다.

🔲 "한글은 몇 년도에 만들어졌어요?"

🔲 "한글이 만들어지기 전에 무슨 문자를 사용했어요?"

🔲 "한글의 다른 이름이 뭐예요?"

🔲 "세종대왕이 누구를 위해 한글을 만들었어요?"

4) 읽기 지문에 제시된 새 표현의 의미를 설명한다.

어휘 및 표현

조상	◆ 정의 자신이 살고 있는 세대 이전의 모든 세대. 예 우리 조상들은 이웃을 도우며 살았어요. ● 설명 "설날이나 추석 등 돌아가신 분들을 위해서 음식을 만들어요. 이렇게 할머니나 할아버지 등 돌아가신 사람을 '조상'이라고 해요."
한자	◆ 정의 중국에서 만든 문자. 예 한자를 외우기가 어려워요. ● 설명 "(선생님이 직접 칠판에 한글 이름과 한자 이름을 적고 칠판의 글씨를 가리키며) 이것은 한글이에요. 이것은 뭐예요? '한자'라고 해요."
널리	◆ 정의 범위가 넓게. 예 이 식당의 음식은 맛있어서 널리 알려져 있어요. ● 설명 "우리 학교는 다른 지역 사람들이 알 정도로 널리 알려져 있어요. 이렇게 '널리'는 넓게 멀리까지를 말해요."
법	◆ 정의 나라에서 만든 규칙. 예 법을 잘 지켜야 해요. ● 설명 "이것은 나라에서 만든 규칙이에요. 그리고 모든 국민이 지켜야 해요. 이것을 '법'이라고 해요."
제대로	◆ 정의 올바른 격식이나 기준대로. 예 제 친구는 학교를 제대로 나오지 않아서 졸업을 할 수 없어요. ● 설명 "음식을 만들 때 제대로 만들면 음식이 맛있어요. 그런데 제대로 만들지 않으면 음식이 맛이 없어요. 여기에서 '제대로'는 정해진 올바른 방법을 말해요."
시기	◆ 정의 어떠한 일을 하는 데에 알맞은 때나 적당한 기회. 예 대학교를 졸업한 후 적당한 시기에 취직을 하려고 합니다. ● 설명 "여러분이 생각할 때 체험활동하기 좋은 시기가 언제예요? 이렇게 '시기'는 '좋은 때, 알맞은 시간'이라는 말이에요. 이것을 '시기'라고 해요."

읽기 후 - 10분

1) 교사는 학생들에게 교재의 문제를 풀게 한다.

2) 교사는 학생들과 함께 문제의 답을 확인한다.

정답
1. (1) × (2) ○ (3) ×
2. 훈민정음
3. 글을 몰라서 불편함을 느끼는 사람들이 많았다. 그래서 누구나 쉽게
배우고 쓸 수 있는 한글을 만들었다.

3) 교사는 질문을 통해 읽기 내용을 재확인하며 수업을
마무리한다.

📖 "세종대왕이 만든 문자가 뭐예요?"

교수-학습 지침

※ 고등학생 대상 수업의 경우 필수적으로 5분간 다음 활동을
추가로 진행함.

➡ 교사는 실제 설명문을 준비해 설명문 정보를 확인하는 활동
을 하도록 지도한다.

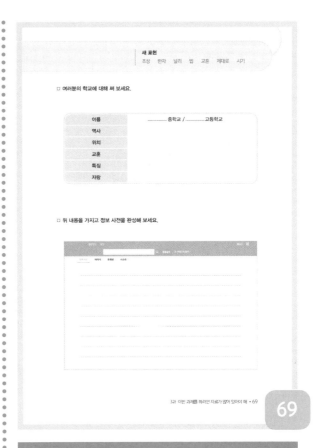

• 10차시 | 읽고 써 봐요 – 쓰기

[학습 목표]
• 학교에 대해 소개하는 글을 쓸 수 있다.

본 활동은 백과사전에 들어갈 내용을 미리 구상하고 백
과사전의 내용을 직접 써 보는 활동이다.

쓰기 전 – 5분

1) 교사는 학생들에게 쓰기 내용을 추측할 수 있는 질문
을 한다.

📖 "우리 학교는 어떤 학교예요?"

📖 "우리 학교를 소개할 수 있어요?"

2) 교사는 학생들에게 어떤 쓰기 활동을 할 것인지 명확
히 알려 준다.

📖 "이번 시간에는 우리 학교를 소개하는 글을 써 볼 거예
요."

쓰기 중 – 30분

1. 학교 소개를 위해 학교 정보를 쓰는 활동이다.

1) 교사는 학생들에게 무엇을 써야 하는지 알려 준다. 그
리고 새 표현이 있다면 그 의미를 함께 설명한다.

📖 "학교를 소개할 때 어떤 내용이 들어가면 좋겠어요? 간단히 써 보세요."

2) 교사는 학생들에게 학교 소개에 대해 쓰게 한다. 이때 교사는 학생들에게 개별적으로 쓰기 지도를 할 수 있다.

2. 백과사전 형태의 설명문을 쓰는 활동이다.

1) 교사는 학생들에게 무엇을 써야 하는지 알려 준다. 그리고 새 표현이 있다면 그 의미를 함께 설명한다.

📖 "백과사전의 글은 어떤 형식의 글이 많아요?"

📖 "여러분은 무엇을 소개하고 싶어요?"

📖 "그것을 어떻게 소개하고 싶어요?"

📖 "이제부터 학교를 소개하는 글을 쓸 거예요."

📖 "여러분이 위에서 작성한 내용을 활용해서 인터넷 백과사전에 나와 있는 것처럼 학교 소개를 써 보세요."

📖 "학교 이름을 제목으로 쓰고 그 아래에 학교를 소개하는 내용을 자세히 써 보세요."

어휘 및 표현

교훈	◆ 정의 학교의 교육 목표를 나타내는 짧은 말. 예 우리 학교 교훈은 성실과 노력이에요. ● 설명 "우리 반에 교훈이 있어요? 뭐예요? '교훈'은 '항상 웃는 얼굴을 하자.'처럼 반에서 친구들이 함께 목표로 생각하는 짧은 말이에요."

2) 교사는 학생들에게 학교 소개를 쓰게 한다. 이때 교사는 학생들에게 개별적으로 쓰기 지도를 할 수 있다.

쓰기 후 – 10분

1) 쓰기 활동이 모두 마무리되면 교사는 학생들에게 각자 쓴 것을 발표하게 한다.

2) 교사는 학교 소개에 대해 다시 한번 정리하며 수업을 마무리한다.

교수-학습 지침

※ 고등학생 대상 수업의 경우 필수적으로 5분간 다음 활동을 추가로 진행함.
→ 교사는 학생들에게 수업 중에 지도받은 내용을 반영해 공책에 글을 다시 쓰게 할 수 있다. 이를 통해 학생들 스스로 자신의 글을 점검하도록 지도한다.

● 메모

4과 정호는 공연장에 조금 늦게 도착한다고 해

● 단원 목표

모임 활동에서 자신의 경험을 이야기할 수 있으며 자신의 감정을 표현할 수 있다.

● 단원 내용

꼭 배워요 (필수)	• 주제: 또래 모임
	• 기능: 경험한 일에 대해 이야기하기, 감정 표현하기
	• 어휘: 모임 관련 어휘, 감정 관련 어휘
	• 문법: -자마자, -고 말다, -는다고, -느냐고
문화	• 문화: 한국의 공동체를 만나다
더 배워요 (선택)	• 대화 1: 봉사 활동 경험하기 • 대화 2: 영화 감상 표현하기
	• 읽기: 수필
	• 쓰기: 잊지 못할 추억 쓰기

04 정호는 공연장에 조금 늦게 도착한다고 해

4과에서 무엇을 배우는지 알아봅시다.

더 배워요(선택)
다양한
여가 활동

꼭 배워요(필수)
모임 하기

학습 도구(선택)
4. 모둠 활동 하기

70 • 의사소통 한국어 3

● 수업 개요

〈꼭 배워요〉 학습 목표

• 어떤 일에 대한 경험을 이야기할 수 있다.
• 어떤 일을 한 후에 느낀 감정을 표현할 수 있다.

1차시	• 도입 대화를 통해 본 단원의 주제에 대해 이해하고 말할 수 있다.
2차시	• 모임 활동 관련 어휘 및 표현, 감정 표현 관련 어휘 및 표현을 알고 활용할 수 있다.
3차시	• 모임 활동 참석 여부에 대해 말할 수 있다. • '-자마자'를 사용하여 앞의 말이 나타내는 사건이나 상황이 일어난 뒤에 바로 일어나는 사건이나 상황에 대해 표현을 할 수 있다.
4차시	• 모임 활동에서 자신이 경험한 일을 말하고 자신의 감정을 표현할 수 있다. • '-고 말다'를 사용하여 앞에 오는 말이 가리키는 행동이 끝내 일어났음을 나타내는 표현을 할 수 있다.

5차시	• 모임 활동에서 다른 사람에게 들은 이야기를 전달하면서 감정을 표현할 수 있다. • '-는다고'를 사용하여 다른 사람에게서 들은 내용을 간접적으로 전달할 수 있다.
6차시	• 또래 활동 중 일어난 문제를 해결하기 위해 다른 사람에게 감정에 대한 질문을 할 수 있다. • '-느냐고'를 사용하여 다른 사람이 한 질문을 전달할 수 있다.

● 1차시 | 복습 및 〈꼭 배워요〉 도입

[학습 목표]
• 도입 대화를 통해 본 단원의 주제에 대해 이해하고 말할 수 있다.

복습 – 20분

3단원에서 배운 주제 및 문법에 대해 복습한다.

1) 교사는 지난 단원의 주제와 관련된 질문을 하여 학생들에게 학습한 내용을 떠올리게 한다.
　🔳 "과제 종류로 어떤 것들이 있어요?"
　🔳 "과제를 하다가 문제가 생긴 적이 있어요? 그때 어떻게 해결했어요?"

2) 교사는 '-잖아(요)'와 관련된 질문을 하여 학생들에게 학습한 내용을 떠올리게 한다.
　🔳 "여러분 오늘부터 3단원을 공부할 차례지요? 아니에요? 선생님 말을 어떻게 정정해 줄 수 있어요?"
　🔳 "다른 사람에게 말을 확인시켜 주거나 정정할 때 어떻게 표현해요?"

3) 교사는 '-어 가다'와 관련된 질문을 하여 학생들에게 학습한 내용을 떠올리게 한다.
　🔳 "지금 발표 준비를 하는 중이에요. 거의 다 해서 할 일이 조금 남았을 때 어떻게 표현할 수 있어요?"

4) 교사는 '-으려면'와 관련된 질문을 하여 학생들에게 학습한 내용을 떠올리게 한다.
　🔳 "과제 자료를 찾으려면 어디로 가야 돼요?"
　🔳 "좋은 성적을 받고 싶어요. 어떻게 해야 돼요?"

5) 교사는 '-어도'와 관련된 질문을 하여 학생들에게 학습한 내용을 떠올리게 한다.
　🔳 "지금 배가 너무 불러요. 그런데 앞에 맛있는 피자랑 치킨이 있어요. 그럼 여러분은 어떻게 할 거예요?"
　🔳 "여러분 어떠한 나쁜 상황에서도 반드시 하는 일이 있어요?"

교수-학습 지침
※ 고등학생 대상 수업의 경우 필수적으로 5분간 다음 활동을 추가로 진행함.
➜ 교사는 학생들이 두 명씩 짝을 지어 계획하기에 대해 이야기하게 할 수 있다. 이때 교사는 지난 단원에서 배운 '-잖아(요)', '-어 가다', '-으려면', '-어도' 중 세 가지 이상의 문법을 사용하여 대본을 만들 수 있도록 지도한다.

〈꼭 배워요〉 도입 – 25분

1) 교사는 학생들과 교재 71쪽의 그림을 보고 이야기하며 본 단원의 주제에 대해 흥미를 유발한다.
　🔳 "와니 옆에 악기가 있어요. 왜 있을까요?"
　🔳 "영수 옆에는 포스터가 있어요. 무슨 포스터일까요?"

2) 교사는 학생들에게 교재 71쪽의 대화를 읽게 한다. 그리고 세부 내용을 이해했는지 확인하는 질문을 한다.
　🔳 "와니가 어떤 동아리에 들어가고 싶어 해요?"
　🔳 "밴드부에 갈 때 악기가 필요해요?"

3) 교사는 학생들에게 '함께 이야기해 봐요'의 질문을 하면서 단원의 주제를 도입한다.
　🔳 "친구와 함께 모임 활동을 해 봤어요?"
　🔳 "친구와 공연을 보러 간 적이 있어요? 무슨 공연이었어요?"

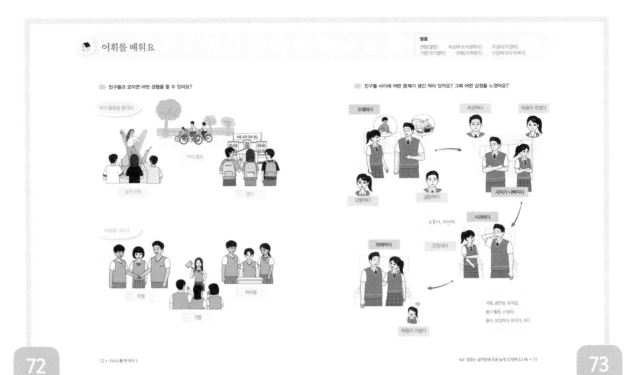

• 2차시 | 어휘를 배워요

[학습 목표]

• 모임 활동 관련 어휘와 표현, 감정 표현 관련 어휘와 표현을 알고 활용할 수 있다.

본 단원에는 모임 활동과 감정 표현에 관련된 어휘 및 표현이 제시되어 있다.

도입 – 5분

1) 교사는 질문을 통해 학습하게 될 어휘 및 표현을 자연스럽게 노출한다.

📚 "여러분, 친구들과 모이면 어떤 경험을 할 수 있어요?"

📚 "친구들 사이에 어떤 문제가 생긴 적이 있어요? 그때 어떤 감정을 느꼈어요?"

2) 교사는 학생들과 제시된 그림을 보며 이야기를 나눈다.

📚 "72쪽의 그림을 보세요. 친구들이 지금 모여서 무엇을 하고 있어요?"

📚 "73쪽의 그림을 보세요. 친구들과 함께 여러 활동을 하면 어떤 문제가 생겨요? 그때 감정이 어떨까요?"

전개 – 35분

1. 친구들과 모일 때 경험할 수 있는 것과 관련된 어휘 및 표현이다.

1) 교사는 다음에 제시되는 내용을 참고하여 학생들에게 어휘 및 표현을 설명한다. 이때 새로 등장하는 발음 규칙이 있다면 함께 설명한다.

여가	◆ **정의** 일이 없어 남는 시간. 예 여가 시간에 영화를 봐요. ● **설명** "보통 여가 시간에 뭐 해요? 쉬는 시간이나 남는 시간을 '여가' 시간이라고 해요."
활동	◆ **정의** 몸을 움직여 행동함. 예 저는 야외 활동을 좋아해요. ● **설명** "여러분은 어떤 여가 활동을 좋아해요? 몸을 움직이면서 행동하는 것을 '활동'이라고 해요."
공연	◆ **정의** 음악, 춤, 연극 같은 것을 많은 사람 앞에서 함께 보는 일. 예 음악 공연 표가 2장 있어요. ● **설명** "최근에 공연을 본 적이 있어요? 영화, 콘서트, 연극 등을 '공연'이라고 해요."
야외 활동	◆ **정의** 밖에서 하는 활동. 예 등산, 운동은 야외 활동이에요. ● **설명** "교실 안이나 건물 안이 아니고 밖에서 활동하는 것을 '야외 활동'이라고 해요."
캠프	◆ **정의** 단체 생활을 하면서 특정 교육을 받거나 다른 사람을 이해하고 협동심을 기르는 활동. 예 방학에 영어 캠프를 가요. ◆ **정보** '캠프'의 의미는 표준국어대사전에 등재된 의미는 아니나 학교나 교회 등에서 친목 목적을 가지고 활동을 하는 상황에서 사용하는 의미이다. ● **설명** "여름 방학 때 하는 영어 캠프에 가 봤어요? '캠프'는 교육의 목적이나 사람들과 친해지기 위한 목적을 가지고 활동하는 거예요."

2) 교사는 질문을 통해 학생들이 어휘 및 표현을 잘 이해했는지 확인한다.

- 🎓 "여러분은 무슨 여가 활동을 즐겨요?"
- 🎓 "여가 활동을 할 때 어려운 점이 뭐예요? 반대로 무슨 기쁨이 있어요?"

> **2. 모임 활동에서 생길 수 있는 감정 표현과 관련된 어휘 및 표현이다.**

1) 교사는 다음에 제시되는 내용을 참고하여 학생들에게 어휘 및 표현을 설명한다. 이때 새로 등장하는 발음 규칙이 있다면 함께 설명한다.

마음을 나누다	◆ **정의** 기분이나 느낌 등의 감정을 함께하다. 📖 합창부에서는 노래도 배우면서 친구들과 함께 마음을 나눌 수도 있어요. ● **설명** "친구들과 함께 다양한 활동을 하며 친해져요. 그리고 여러 경험을 하면서 함께 즐거운 마음도 느끼고 슬픈 마음도 느껴요. 이럴 때 '마음을 나눈다.'라고 말해요."
기쁨	◆ **정의** 기분이 매우 좋고 즐거운 마음. 📖 피아노 대회에서 상 받은 기쁨을 가족들과 함께 나누었어요. ● **설명** "시험을 잘 봤어요. 칭찬을 받았어요. 상을 받았어요. 원하는 선물을 받았어요. 이때 느끼는 기분이 '기쁨'이에요. 이때 기쁨을 느껴요."
어려움	◆ **정의** 힘들거나 괴로운 것. 📖 처음에는 한국어를 몰라서 학교생활에 어려움이 많았어요. ● **설명** "힘들거나 마음이 편하지 않은 것을 '어려움'이라고 해요. 한국에서 생활할 때 한국어를 모르면 큰 어려움이 있어요."
오해하다	◆ **정의** 어떤 것을 잘못 알거나 잘못 해석하다. 📖 친구가 내 말을 오해했어요. 나는 그런 생각으로 말하지 않았어요. ● **설명** "내가 한 말을 친구가 다르게 이해했어요. 그래서 우리는 싸웠어요. 친구가 나의 말을 잘못 이해한 것을 '오해하다'라고 해요."
실망하다	◆ **정의** 기대하던 대로 되지 않아 희망을 잃거나 마음이 몹시 상하다. 📖 나에게 거짓말을 했어요. 그 사람에게 실망했어요. ● **설명** "내 생일에 놀이공원에 가기로 했어요. 그런데 아빠가 약속을 안 지켰어요. 그럼, 기분이 어떨까요? 이럴 때 '실망했다'라고 말해요."
당황하다	◆ **정의** 매우 놀라서 어떻게 해야 할지를 모르다. 📖 택시를 탔는데 지갑이 없어서 당황했어요. ● **설명** "당황한 경험이 있어요? '당황하다'는 어떤 일이 생겼는데 너무 놀라서 어떻게 해야 할지 모를 때 사용해요."
사이가 나빠지다	◆ **정의** 사람들 사이의 관계가 안 좋아지다. 📖 얼마 전에 영수와 호민이가 싸워서 요즘 두 사람 사이가 나빠졌어요. ◆ **정보** 반의어 '사이가 좋아지다' ● **설명** "친구와 싸웠어요. 그래서 친구와 사이가 어떻게 되었어요? 친구와 '사이가 나빠졌어요.'라고 말해요."

속상하다	◆ **정의** 일이 뜻대로 되지 않아 마음이 편하지 않고 괴롭다. 📖 컴퓨터 시험에서 떨어져서 매우 속상했어요. ● **설명** "내가 하고 싶은 일이 있는데 계획하고 생각한 것처럼 잘 되지 않았을 때 느껴지는 기분을 '속상하다'라고 해요."
마음이 무겁다	◆ **정의** 해결되지 않은 문제 때문에 걱정이 있다. 📖 동생이 아파서 요즘 우리 가족의 마음이 무거워요. ◆ **정보** 반의어 '마음이 가볍다' ● **설명** "친구에게 잘못한 일이 있어요. 그래서 마음이 계속 불편해요. 이럴 때 '마음이 무거워요.'라고 말해요."
긴장되다	◆ **정의** 마음을 편하게 하지 못하고 정신을 바짝 차리게 되다. 📖 시험을 볼 때 마음이 항상 긴장돼요. ● **설명** "여러분, 발표를 하기 전에 마음이 어때요? 떨려요. 긴장돼요. 이처럼 '긴장되다'는 마음이 편하지 않은 상태를 나타내는 말이에요."
사과하다	◆ **정의** 자신의 잘못을 인정하며 용서해 달라고 하다. 📖 약속 시간에 늦어서 친구에게 사과를 했어요. ● **설명** "친구에게 잘못한 일이 있으면 친구에게 가서 '미안해'라고 이야기해요. 친구에게 '미안해'라고 이야기하는 것을 '사과하다'라고 해요."
화해하다	◆ **정의** 싸움을 멈추고 서로 가지고 있던 안 좋은 감정을 풀어 없애다. 📖 지난주에 친구와 싸웠는데, 오늘 내가 먼저 사과하고 친구와 화해했어요. ● **설명** "친구와 싸워서 마음이 무거워요. 그런데 친구와 이야기해서 무거운 마음을 없앴어요. 이것을 '화해하다'라고 말해요."
마음이 가볍다	◆ **정의** 문제가 해결되어 부담과 걱정이 없다. 📖 시험이 끝나서 오늘은 마음이 가벼워요. ◆ **정보** 반의어 '마음이 무겁다' ● **설명** "친구와 싸워서 좋지 못한 마음을 다 풀었어요. 그래서 지금은 기분이 좋아요. '마음이 가벼워요.' 이렇게 말해요."

2) 교사는 질문을 통해 학생들이 어휘 및 표현을 잘 이해했는지 확인한다.

- 🎓 "친구들 사이에 어떤 문제가 생긴 적이 있어요? 그때 마음이 어땠어요?"
- 🎓 "나의 잘못을 용서해 달라고 말하는 것을 뭐라고 해요?"

> **교수-학습 지침**
>
> ※ 고등학생 대상 수업의 경우 필수적으로 5분간 다음 활동을 추가로 진행함.
> ➜ 교사는 학생들에게 모임 관련 어휘를 활용하여, 어떤 일에 대한 경험을 이야기하도록 지도한다.
> ➜ 교사는 학생들에게 어떤 일을 한 후에 느낀 감정을 발표하도록 지도한다.

교사는 질문을 통해 어휘 및 표현 학습을 마무리한다.

　🔲 "친구들이 시간이 있을 때 무엇을 할 거예요?"

　🔲 "친구들과 모임 활동을 하면서 문제가 생긴 적이 있어요? 그 문제를 어떻게 해결해요?"

　🔲 "친구들과 모임 활동을 즐겁게 하면 어떤 기분이 들어요?"

교사 지식

➡ '활동[활똥], 속상하다[속쌍하다], 무겁다[무겁따], 가볍다[가볍따]'에서 확인되는 발음 규칙:
・경음화 ▶ 1과 28쪽 참고
➡ '관람[괄람]'에서 확인되는 발음 규칙:
・유음화 ▶ 치조비음 'ㄴ'이 주위에 있는 유음 'ㄹ'의 영향을 받아 그와 같은 소리로 바뀌는 것을 말한다.
　예 신라[실라], 한라산[할라산]
➡ '긴장되다[긴장뒈다]'에서 확인되는 발음 규칙:
　원래는 단모음이었으나 현대에 와서는 이중모음으로 발음되고 있다.
➡ '연예인[여녜인]'에서 확인되는 발음 규칙:
・연음 법칙 ▶ 1과 28쪽 참고
➡ '모집하다[모지파다]'에서 확인되는 발음 규칙:
・'ㅎ' 축약 ▶ 2과 71쪽 참고

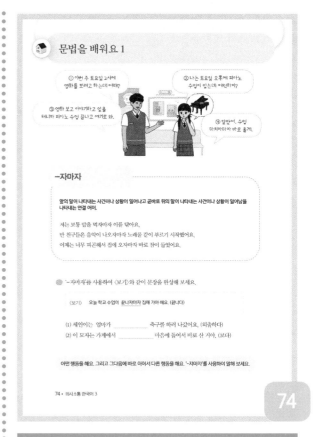

74

● 3차시 | 문법을 배워요 1

[학습 목표]

・모임 활동 참석 여부에 대해 말할 수 있다.
・'-자마자'를 사용하여 앞의 말이 나타내는 사건이나 상황이 일어난 뒤에 바로 일어나는 사건이나 상황에 대해 표현을 할 수 있다.

도입 – 5분

1) 교사는 학생들에게 대화문을 읽게 한다. 그리고 학생들이 대화 상황을 이해했는지 확인 질문을 한다.

　🔲 "토요일 2시에 무엇을 할 거예요?"

　🔲 "유미는 토요일 오후에 무슨 수업이 있어요?"

2) 교사는 학생들에게 목표 문법의 의미를 추측할 수 있는 질문을 한다.

　🔲 "친구들이 토요일 2시에 영화를 볼 거예요. 유미도 2시에 같이 볼 수 있어요?"

　🔲 "유미는 피아노 수업이 끝나면 어떻게 할 거예요?"

전개 – 35분

다음의 절차에 따라 문법에 대해 설명한다. 그리고 새로 제시되는 어휘 및 표현이 있다면 그 의미를 함께 설명한다.

[설명]

📕 "'-자마자'는 앞의 말이 나타내는 사건이나 상황이 일어나고 곧바로 뒤의 말이 나타내는 사건이나 상황이 일어나는 것을 표현해요."

[예시]

· 유미는 자리에 앉자마자 이야기를 시작했다.
· 친구를 오랜만에 봐서 만나자마자 소리를 질렀다.
· 배가 너무 고파서 우리는 빵을 보자마자 먹기 시작했다.

[정보]

▶ 형태 정보:

	받침 O	받침 X
동사	-자마자	

① 동사 어간 끝음절의 받침 유무와 관계없이 '-자마자'를 쓴다.

▶ 제약 정보:

① 과거 '-었-', 미래·추측의 '-겠-'과 결합하지 않는다.

② 연결되는 문장에 부정의 표현이 올 수 없다.

· 집에 안 오자마자 손을 씻어라. (X)

[확인]

교사는 문법을 설명한 뒤 '연습 문제'를 통해 학생들이 문법을 이해했는지 확인한다.

정답
(1) 외출하자마자
(2) 보자마자

어휘 및 표현

(잠이) 들다	◆ 정의 잠에 빠지다. 📕 너무 피곤해서 집에 와서 바로 잠이 들었어요. ● 설명 "여러분, 쉬는 시간에 교실에서 깜빡 잠이 든 적이 있어요? 너무 피곤해서 나도 모르게 잠을 자게 되었어요. 이럴 때 '잠이 들다'라고 말해요."

교수-학습 지침
※ 고등학생 대상 수업의 경우 필수적으로 5분간 다음 활동을 추가로 진행함.
➜ 교사는 학생들에게 목표 문법을 활용할 수 있는 새로운 화제를 제시한다.
📕 "오늘 집에 가면 가장 먼저 무엇을 할 거예요? '-자마자'를 사용하여 말해 보세요."

예시 답안
집에 가자마자 밥을 먹을 거예요. 집에 도착하자마자 씻을 거예요.

1) 교사는 학생들에게 대화문을 다시 한번 읽게 한다.

2) 교사는 교재에 제시된 열린 질문을 통해 학생들에게 배운 문법을 활용하여 자유롭게 이야기를 나누게 한다.

📕 "어떤 행동을 하고 그 다음에 바로 이어서 다른 행동을 해요. 그 두 행동을 '-자마자'를 사용하여 말해 보세요."

예시 답안
나는 음식을 먹자마자 이를 닦아요. 나는 친구를 보자마자 인사해요. 나는 집에 도착하자마자 가장 먼저 손을 씻었어요.

• 4차시 | 문법을 배워요 2

[학습 목표]

• 모임 활동에서 자신이 경험한 일을 말하고 자신의 감정을 표현할 수 있다.

• '-고 말다'를 사용하여 앞에 오는 말이 가리키는 행동이 끝내 일어났음을 나타내는 표현을 할 수 있다.

도입 – 5분

1) 교사는 학생들에게 대화문을 읽게 한다. 그리고 학생들이 대화 상황을 이해했는지 확인 질문을 한다.

🔲 "축구를 진 이유가 뭐예요?"

🔲 "기분이 어떤 것 같아요?"

2) 교사는 학생들에게 목표 문법의 의미를 추측할 수 있는 질문을 한다.

🔲 "여러분은 이기고 싶었는데 진 경험이 있어요?"

🔲 "그때 어떻게 말했어요?"

전개 – 35분

다음의 절차에 따라 문법에 대해 설명한다. 그리고 새로 제시되는 어휘 및 표현이 있다면 그 의미를 함께 설명한다.

[설명]

🔲 "'-고 말다'는 앞에 오는 말이 가리키는 행동이 끝내 일어났을 때 사용해요."

[예시]

• 늦게 나와서 버스를 놓치고 말았어요.

• 생일 선물을 많이 사서 용돈을 다 쓰고 말았다.

• 주스를 들고 가다가 옷에 주스를 쏟고 말았습니다.

[정보]

▶ 형태 정보:

	받침 O	받침 X
동사	-고 말다	

① 동사 어간 끝음절에 받침 유무와 관계없이 '-고 말다'를 쓴다.

▶ 제약 정보:

① 형용사와 결합하지 않으며, 미래 · 추측의 '-겠-'과 결합하지 않는다.

② '-고 말다'는 주로 원하지 않은 일이 발생한 것에 대한 안타까운 마음을 나타낸다. 반면, '-어 버리다'는 어떤 일을 끝내서 속이 후련하다는 느낌도 나타낼 수 있다.

[확인]

교사는 문법을 설명한 뒤 '연습 문제'를 통해 학생들이 문법을 이해했는지 확인한다.

정답
(1) 먹고 말았어요
(2) 잃어버리고 말았어요

어휘 및 표현

지다	◆ 정의 경기나 싸움 등에서 상대에게 이기지 못하다. 🔲 예 이번 경기에서 우리 팀이 아깝게 졌어요. ● 설명 "'이기다'의 반대 의미가 뭐예요? '지다'예요."

교수-학습 지침

※ 고등학생 대상 수업의 경우 필수적으로 5분간 다음 활동을 추가로 진행함.

➔ 교사는 학생들에게 목표 문법을 활용할 수 있는 새로운 화제를 제시한다.

🔲 "여러분은 무엇을 위해서 열심히 한 일이 있어요? 그런데 결과가 별로 안 좋아서 슬펐던 경험이 있어요? '-고 말다'를 사용하여 말해 보세요."

예시 답안
수영 대회에 나갔는데 예선에서 떨어지고 말았어요. 발표를 했는데 너무 떨려서 실수를 하고 말았어요.

1) 교사는 학생들에게 대화문을 다시 한번 읽게 한다.

2) 교사는 교재에 제시된 열린 질문을 통해 학생들에게 배운 문법을 활용하여 자유롭게 이야기를 나누게 한다.

📖 "생각하지 못한 일을 했어요. '-고 말다'를 사용하여 말해 보세요."

예시 답안

컵을 떨어뜨려서 컵이 깨지고 말았어요. 늦게 일어나서 지각을 하고 말았어요.

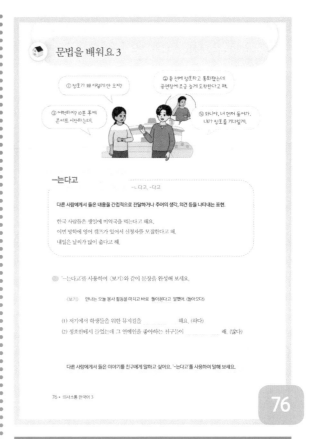

• 5차시 | 문법을 배워요 3

[학습 목표]

• 모임 활동에서 다른 사람에게 들은 이야기를 전달하면서 감정을 표현할 수 있다.
• '-는다고'를 사용하여 다른 사람에게서 들은 내용을 간접적으로 전달할 수 있다.

도입 - 5분

1) 교사는 학생들에게 대화문을 읽게 한다. 그리고 학생들이 대화 상황을 이해했는지 확인 질문을 한다.

📖 "콘서트가 언제 시작해요?"
📖 "지금 누가 정호를 기다린다고 했어요?"

2) 교사는 학생들에게 목표 문법의 의미를 추측할 수 있는 질문을 한다.

📖 "친구들이 공연장에 왜 안 들어가요?"
📖 "정호가 왜 늦어요?"

전개 - 35분

다음의 절차에 따라 문법에 대해 설명한다. 그리고 새로 제시되는 어휘 및 표현이 있다면 그 의미를 함께 설명한다.

[설명]

📓 "'-는다고'는 다른 사람에게서 들은 내용을 전달할 때 사용해요."

[예시]

· 이 집 떡볶이가 정말 맛있다고 해.
· 다음 주 토요일에 유미 생일 파티를 한다고 해.
· 한 달 전에 생긴 도서관이 우리 학교에서 정말 가깝다고 해.

[정보]

▶ 형태 정보:

	받침 O	받침 X, 'ㄹ' 받침
동사	-는다고	-ㄴ다고
형용사	-다고	

① 동사 어간 끝음절에 받침이 있으면 '-는다고', 동사 어간 끝음절에 받침이 없거나 'ㄹ' 받침으로 끝나면 '-ㄴ다고'를 쓴다. 단, 'ㄹ' 받침으로 끝날 때는 'ㄹ'이 탈락한다.

② 형용사 어간 끝음절의 받침 유무와 관계없이 '-다고'를 쓴다.

③ '있다, 없다'나 '있다, 없다'가 붙어서 만들어진 합성어 '재미있다, 재미없다, 맛있다, 맛없다' 등의 형용사는 '-다고'를 쓴다.

④ '이다, 아니다'에는 '-라고'를 쓴다. 단, '이다' 앞의 명사에 받침이 없으면 주로 '명사+-라고'라고 쓴다.

[확인]

교사는 문법을 설명한 뒤에 아래 '연습 문제'를 통해 학생들이 문법을 이해했는지 확인한다.

정답
(1) 한다고
(2) 많다고

어휘 및 표현

공연장	◆ 정의 연극, 음악, 무용 등의 공연을 하는 장소. 예 이 공연장에서 우리가 다음 주에 연극을 할 거예요. ● 설명 "동아리에서 연극을 해요. 그래서 연극할 장소를 빌려야 해요. 연극할 장소를 뭐라고 해요? '공연장'이라고 해요."
뮤지컬	◆ 정의 큰 무대에서 음악, 노래, 무용 등을 결합하여 상연하는, 줄거리가 있는 공연물. 예 뮤지컬 배우가 되려면 노래도 잘하고 춤도 잘 춰야 해요. ● 설명 "여러분은 뮤지컬을 본 적이 있어요? 무대에서 노래를 하고 춤을 추면서 연극하는 것을 '뮤지컬'이라고 해요."

봉사활동	◆ 정의 자신의 이익을 생각하지 않고 남을 위하여 애써 일하는 활동. 예 노인들에게 식사를 제공하는 봉사 활동을 하고 있습니다. ● 설명 "여러분 다른 사람을 돕기 위해서 어떤 일을 해 봤어요? 양로원에 가서 청소를 하거나 몸이 불편한 사람을 돕는 일 같은 거요. 이렇게 돈을 받지 않고 다른 사람을 돕기 위해서 하는 활동을 '봉사 활동'이라고 해요."
신청자	◆ 정의 어떤 일을 해 줄 것을 정식으로 요구하는 사람. 예 이번 봉사 활동은 신청자가 너무 많아요. ● 설명 "작년보다 올해 한국어능력시험 신청자가 더 많아요. 이렇게 '신청자'는 어떤 일을 하고 싶어 하는 사람을 말해요."
마치다	◆ 정의 하던 일이나 과정이 끝나다. 예 영수는 농구 경기를 마치고 바로 집으로 돌아갔어요. ● 설명 "여러분은 몇 시에 하루 일정을 마쳐요? 몇 시에 끝나요? 어떤 일을 끝내는 것을 '마치다'라고 해요."
모집하다	◆ 정의 조건에 맞게 사람을 뽑다. 예 악기를 연주할 사람을 모집해요. ● 설명 "동아리 신입 회원을 모아야 해요. 이럴 때 '회원을 모으다', 또는 '회원을 모집하다'라고 말해요."

교수-학습 지침

※ 고등학생 대상 수업의 경우 필수적으로 5분간 다음 활동을 추가로 진행함.
→ 교사는 학생들에게 목표 문법을 활용할 수 있는 새로운 화제를 제시한다.
📓 "뉴스나 일기 예보에서 들은 내용을 '-는다고'를 사용하여 말해 보세요."

예시 답안
내일 남쪽이 많이 덥다고 해요. 내일 전국에 눈이 많이 내린다고 해요.

정리 - 5분

1) 교사는 학생들에게 대화문을 다시 한번 읽게 한다.

2) 교사는 교재에 제시된 열린 질문을 통해 학생들에게 배운 문법을 활용하여 자유롭게 이야기를 나누게 한다.
📓 "다른 사람에게서 들은 이야기를 친구에게 이야기하고 싶어요. '-는다고'를 사용하여 말해 보세요."

예시 답안
도서관에 사람이 많다고 해요. 이번 시험이 어렵다고 해요. 선영이가 피아노를 배운다고 해요.

• 6차시 | 문법을 배워요 4

[학습 목표]

· 또래 활동 중 일어난 문제를 해결하기 위해 다른 사람에게 감정에 대한 질문을 할 수 있다.
· '-느냐고'를 사용하여 다른 사람이 한 질문을 전달할 수 있다.

도입 – 5분

1) 교사는 학생들에게 대화문을 읽게 한다. 그리고 학생들이 대화 상황을 이해했는지 확인 질문을 한다.
   教 "누가 사이가 안 좋아 보여요? 왜요?"
   教 "두 사람이 화해할 수 있게 어떻게 도움을 줄 거예요?"

2) 교사는 학생들에게 목표 문법의 의미를 추측할 수 있는 질문을 한다.
   教 "친구의 질문을 듣고 다른 친구에게 다시 전달할 때 어떻게 말할까요?"

전개 – 35분

다음의 절차에 따라 문법에 대해 설명한다. 그리고 새로 제시되는 어휘 및 표현이 있다면 그 의미를 함께 설명한다.

[설명]

敎 "'-느냐고'는 다른 사람이 한 질문을 전달할 때 사용해요."

[예시]

· 내 얼굴을 보고 무슨 걱정이 있느냐고 물었어요.
· 영수가 이번 주말에 무엇을 하느냐고 물어봤어요.
· 엄마가 저에게 요즘 왜 이렇게 바쁘냐고 해요.

[정보]

▶ 형태 정보:

	받침 O	받침 X, 'ㄹ' 받침
동사	-느냐고	
형용사	-으냐고	-냐고

① 동사 어간 끝음절의 받침 유무에 관계없이 '-느냐고'를 쓴다. 단, 'ㄹ' 받침으로 끝날 때는 'ㄹ'이 탈락한다.

② 형용사 어간 끝음절에 받침이 있으면 '-으냐고', 받침이 없으면 '-냐고'를 쓴다. 단, 'ㄹ' 받침으로 끝날 때는 'ㄹ'이 탈락한다.

③ '있다, 없다'나 '있다, 없다'가 붙어서 만들어진 합성어 '재미있다, 재미없다, 맛있다, 맛없다' 등의 형용사는 '-느냐고'를 쓴다.

④ '이다, 아니다'에는 '-이냐고'를 쓴다. 단, '이다' 앞의 명사에 받침이 없으면 주로 '명사+-냐고'라고 쓴다.

▶ 제약 정보:

① 말할 때는 '-느냐고', '-으냐고'를 '-냐고'로 쓰기도 한다.

[확인]

교사는 문법을 설명한 뒤에 아래 '연습 문제'를 통해 학생들이 문법을 이해했는지 확인한다.

> **정답**
> (1) 바쁘냐고
> (2) 재미있느냐고

어휘 및 표현

기회	◆ **정의** 어떤 일을 하기에 알맞은 시기나 경우. 例 저에게 소중한 기회를 주셔서 감사합니다. ● **설명** "시간이 안 맞아서 작년에 못 나간 미술 대회를 이번 기회에 나가려고 해요. 이렇게 '기회'는 어떤 일을 하기에 알맞은 시간을 말해요."

※ 고등학생 대상 수업의 경우 필수적으로 5분간 다음 활동을 추가로 진행함.

➡ 교사는 학생들에게 목표 문법을 활용할 수 있는 새로운 화제를 제시한다.

> 교 "반 친구들이 우리 반 선생님께 물어보고 싶은 것이 무엇일까요? 선생님께 하고 싶은 질문 10개를 친구들과 같이 만들고, '-느냐고'를 사용하여 질문을 선생님께 전해 보세요."

예시 답안
정호가 선생님의 첫사랑이 언제냐고 물어봤어요. 영수가 선생님은 언제부터 선생님을 했냐고 물어봤어요.

정리 – 5분

1) 교사는 학생들에게 대화문을 다시 한번 읽게 한다.

2) 교사는 교재에 제시된 열린 질문을 통해 학생들에게 배운 문법을 활용하여 자유롭게 이야기를 나누게 한다.

> 교 "다른 사람이 한 질문을 친구에게 이야기하고 싶어요. '-느냐고'를 사용하여 말해 보세요."

예시 답안
음식이 어땠냐고 물었어요. 요즘 날씨가 춥냐고 물었어요.
여름에 어떤 과일이 많이 나오느냐고 물었어요.

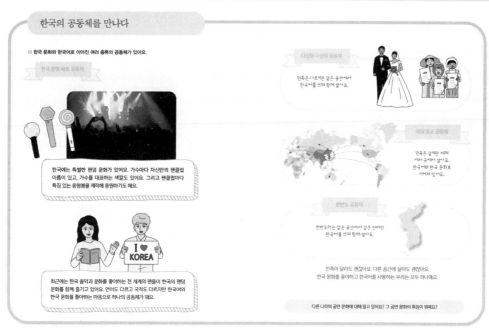

78 • 의사소통 한국어 3

4과 정호는 공연장에 조금 늦게 도착한다고 해 • 79

● 문화

[학습 목표]

• 한국의 공동체 문화에 대해 알고, 문화와 언어의 관계를 알 수 있다.

• 한국의 공동체 문화를 알고 다른 나라의 공동체 문화를 비교하여 이야기할 수 있다.

1) 질문을 통해 학생들에게 주제를 추측하게 한다.

🔲 "여러분은 다른 사람과 함께 하는 모임이 있어요?"

🔲 "여러분은 그 모임에서 사람들과 무엇을 함께 해요?"

2) 교재 78~79쪽을 보며 한국의 공동체에 대해 순서대로 설명한다.

교수-학습 지침

교사는 활동으로 학생들에게 직접 모임을 만들어 보는 문화 활동을 진행할 수 있다. 반 학생들과 함께 관심 있는 일에 대해 이야기 나눈 후 직접 공동체 모임을 만들어 볼 수 있도록 지도한다.

더 알아보기

공동체	같은 생각이나 목적을 가지고 있는 단체를 말해요.
다문화	한 사회 안에 여러 민족이나 여러 나라의 문화가 섞여 있는 것을 말해요.
애호	사랑하고 좋아하는 것을 말해요. 최근 동물 애호의 문화가 자리잡았어요.
재외 동포	한국이 아닌 다른 나라에서 살아가는 한국의 동포를 말해요.
한반도	아시아 대륙의 동북쪽 끝에 있는 반도로 남한과 북한을 표현하는 말이에요.

3) 본 문화와 관련하여 상호문화적 관점에서 이야기할 수 있도록 한다.

① 다른 나라의 청소년들은 어떤 문화를 좋아하는지 묻고 그에 대해 서로 이야기를 나눠 본다.

🔲 "다른 나라에서 청소년은 어떤 문화를 좋아해요?"

② 각 나라에서 인기 있는 공연 문화로 무엇이 있는지 서로 이야기를 나눈다.

🔲 "다른 나라에서는 공연 문화 중에서 어떤 것이 인기가 있어요?"

04 더 배워요

〈더 배워요〉 학습 목표

- 자신의 경험을 말할 수 있다.
- 어떤 일을 하고 느낀 점을 말할 수 있다.

7차시	• 봉사 활동 경험을 말하고 감정을 표현할 수 있다.
8차시	• 영화 감상 후 친구와 영화에 대한 느낀 점을 나눌 수 있다.
9차시	• 수필을 읽고 이해할 수 있다.
10차시	• 다른 사람과 함께 한 추억을 글로 쓸 수 있다.

〈학습 도구 한국어〉 학습 목표

| 7~8차시 | • 모둠 활동하기에서 정보 수집 및 공유하기에 대해 안다. |
| 9~10차시 | • 모둠 활동하기에서 토의하기에 대해 안다. |

• 7차시 | 〈더 배워요〉 도입 및 대화해 봐요 1

〈더 배워요〉 도입 – 5분

1) 〈꼭 배워요〉의 목표 어휘 및 문법 등을 확인할 수 있는 질문을 통해 학생들이 해당 표현을 사용하여 답할 수 있도록 유도한다.

🎓 "시간이 있을 때 친구들과 무엇을 해요?"

🎓 "어떤 활동을 해 봤어요?"

🎓 "기억에 남는 활동이 있어요? 왜 그것이 기억나요?"

🎓 "그때 어떠한 감정과 기분이 들었어요?"

2) '대화해 봐요 1, 2'에서 학습할 내용을 대표하는 네 개의 그림들을 확인하며 학생들이 앞으로 배우게 될 주제 및 내용을 추측할 수 있도록 한다.

🎓 "여러분은 봉사 활동을 해 봤어요?"

🎓 "호민이는 어떤 봉사 활동을 해 보았을까요?"

🎓 "영어 캠프에 가면 무엇을 할까요?"

🎓 "정호는 무엇을 걱정하고 있을까요?"

🎓 "민우가 영화를 보고 어떤 기분이 들었을까요?"

🎓 "유미는 영화를 같이 봤을까요? 안 봤을까요?"

🎓 "민우가 축구를 했어요. 축구 결과가 어땠을까요? 민우의 기분은 어떨까요?"

🎓 "축구 결과가 왜 그렇게 나왔을까요?"

3) '함께 이야기해 봐요'에 제시된 질문을 통해 이야기를 나눔으로써 '읽고 써 봐요'에서 학습할 내용을 추측하게 한다.

🎓 "시간이 있을 때 친구들과 무엇을 해요?"

🎓 "친구와 함께 영화나 공연을 봤어요?"

대화해 봐요 1

정호가 안나에게 어떤 사람이 필요하다고 했어요? ▣▣로 확인해 보세요.

안나가 호민이에게 봉사 활동에 대해 이야기하고 있어요.
먼저 ▣▣로 확인해 보세요.

① 호민아, 너도 다음 주말에 나가고
봉사 활동 같이? 정호랑 나랑 가기로 했는데

② 세계 수영 대회?
외국어 봉사 말이지?

③ 그럼, 전에 국제 마라톤 대회에서 베트남어
할 사람이 필요하다고 해서 해 봤어. 선수들
길도 안내하고 선수 식당에서 통역도 했는데.
그때는 마치 중요한 사람이 된 기분이었어.

④ 너 참말 대단하구나.
나는 이런 것 처음인데
내가 잘할 수 있을까?

⑤ 어떻게 알았어?
너 그런 봉사해 봤어?

⑥ 너는 외국어도 잘하고 성격도 활발
한데 뭐가 걱정이야? 우리 내일
학교 가자마자 봉사 신청서를 쓰자.

82 · 의사소통 한국어 3

82

[학습 목표]
- 봉사 활동 경험을 말하고 감정을 표현할 수 있다.
- 부가 문법: -는구나
- 목표 표현: 마치   은 기분이다
            -는데 뭐가 걱정이야?

본 대화는 안나와 호민이가 외국어 봉사 활동에 대해 이
야기를 나누고 있는 상황이다.

도입 - 5분

1) 교사는 학생들에게 '대화해 봐요 1'의 내용을 추측할
수 있는 질문을 한다.
   교 "봉사 활동을 해 본 적이 있어요?"
   교 "봉사 활동을 했을 때 어떤 기분이 들었어요?"

2) 교사는 학생들에게 82쪽의 첫 번째 QR 코드 속 영상
을 보게 한다.
   교 "정호가 안나에게 어떤 사람이 필요하다고 했어요? 어떤
   사람이 필요한지 함께 확인해 봐요."

3) 교사는 학생들이 대화 내용을 잘 이해했는지 질문을
한다. 그리고 새 표현이 있다면 그 의미를 함께 설명
한다.
   교 "정호가 어떤 봉사 활동을 제안했어요?"
   교 "안나는 봉사 활동을 갈 거예요?"

어휘 및 표현

외국어	◆ 정의 다른 나라의 말. 예 외국어를 잘 하려면 많은 어휘를 알고 있어야 해요. ● 설명 "여러분의 고향 말, 자신의 나라 사람들이 사용하는 말이 아닌 다른 나라 사람들이 사용하는 말을 '외국어'라고 해요."

전개 - 20분

1) 교사는 학생들에게 본 대화 내용을 소개하며 82쪽의
두 번째 QR 코드 속 영상을 보게 한다.
   교 "안나가 호민에게 봉사 활동에 대해 이야기하고 있어요.
   무슨 봉사 활동에 대해 이야기하는지 함께 확인해 봐요."

2) 교사는 학생들이 대화의 전체 내용을 이해했는지 확
인하는 질문을 한다.
   교 "안나는 정호와 무엇을 하기로 했어요?"

3) 교사는 학생들에게 대화문을 읽게 한다. 그리고 세부
내용을 이해했는지 확인하는 질문을 한다.
   교 "호민이는 국제 마라톤 대회에서 어떤 활동을 했어요?"
   교 "호민이는 봉사 활동을 하면서 어떤 기분이 들었어요?"

4) 대화에 제시된 새 표현의 의미를 설명한다.

어휘 및 표현

국제	◆ 정의 여러 나라에 관련되거나 여러 나라가 함께 하는 것. 예 저는 유명한 가수가 되어서 국제 무대에 서고 싶어요. ● 설명 "지난달에 한국에서 세계 수영 대회가 있었어요. 여러 나라 사람들이 수영 대회를 나가요. 여러 나라 사람들이 함께 모여 대회를 만드는 것을 '국제' 대회라고 해요."
마라톤	◆ 정의 육상 경기에서 한번에 42.195Km를 달리는 경기. 예 이번 마라톤 대회에서는 꼭 끝까지 달릴 거예요. ● 설명 "(마라톤 하는 사진을 보여 주며) 운동 중에 하나예요. 달리기인데 한번에 42.195Km를 달리는 거예요."
선수	◆ 정의 운동 경기에서 대표로 뽑힌 사람. 또는 스포츠가 직업인 사람. 예 수호는 축구 선수가 되는 것이 꿈이에요. ● 설명 "이번 체육 대회에서 달리기 선수로 나갈 사람 있어요? '선수'는 대회나 경기를 나갈 때 대표로 뽑힌 사람을 말해요."
통역	◆ 정의 서로 다른 나라 말을 사용하는 사람들 사이에서 뜻이 통하도록 말을 옮겨 줌. 예 나중에 대학교에 가서 통역 공부를 하고 싶습니다. ● 설명 "호민이가 베트남어도 잘하고 한국어도 잘해요. 그래서 베트남 말을 한국어로 바꿔서 이야기해 줘요. 이것을 '통역'이라고 해요."

대단하다	◆ 정의 아주 뛰어나다. 예 정호는 노래 실력이 대단해요. ● 설명 "선영이는 영어 말하기 대회에서 1등을 했어요. 정말 대단해요. 이처럼 아주 잘하는 것을 '대단하다'라고 해요."

5) 교사는 학생들에게 대화문을 다시 한번 읽게 한다. 이때 역할을 나누는 등 다양한 방식으로 읽게 할 수 있다.

6) 교사는 다음의 절차에 따라 부가 문법 '-는구나'에 대해 설명한다. 그리고 새로 제시되는 어휘가 있다면 그 의미를 함께 설명한다.

부가 문법   **'-는구나'**

[설명]

📖 "선생님도 휴대 전화 게임을 자주 해요. 여러분 알고 있었어요? 오늘 처음 알게 되었지요? 이럴 때 여러분은 '선생님도 게임을 하는구나.' 하고 말할 수 있어요. 이렇게 '-는구나'는 새롭게 알게 된 사실에 대해 주목함을 표현할 때 사용해요."

[예시]

· 방이 정말 크구나.
· 오늘은 생각보다 별로 안 춥구나.
· 영어를 잘 하는구나.
· 몰랐는데 친구가 매운 음식을 잘 먹는구나.

[정보]

▶ 형태 정보:

	받침 O	받침 X, 'ㄹ' 받침
동사	-는구나	
형용사	-구나	

① 동사의 어간 끝음절의 받침 유무와 관계없이 '-는구나'를 쓴다. 단, 'ㄹ' 받침으로 끝날 때는 'ㄹ'이 탈락한다.

② 형용사 어간 끝음절의 받침 유무와 관계없이 '-구나'를 쓴다.

▶ 제약 정보:

① 주어가 2인칭이나 3인칭일 때 주로 쓴다.

② 스스로 대해 몰랐던 사실을 알게 되거나 객관화시키는 특정한 상황이 아니라면, 보통 1인칭 주어와 함께 쓸 수 없다.
· 나는 감기에 걸리는구나. (X)

③ 윗사람에게는 '-는군요'를 사용한다.
· 한국말을 살하시는군요. (O)
· 한국말을 잘하는구나. (X)

---

7) 교사는 학생들에게 목표 표현에 대해 설명한다.

목표 표현 1   **'마치 -은 기분이다'**

[설명]

📖 "'마치 -은 기분이다'는 다른 대상에 비교하여 기분을 표현할 때 사용해요."

[예시]

· 마치 꿈을 꾼 기분이다.
· 마치 천국에 온 기분이다.
· 날씨가 갑자기 더워져서, 마치 여름이 된 기분이다.
· 반 친구들과 같이 등산을 하고 나니, 마치 한 가족이 된 기분이다.

목표 표현 2   **'-는데 뭐가 걱정이야?'**

[설명]

📖 "'-는데 뭐가 걱정이야?'는 걱정하는 사람에게 그럴 필요가 없다고 가볍게 위로할 때 사용해요."

[예시]

· 열심히 했는데 뭐가 걱정이야?
· 너에게는 친구들이 있는데 뭐가 걱정이야?
· 아직 시간이 많은데 뭐가 걱정이야?
· 엄마가 너를 믿는데 뭐가 걱정이야?

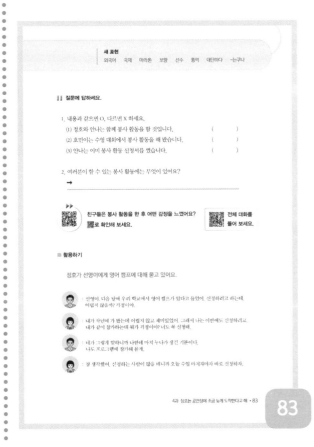

4과 정호는 공연장에 조금 늦게 도착한다고 해 • 83

8) 교사는 학생들에게 교재의 1번과 2번 문제를 풀게 한다.

9) 교사는 학생들과 함께 문제의 답을 확인한다.

> **정답**
> 1. (1) ○ (2) ○ (3) ×
> 2. 재능 기부, 노인정 청소 빨래, 식사 나르기, 지하철 질서 지킴이, 교통 질서 안내, 환경 보호 캠페인

10) 교사는 학생들에게 83쪽 QR 코드 속 영상을 보게 한다.

> 📟 "친구들은 봉사 활동을 한 후 어떤 감정을 느꼈을까요? 무슨 감동을 느꼈는지 함께 확인해 봐요."

11) 교사는 학생들이 대화 내용을 잘 이해했는지 질문을 한다. 그리고 새 표현이 있다면 그 의미를 함께 설명한다.

> 📟 "안나는 봉사 활동을 한 다음에 기분이 어땠어요?"
> 📟 "그리고 왜 보람을 느꼈어요?"

어휘 및 표현

보람	◆ **정의** 어떤 일을 한 뒤에 얻는 좋은 결과나 만족한 느낌. 📟 이번 시험 결과를 보니까 열심히 공부한 보람이 있어요. ● **설명** "지난주에 봉사 활동을 다녀온 사람이 있어요. 봉사 활동을 한 뒤에 기분이 어땠어요? 좋았어요? 이럴 때 '보람을 느낀다'라고 말해요."

활용 – 10분

1) 교사는 학생들이 목표 표현을 사용하여 대답할 수 있도록 질문을 한다.

> 📟 "선영이는 영어 캠프를 다녀온 경험을 어떻게 표현했어요?"
> 📟 "선영이가 정호를 도와줄 때, 정호는 어떤 기분이 들었어요? 그 기분을 어떻게 표현했어요?"

2) 교사는 질문을 통해 학생들이 '활용하기'의 대화 상황을 추측할 수 있도록 한다.

> 📟 "정호가 선영이에게 영어 캠프에 대해 묻고 있어요. 무슨 이야기를 할까요? 함께 읽어 봐요."

3) 교사는 학생들에게 대화문을 읽게 한다. 그리고 대화의 내용을 이해했는지 확인하는 질문을 한다. 그리고 새 표현이 있다면 그 의미를 함께 설명한다.

> 📟 "영어 캠프를 언제 어디에서 해요?"
> 📟 "선영이는 영어 캠프에 가 본 적이 있어요?"
> 📟 "그때 어땠어요?"

4) 교사는 학생들에게 대화문을 다시 한번 읽게 한다. 이때 역할을 나누는 등 다양한 방식으로 읽게 할 수 있다.

> **교수–학습 지침**
> ※ 고등학생 대상 수업의 경우 필수적으로 5분간 다음 활동을 추가로 진행함.
> → 교사는 짝 활동, 그룹 활동을 통해 봉사 활동 경험에 대해 서로 묻고 답하도록 지도한다.

정리 – 5분

교사는 학생들에게 83쪽의 '전체 대화를 들어 보세요' QR 코드 속 대화를 듣게 하고 수업을 마무리한다.

84 · 의사소통 한국어 3

84

● 8차시 | 대화해 봐요 2

[학습 목표]
• 영화 감상 후 친구와 영화에 대한 느낀 점을 나눌 수 있다.
• 부가 문법: -었었-
• 목표 표현: 처음에는 -었는데
　　　　　　 -로 한

본 대화는 유미와 민우가 영화에 대한 감상을 이야기하는 상황이다.

도입 – 7분

1) 교사는 학생들에게 '대화해 봐요 2'의 내용을 추측할 수 있는 질문을 한다.
　📱 "여가 시간에 함께 영화를 보러 가요?"
　📱 "어떤 영화가 감동적일까요?"

2) 교사는 학생들에게 84쪽의 첫 번째 QR 코드 속 영상을 보게 한다.
　📱 "민우와 유미는 토요일에 무엇을 할 거예요? 무엇을 할 것인지 함께 확인해 봐요."

3) 교사는 학생들이 대화 내용을 잘 이해했는지 질문을 한다. 그리고 새 표현이 있다면 그 의미를 함께 설명한다.
　📱 "민우가 유미에게 어떤 제안을 했어요?"

📱 "유미는 민우의 제안에 대해 어떻게 대답했어요?"

전개 – 20분

1) 교사는 학생들에게 본 대화 내용을 소개하며 84쪽의 두 번째 QR 코드 속 영상을 보게 한다.
　📱 "민우가 유미에게 자신이 본 영화에 대해 말하고 있어요. 민우가 영화를 본 후 어떤 감정을 느꼈는지 함께 확인해 봐요."

2) 교사는 학생들이 대화의 전체 내용을 이해했는지 확인하는 질문을 한다.
　📱 "민우는 지난 토요일에 어디에서 무엇을 했어요?"
　📱 "왜 유미는 영화를 보러 가지 않았어요?"

3) 교사는 학생들에게 대화문을 읽게 한다. 그리고 세부 내용을 이해했는지 확인하는 질문을 한다.
　📱 "민우가 본 영화의 주제는 뭐였어요?"
　📱 "민우는 영화를 본 후 어떤 감정을 느꼈어요?"

4) 대화에 제시된 새 표현의 의미를 설명한다.

어휘 및 표현

주제	◆ 정의 소설, 그림, 영화 등과 같은 예술 작품에서 지은이가 표현하고자 하는 주된 생각. 📱 예 영화를 본 후 가족이라는 주제에 대해서 토론을 했다. ● 설명 "여러분, 이 책의 주제가 뭐예요? '사랑'이에요. 이처럼 영화나 책 등, 이 안에서 알려 주고 싶은 중요한 생각을 '주제'라고 해요."
울다	◆ 정의 슬프거나 아프거나 너무 좋아서 참지 못하고 눈물을 흘리다. 📱 예 처음으로 상을 받은 안나는 너무 기뻐서 울었어요. ● 설명 "(사람이 울고 있는 사진을 보여 주며) 기쁘거나 슬픈 일이 있을 때 눈에서 눈물이 나요. 그래서 울어요."
감동적	◆ 정의 강하게 느껴 마음이 움직이는 것. 📱 예 이 영화에서 감동적인 장면이 많아서 울었어요. ● 설명 "어떤 책이나 영화를 보고 마음이 크게 움직인 적이 있어요? 그런 느낌을 '감동적'이라고 말해요."
평범하다	◆ 정의 뛰어나거나 특별한 점이 없이 보통이다. 📱 예 나나의 춤 실력은 평범했는데 꾸준히 노력한 결과 대회에서 일등을 할 수 있었다. ● 설명 "'평범하다'는 특별한 점이 없이 보통과 비슷하다는 의미예요. '저는 평범한 사람이에요.' 이렇게 말할 수 있어요."
결국	◆ 정의 일이나 상황이 마무리되는 단계. 📱 예 영화 속의 슬픈 장면을 보면서 눈물을 참았는데 결국에는 울었어요. ● 설명 "여러분 선배 중에서 10년 동안 외국어를 공부한 사람이 있었어요. 나중에 결국 통역하는 일을 하게 되었습니다. 이렇게 '결국'은 어떤 상황의 마지막을 이야기해요."

5) 교사는 학생들에게 대화문을 다시 한번 읽게 한다. 이때 역할을 나누는 등 다양한 방식으로 읽게 할 수 있다.

6) 교사는 다음의 절차에 따라 부가 문법 '-었었-'에 대해 설명한다. 그리고 새로 제시되는 어휘가 있다면 그 의미를 함께 설명한다.

부가 문법   '-었었-'

[설명]

📖 "선생님은 과거에 피아노를 배웠어요. 하지만 지금은 안 배워요. '선생님은 피아노를 배웠었어요.'라고 이야기할 수 있어요. 이렇게 '-었었-'은 과거의 사실이 현재와 다르거나 단절되었을 때 사용해요."

[예시]

· 예전에는 양파를 안 먹었었어요.
· 작년 여름 방학에 제주도에 갔었어요.
· 아기 때 사진을 보면 손발이 정말 작았었어요.
· 어릴 때 이 공원에서 진짜 많이 놀았었어요.

[정보]

▶ 형태 정보:

	ㅏ, ㅗ	ㅓ, ㅜ, ㅣ…	하다
동사 형용사	-았었-	-었었-	-였었-

① 동사 및 형용사 어간 끝음절의 모음이 'ㅏ, ㅗ'인 경우 '-았었-', 'ㅏ, ㅗ'가 아닌 경우 '-었었-', '-하다'가 붙은 동사 및 형용사 어간에는 '-였었'을 쓰는데, 흔히 줄여서 '-했었'으로 쓴다.

7) 교사는 학생들에게 목표 표현에 대해 설명한다.

목표 표현 1   '처음에는 -었는데'

[설명]

📖 "'처음에는 -었는데'는 현재와 다른 과거의 사실을 이야기할 때 사용해요."

[예시]

· 처음에는 이해가 안 됐었는데 설명을 들으니까 잘 알게 됐어요.
· 처음에는 동생에게 화가 났었는데 시간이 지나니까 미안해졌어요.
· 처음에는 손님이 없었었는데 음식이 맛있으니 점점 많아졌어요.
· 처음에는 관심이 많았었는데 나중에는 지루해졌어요.

목표 표현 2   '-로 한'

[설명]

📖 "'-로 한'은 어떤 것에 대해 구체적으로 설명할 때 사용해요."

[예시]

· 사랑을 주제로 한 영화를 보고 왔어요.
· 다시는 늦지 않기로 한 약속을 또 어겼어요.
· 내가 먹기로 한 약을 참고 다 먹었어요.
· 친구와 함께 가기로 한 여행을 못 갈 거 같아요.

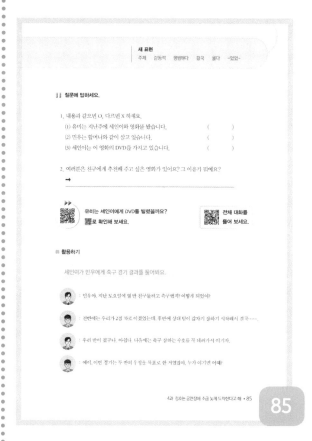

8) 교사는 학생들에게 교재의 1번과 2번 문제를 풀게 한다.

9) 교사는 학생들과 함께 문제의 답을 확인한다.

정답

1. (1)× (2)× (3)○
2. 가족의 사랑을 주제로 한 영화를 추천해 주고 싶어요. 가족의 사랑을 느낄 수 있기 때문이에요.

---

10) 교사는 학생들에게 85쪽 첫 번째 QR 코드 속 영상을 보게 한다.

📖 "민우와 유미가 DVD에 대해서 이야기하고 있어요. 유미가 그 영화를 봤는지 안 봤는지 함께 확인해 봐요."

11) 교사는 학생들이 대화 내용을 잘 이해했는지 질문을 한다. 그리고 새 표현이 있다면 그 의미를 함께 설명한다.

🎓 "유미는 그 영화를 봤어요? 왜 아직 보지 못했어요?"

🎓 "세인이는 그 영화를 왜 여러 번 봐요?"

활용 – 10분

1) 교사는 학생들이 목표 표현을 사용하여 대답할 수 있도록 질문을 한다.

🎓 "영화를 본 후 감정을 표현할 때 어떻게 말해요?"

🎓 "여가 활동을 한 경험을 친구한테 이야기할 때 어떻게 말해요?"

2) 교사는 질문을 통해 학생들이 '활용하기'의 대화 상황을 추측할 수 있도록 한다.

🎓 "여러분, 반 친구들이 지난주에 무엇을 했어요?"

🎓 "세인이가 민우에게 축구 경기 결과를 물어봐요. 함께 읽어 봐요."

3) 교사는 학생들에게 대화문을 읽게 한 후 대화의 내용을 이해했는지 확인하는 질문을 한다. 그리고 새 표현이 있다면 그 의미를 함께 설명한다.

🎓 "축구 경기에서 어느 팀이 이겼어요?"

🎓 "이번 경기를 하는 목표가 무엇이었어요?"

4) 교사는 학생들에게 대화문을 다시 한번 읽게 한다. 이때 역할을 나누는 등 다양한 방식으로 읽게 할 수 있다.

교수-학습 지침

※ 고등학생 대상 수업의 경우 필수적으로 5분간 다음 활동을 추가로 진행함.

➜ 교사는 짝 활동, 그룹 활동을 통해 여가 활동을 한 후 자신의 경험이나 감정에 대해 이야기하도록 지도한다.

정리 – 8분

교사는 학생들에게 85쪽의 '전체 대화를 들어 보세요' QR 코드 속 대화를 듣게 하고 수업을 마무리한다.

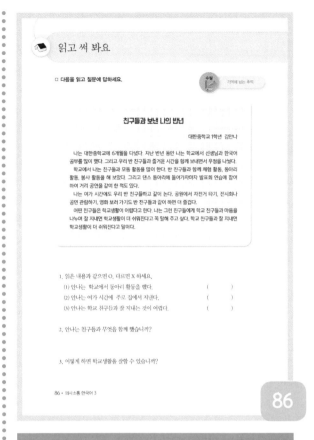

86

• 9차시 | 읽고 써 봐요 – 읽기

[학습 목표]

• 수필을 읽고 이해할 수 있다.

본 활동은 자신이 경험한 일을 바탕으로 쓴 수필을 읽고 이해하기 위한 활동이다.

읽기 전 – 5분

교사는 학생들에게 읽기 내용을 추측할 수 있는 질문을 한다.

🎓 "여러분, 모두 학교생활을 잘하고 있지요? 학교에서 어떤 점이 힘들어요? 어떤 점이 즐거워요?"

🎓 "이런 이야기를 글로 쓰면 어떤 내용을 써야 할까요? 그 말을 어떻게 표현해야 할까요?"

읽기 중 – 30분

1) 교사는 학생들에게 읽기 지문을 개별적으로 읽게 한다.

2) 교사는 학생들이 읽기 지문의 전체 내용을 이해했는지 확인하는 질문을 한다.

🎓 "이게 무슨 글이에요?"

🎓 "이 글을 어디에서 볼 수 있어요?"

3) 교사는 학생들에게 읽기 지문을 읽게 한다. 그리고 세부 내용을 이해했는지 확인하는 질문을 한다.

- 🔲 "안나는 학교에서 무엇을 해 봤어요?"
- 🔲 "안나는 그런 활동에 대해 어떻게 생각해요?"
- 🔲 "학교생활을 잘하는 방법이 있어요? 안나는 뭐라고 했어요?"

4) 읽기 지문에 제시된 새 표현의 의미를 설명한다.

어휘 및 표현

체험 활동	◆ 정의 몸으로 직접 경험하는 활동. 🔲 이번 우리 반 체험 활동은 박물관으로 갈 거예요. ● 설명 "여러분은 이번에 어디로 체험 활동을 가고 싶어요? '체험 활동'은 학교에서 반 친구들과 함께 어떤 것을 경험하기 위해서 밖에 나가서 하는 활동을 말해요."
모둠 활동	◆ 정의 초, 중등학교에서, 효율적인 학습을 위하여 학생들을 대여섯 명 내외로 묶은 모임. 🔲 수업 시간에 모둠 활동으로 나누어서 과제를 했어요. ● 설명 "여러분은 모둠 활동이 좋아요? 개인 활동이 좋아요? '모둠 활동'은 1명이 아닌 여러 명이 함께 하는 학습 활동을 말해요."
반년	◆ 정의 한 해의 반. 🔲 초등학교를 졸업한 지 반년이 지났어요. ● 설명 "1년의 반은 6개월이에요. 다른 말로 '반년'이라고도 해요."
여가 시간	◆ 정의 일을 하는 중간에 생기는 여유로운 시간. 🔲 여가 시간에 운동을 하는 것도 좋아요. ● 설명 "여러분은 여가 시간에 주로 무엇을 해요? 공부를 하거나 일하는 시간 말고 여유 있는 시간을 '여가 시간'이라고 해요."
지내다	◆ 정의 어떠한 정도나 상태로 생활하거나 살아가다. 🔲 학교에 적응을 잘하며 지내고 있어요. ● 설명 "이제 방학이 끝났어요. 여러분, 그동안 어떻게 지냈어요? 방학 잘 보냈어요? 이렇게 '지내다'는 살아가는 것과 비슷한 의미가 있어요."
발표회	◆ 정의 무용이나 음악 등의 예술, 창작, 연구 활동의 결과를 공개적으로 보여 주는 모임. 🔲 다음 주에 학교에서 발표회를 해요. ● 설명 "다음 주에 학교에서 피아노 발표회가 있어요. '발표회'는 음악이나 무용과 같은 것을 보여 주는 자리예요."
거리 공연	◆ 정의 사람이나 차들이 다니는 길에서 하는 공연. 🔲 동아리 친구들과 춤 연습을 한 뒤 거리 공연을 했어요. ● 설명 "거리 공연을 본 적이 있어요? '거리 공연'은 말 그대로 공연장에서 하는 공연이 아닌 사람들이 다니는 길에서 하는 공연을 말해요."

읽기 후 - 10분

1) 교사는 학생들에게 교재의 문제를 풀게 한다.

2) 교사는 학생들과 함께 문제의 답을 확인한다.

정답
1. (1) ○ (2) × (3) ×
2. 체험 활동, 동아리 활동, 봉사 활동, 자전거 타기, 전시회나 공연 관람하기, 영화 보러 가기
3. 학교 친구들과 잘 지내면 학교생활이 쉬워진다고 한다.

3) 교사는 질문을 통해 읽기 내용을 재확인하며 수업을 마무리한다.

- 🔲 "안나는 여가 시간에 주로 무엇을 해요?"

교수-학습 지침
※ 고등학생 대상 수업의 경우 필수적으로 5분간 다음 활동을 추가로 진행함.
→ 교사는 실제 수필을 준비해 수필 정보를 확인하는 활동을 하도록 지도한다.

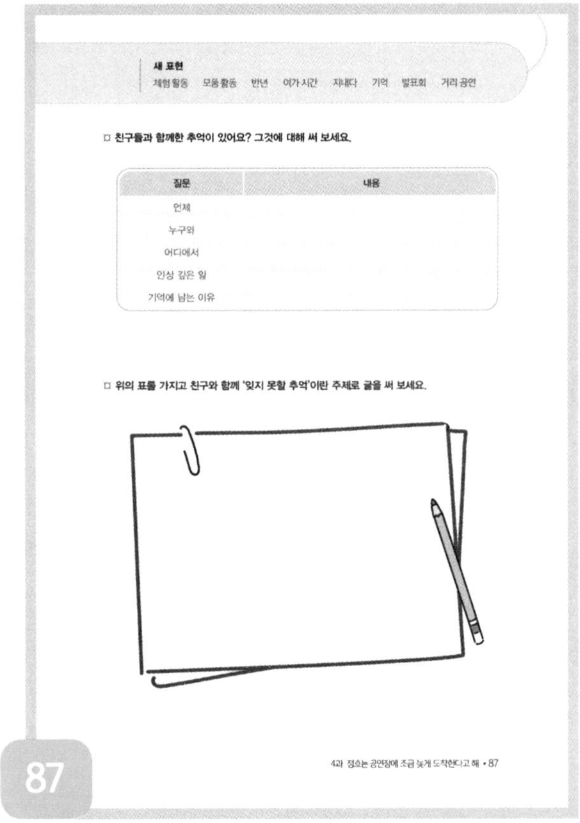

새 표현
체험 활동 모둠 활동 반년 여가 시간 지내다 기억 발표회 거리 공연

□ 친구들과 함께한 추억이 있어요? 그것에 대해 써 보세요.

질문	내용
언제	
누구와	
어디에서	
인상 깊은 일	
기억에 남는 이유	

□ 위의 표를 가지고 친구와 함께 '잊지 못할 추억'이란 주제로 글을 써 보세요.

4과 정호는 공연장에 조금 늦게 도착한다고 해 • 87

87

• 10차시 | 읽고 써 봐요 - 쓰기

[학습 목표]

• 다른 사람과 함께 한 추억을 글로 쓸 수 있다.

본 활동은 한 편의 수필을 쓰기 위해 들어갈 내용을 구상하고 이것으로 수필을 직접 완성해 보는 활동이다.

쓰기 전 - 5분

1) 교사는 학생들에게 쓰기 내용을 추측할 수 있는 질문을 한다.

교 "여러분 친구들과 함께한 추억이 있어요?"

교 "어떤 일이 기억에 남아요?"

2) 교사는 학생들에게 어떤 쓰기 활동을 할 것인지 명확히 알려 준다.

교 "이번 시간에는 잊지 못할 추억에 대해 써 볼 거예요."

쓰기 중 - 30분

1. 자신이 경험한 글 수필에 대해 쓰는 활동이다.

1) 교사는 학생들에게 무엇을 써야 하는지 알려 준다. 그리고 새 표현이 있다면 그 의미를 함께 설명한다.

교 "언제, 누구와 무엇을 했어요? 그 이유가 뭐예요? 간단히 써 보세요."

2) 교사는 학생들에게 친구와 함께 한 추억에 대해 쓰게 한다. 이때 교사는 학생들에게 개별적으로 쓰기 지도를 할 수 있다.

2. 잊지 못할 추억이라는 주제로 글 쓰는 활동이다.

1) 교사는 학생들에게 무엇을 써야 하는지 알려 준다. 그리고 새 표현이 있다면 그 의미를 함께 설명한다.

교 "여러분이 제일 기억에 남는 추억은 뭐예요?"

교 "어디에서 무엇을 했어요?"

교 "그때가 기억에 남는 이유는 뭐예요?"

교 "여러분이 위에서 작성한 주제와 내용을 활용해서 잊지 못할 추억에 대한 글을 쓸 거예요."

교 "제목을 쓰고 그 아래에 넣고 싶은 내용을 자세히 써 보세요."

어휘 및 표현

기억	◆ **정의** 이전의 모습, 사실, 경험 등을 잊지 않거나 다시 생각해 냄. 예 졸업 사진을 보니까 예전 기억이 떠올라요. ● **설명** "여러분, 초등학교 때의 모습이 기억이 나요? 이렇게 '기억'은 과거의 모습이나 경험을 다시 생각해 내는 것을 말해요."

2) 교사는 학생들에게 '잊지 못할 추억'이란 주제로 글을 쓰게 한다. 이때 교사는 학생들에게 개별적으로 쓰기 지도를 할 수 있다.

쓰기 후 - 10분

1) 쓰기 활동이 모두 마무리되면 교사는 학생들에게 각자 쓴 것을 발표하게 한다.

2) 교사는 친구와 함께한 추억에 대해 다시 한번 정리하며 수업을 마무리한다.

교수-학습 지침

※ 고등학생 대상 수업의 경우 필수적으로 5분간 다음 활동을 추가로 진행함.

→ 교사는 학생들에게 수업 중에 지도받은 내용을 반영해 공책에 글을 다시 쓰게 할 수 있다. 이를 통해 학생들 스스로 자신의 글을 점검하도록 지도한다.

5과 저 책 정말 재미있나 보다

● 단원 목표

다른 사람과 알고 있는 정보를 교환할 수 있으며 감상을 표현할 수 있다.

● 단원 내용

꼭 배워요 **(필수)**	• 주제: 독서
	• 기능: 정보 교환하기, 감상 표현하기
	• 어휘: 독서 관련 어휘
	• 문법: -나 보다, -을 텐데, -으라고, -자고
문화	• 문화: 한국의 도서관을 가 보다
더 배워요 **(선택)**	• 대화 1: 도서 출입증 만들기 • 대화 2: 독서 토론
	• 읽기: 독서 감상문
	• 쓰기: 독서 감상문 쓰기

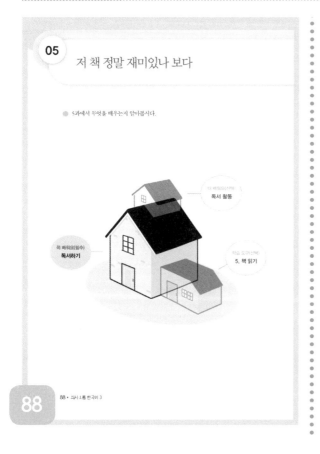

● 수업 개요

〈꼭 배워요〉 학습 목표

• 다른 사람과 서로 정보를 교환할 수 있다.
• 작품을 감상한 소감을 말할 수 있다.

1차시	• 도입 대화를 통해 본 단원의 주제에 대해 이해하고 말할 수 있다.
2차시	• 독서 활동 관련 어휘 및 표현을 알고 활용할 수 있다.
3차시	• 친구가 무엇을 하고 있는지 상황 정보를 묻고 답할 수 있다. • '-나 보다'를 사용하여 앞의 말이 나타내는 사실을 추측함을 나타내는 표현을 할 수 있다.
4차시	• 책의 내용 정보를 묻고 답할 수 있다. • '-을 텐데'를 사용하여 앞에 오는 말에 대하여 말하는 사람의 강한 추측을 나타내면서 그와 관련되는 내용을 이어 말할 때 쓰는 표현을 할 수 있다.

5차시	• 추천 도서 목록에 대한 정보를 묻고 답할 수 있다. • '-으라고'를 사용하여 다른 사람에게 들은 명령이나 권유 등의 내용을 간접적으로 전할 때 쓰는 표현을 할 수 있다.
6차시	• 책에 대한 감상에 대해 묻고 답할 수 있다. • '-자고'를 사용하여 권유하거나 제안하는 말을 간접적으로 옮겨 전할 때 쓰는 표현을 할 수 있다.

• 1차시 | 복습 및 〈꼭 배워요〉 도입

[학습 목표]

• 도입 대화를 통해 본 단원의 주제에 대해 이해하고 말할 수 있다.

복습 – 20분

4단원에서 배운 주제 및 문법에 대해 복습한다.

1) 교사는 지난 단원의 주제와 관련된 질문을 하여 학생들에게 학습한 내용을 떠올리게 한다.

📖 "여러분은 친구들과 모여서 무엇을 해요?"

📖 "친구들과의 모임 후에 기분이 어땠어요?"

2) 교사는 '-자마자'와 관련된 질문을 하여 학생들에게 학습한 내용을 떠올리게 한다.

📖 "여러분은 아침에 일어나면 바로 무엇을 해요?"

📖 "아침에 등교하면 제일 먼저 하는 일이 뭐예요?"

3) 교사는 '-고 말다'와 관련된 질문을 하여 학생들에게 학습한 내용을 떠올리게 한다.

📖 "원하지 않은 일이 일어난 적 있어요?"

4) 교사는 '-는다고'와 관련된 질문을 하여 학생들에게 학습한 내용을 떠올리게 한다.

📖 "다른 사람에게 들은 것을 어떻게 전해요?"

📖 "내일 날씨가 어떻다고 해요?"

5) 교사는 '-느냐고'와 관련된 질문을 하여 학생들에게 학습한 내용을 떠올리게 한다.

📖 "질문을 받은 후 이를 다른 사람한테 전달할 때 어떻게 말해요?"

📖 "어제 부모님께서 여러분에게 무엇을 물어봤어요?"

교수-학습 지침

※ 고등학생 대상 수업의 경우 필수적으로 5분간 다음 활동을 추가로 진행함.

➜ 교사는 짝 또는 그룹 활동을 통해 경험한 일에 대해 서로 이야기를 나누게 할 수 있다. 이때 교사는 지난 단원에서 배운 '-자마자', '-고 말다', '-는다고', '-느냐고' 중 세 개 이상의 문법을 사용하여 대본을 만들 수 있도록 지도한다.

〈꼭 배워요〉도입 – 25분

1) 교사는 학생들과 교재 89쪽의 그림을 보고 이야기하며 본 단원의 주제에 대해 흥미를 유발한다.

📖 "두 사람이 지금 어디에 있어요?"

📖 "두 사람이 무슨 이야기를 하고 있어요?"

2) 교사는 학생들에게 교재 89쪽의 대화를 읽게 한다. 그리고 세부 내용을 이해했는지 확인하는 질문을 한다.

📖 "여기가 어디예요?"

📖 "두 사람이 무엇을 찾고 있어요?"

📖 "나나는 도서관에 왜 가려고 해요?"

3) 교사는 학생들에게 '함께 이야기해 봐요'의 질문을 하면서 단원의 주제를 도입한다.

📖 "도서관을 이용해 본 적이 있어요? 도서관에서 주로 무엇을 해요?"

📖 "책을 읽고 친구들과 감상을 나눠 본 적이 있어요?"

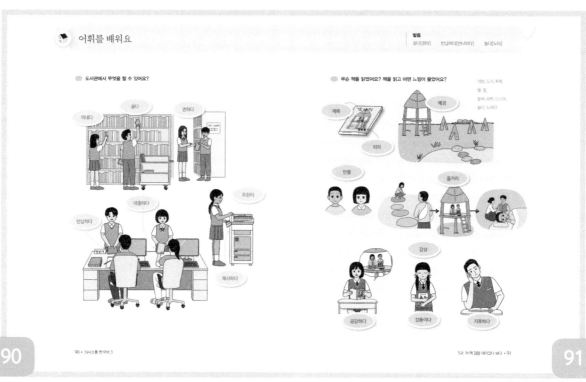

• 2차시 | 어휘를 배워요

[학습 목표]
• 독서 활동 관련 어휘와 표현을 알고 활용할 수 있다.

본 단원에는 도서관 이용 관련 어휘와 독서 감상에 관련된 어휘 및 표현이 제시되어 있다.

도입 – 5분

1) 교사는 질문을 통해 학습하게 될 어휘 및 표현을 자연스럽게 노출한다.
   🔲 "학교 도서관에 가 봤어요? 거기서 무엇을 했어요?"
   🔲 "가장 기억에 남는 책이 있어요? 제목이 뭐예요?"

2) 교사는 학생들과 제시된 그림을 보며 이야기를 나눈다.
   🔲 "90쪽의 그림을 보세요. 도서관에서 무엇을 할 수 있어요?"
   🔲 "91쪽의 그림을 보세요. 최근에 무슨 책을 읽었어요? 그 책을 읽고 어떤 느낌이 들었어요?"

전개 – 35분

1. 도서관 이용과 관련된 어휘 및 표현이다.

1) 교사는 다음에 제시되는 내용을 참고하여 학생들에게 어휘 및 표현을 설명한다. 이때 새로 등장하는 발음 규칙이 있다면 함께 설명한다.

권하다	◆ 정의 어떤 사람에게 좋다고 여겨지는 일을 하도록 하다. 예 건강을 위해 과일을 많이 먹기를 권합니다. ● 설명 "'권하다'는 어떤 사람에게 좋은 일을 해 보라고 하는 거예요. 건강을 위해서 친구에게 어떤 음식을 권할 거예요? 네. 과일을 권해요."
꺼내다	◆ 정의 안에 있는 물건을 밖으로 나오게 하다. 예 가방에서 책을 꺼내요. ● 설명 "안에 있는 물건을 밖으로 나오게 하는 거예요. '가방에서 책을 꺼내요, 지갑에서 돈을 꺼내요'라고 말해요."
꽂다	◆ 정의 일정한 곳에 끼워 넣거나 세우다. 예 우산을 통에 꽂아 놓아요. ● 설명 "물건을 어떤 곳에 넣거나 세워 놓는 것이에요. 우산을 통에 꽂아요. 다 본 책을 다시 책꽂이에 꽂아요."
프린터	◆ 정의 컴퓨터의 출력 결과를 종이에 인쇄하는 기계. 예 요즘에는 사진을 프린터로 출력할 수 있어요. ● 설명 "컴퓨터에 있는 글이나 그림을 종이로 볼 수 있게 하는 거예요. 컴퓨터에 있는 사진을 프린터로 출력해서 친구에게 줘요."
복사하다	◆ 정의 문서, 그림, 사진 등을 기계를 이용하여 종이 등에 똑같이 만들어 내다. 예 이 서류를 세 장 복사해 주세요. ● 설명 "글이나 그림을 다른 종이에 똑같이 만들어 내는 거예요. 여기 그림이 있어요. 이 그림을 세 장 복사해요. 그러면 똑같은 그림이 3장이 돼요."

대출하다	◆ **정의** 책을 빌리다. **예** 도서관에서 책을 대출하다. ● **설명** "책을 빌리는 것을 말해요. 여러분, 학교 도서관에서 한 사람이 책을 몇 권 대출할 수 있어요? 네. 세 권 대출해요."
반납하다	◆ **정의** 빌린 것을 도로 돌려주다. **예** 도서관에서 빌린 책을 반납하다. ● **설명** "빌린 것을 도로 돌려주는 거예요. 도서관에서 책을 빌리면 언제 반납해야 해요? 7일 안에 반납해야 해요."

2) 교사는 질문을 통해 학생들이 어휘 및 표현을 잘 이해했는지 확인한다.

📖 "도서관에서 책을 빌리는 것을 뭐라고 해요?"

📖 "내가 가지고 있는 종이 자료를 똑같이 만들어 내는 것을 뭐라고 해요?"

---

2. 책의 정보와 책을 읽고 느낀 감정과 관련된 어휘 및 표현이다.

1) 교사는 다음에 제시되는 내용을 참고하여 학생들에게 어휘 및 표현을 설명한다. 이때 새로 등장하는 발음 규칙이 있다면 함께 설명한다.

제목	◆ **정의** 글이나 영화 등에서, 중심이 되는 내용을 나타내기 위해 붙이는 이름. **예** 노래 제목, 드라마 제목, 영화 제목. ● **설명** "한국 노래 중에서 아는 것이 있어요? 노래의 이름이 제목이에요. 노래 제목을 말해 보세요."
저자	◆ **정의** 글이나 책을 쓴 사람. **예** 내가 좋아하는 책의 저자가 오늘 서점에 왔다. ● **설명** "(소설책을 하나 보여 주며) 저자는 글이나 책을 쓴 사람이에요. 저자 소개는 보통 책의 제일 앞에 있어요. 이 책의 저자는 누구예요? 말해 보세요."
배경	◆ **정의** 문학 작품에서, 시간적, 공간적, 사회적 환경. **예** 이 영화는 80년대 배경의 사랑이야기예요. ● **설명** "배경은 그 일이 일어난 시간이나 장소를 말해요. 자, 여기 영화를 소개한 그림을 보세요. (영화 포스터나 사진을 보여 주며) 이 영화의 배경은 어디예요? 네. 이 영화의 배경은 농촌이에요."
인물	◆ **정의** 어떤 상황에서 어떤 역할을 하는 사람. **예** 이 작품 속 인물은 지금도 살아 있어요. ● **설명** "어떤 이야기 안에서 어떤 역할을 하고 있는 사람을 말해요. 어제 새로 시작한 드라마 봤어요? 그 드라마의 등장인물이 여러분처럼 중학생이에요."
줄거리	◆ **정의** 글의 내용이나 이야기의 중심이 되는 내용. **예** 글의 줄거리, 영화의 줄거리. ● **설명** "글이나 이야기의 중심 내용이에요. 어제 본 드라마에서 줄거리를 말할 수 있어요?"

감상	◆ **정의** 예술 작품을 즐기고 이해하면서 평가함. **예** 음악 감상, 영화 감상. ● **설명** "음악이나 영화를 보고 이해하거나 마음으로 느끼는 것이에요. 독서 감상, 음악 감상, 미술 감상 등이 있어요."
공감하다	◆ **정의** 다른 사람의 마음이나 생각에 대해 자신도 그렇다고 똑같이 느끼다. **예** 이 영화는 다른 사람의 아픔을 공감할 수 있는 영화예요. ● **설명** "공감은 다른 사람과 똑같이 느끼는 것이에요. 어떤 친구의 말에 공감한 적이 있어요?"
감동이다	◆ **정의** 어떤 일에 강한 느낌을 받아서 마음이 움직인 상태이다. **예** 내가 그동안 쓴 글이 책이 되어 나왔을 때 정말 감동이었다. ◆ **정보** 명사 '감동'에 조사 '이다'를 붙여 사용하는 표현이다. ● **설명** "감동은 어떤 일에 강한 느낌을 받아서 마음이 움직이는 것을 말해요. 여러분이 어떤 일에 대해 감동이 생겼을 때 '감동이다'라고 해요."
지루하다	◆ **정의** 같은 상태가 계속되어 싫증이 나고 따분하다. **예** 매일 똑같은 생활이 너무 지루해요. ● **설명** "같은 상태가 계속되어서 재미없고 심심한 기분이 드는 거예요. '영화가 지루하다, 수업이 지루하다, 이야기가 지루하다' 이렇게 써요."

2) 교사는 질문을 통해 학생들이 어휘 및 표현을 잘 이해했는지 확인한다.

📖 "책의 내용이나 이야기의 중심이 되는 내용을 뭐라고 해요?"

📖 "강하게 느껴 마음이 움직이는 감정을 뭐라고 해요?"

교수-학습 지침

※ 고등학생 대상 수업의 경우 필수적으로 5분간 다음 활동을 추가로 진행함.

→ 교사는 학생들에게 독서 관련 어휘를 활용하여 다른 사람과 정보를 교환하는 활동을 하도록 지도한다.

→ 교사는 학생들이 작품을 감상한 후 소감을 간단히 말하는 활동을 하도록 지도한다.

정리 – 5분

교사는 질문을 통해 어휘 및 표현 학습을 마무리한다.

📖 "와니가 도서관에서 무엇을 하고 있어요?"

📖 "반 친구들이 어떤 책에 대해 이야기를 하고 있어요?"

교사 지식

→ '꽂다[꼳따]'에서 확인되는 발음 규칙:
· 경음화 ▶ 1과 28쪽 참고
→ '반납하다[반나파다], 놓다[노타]'에서 확인되는 발음 규칙:
· 'ㅎ' 축약 ▶ 2과 50쪽 참고

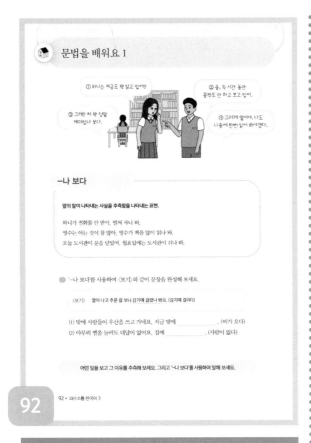

● 3차시 | 문법을 배워요 1

[학습 목표]

- 친구가 무엇을 하고 있는지 상황 정보를 묻고 답할 수 있다.
- '-나 보다'를 사용하여 앞의 말이 나타내는 사실을 추측함을 나타내는 표현을 할 수 있다.

1) 교사는 학생들에게 대화문을 읽게 한다. 그리고 학생들이 대화문을 이해했는지 내용 확인 질문을 한다.

   📖 "와니가 왜 이렇게 꼼짝도 안 하고 있어요?"

   📖 "와니가 몇 시간 동안 책을 보고 있어요?"

2) 교사는 학생들에게 목표 문법의 의미를 추측할 수 있는 질문을 한다.

   📖 "와니가 두 시간 동안 책을 계속 보고 있어요. 책이 정말 재미있나 봐요."

   📖 "와니가 전화를 안 받아요. 와니가 자나 봐요."

다음의 절차에 따라 문법에 대해 설명한다. 그리고 새로 제시되는 어휘 및 표현이 있다면 그 의미를 함께 설명한다.

[설명]

📖 "'-나 보다'는 앞의 말이 나타내는 사실을 추측하는 표현을 할 때 사용해요."

[예시]

- 저 영화가 정말 재미있나 봐.
- 감기에 걸렸나 봐. 콧물이 나.
- 와니 방에 불이 켜져 있어. 아직 공부하나 봐.

[정보]

▶ 형태 정보:

	받침 O	받침 X, 'ㄹ' 받침
동사	-나 보다	

① 동사 어간 끝음절의 받침 유무에 관계없이 '-나 보다'를 쓴다. 단, 'ㄹ' 받침으로 끝날 때는 'ㄹ'이 탈락한다.

▶ 제약 정보:

① 말하는 사람이 직접 경험한 사실에 대해서는 사용하지 않는다.

- 내가 벌써 자나 봐. (X)

② 형용사, '이다, 아니다'는 '-은가 보다(-ㄴ가 보다)'와 결합한다.

- 귀찮다 + -은가 보다 → 귀찮은가 보다
- 불편하다 + -ㄴ가 보다 → 불편한가 보다
- 학생이다 + -ㄴ가 보다 → 학생인가 보다
- 학생이 아니다 + -ㄴ가 보다 → 학생이 아닌가 보다

[확인]

교사는 문법을 설명한 뒤에 '연습 문제'를 통해 학생들이 문법을 이해했는지 확인한다.

> 정답
> (1) 비가 오나 봐요
> (2) 사람이 없나 봐요

어휘 및 표현

벨	◆ 정의 전기를 이용하여 소리가 나도록 한 장치. 예 전화기 벨, 현관 벨. ● 설명 "(초인종/벨 사진을 보여 주며) 전기를 이용하여 소리가 날 수 있게 한 거예요. 전화가 오면 전화벨이 울려요. 그러면 전화를 받아요. 집에 누가 오면 현관에서 벨이 울려요. 그러면 문을 열어 줘요."

열	◆ 정의 아플 때 몸에 생기는 더운 기운. 예 어젯밤에 열이 심하게 나서 병원에 갔어요. ● 설명 "몸이 아플 때 몸이 더워져서 열이 나요. 어제 아기가 열이 나서 빨리 병원에 갔어요."
벌써	◆ 정의 이미 오래전에. 예 세인이는 약속 장소에 벌써 나와서 나를 기다리고 있었어요. ● 설명 "이미 오래전이라는 의미예요. 숙제를 이미 오래전에 끝냈어요. 지금 끝냈어요? 아니요, 벌써 끝냈어요."
꼼짝	◆ 정의 몸을 느리게 조금 움직이는 모양. 예 너무 피곤해서 주말에 꼼짝도 안 하고 쉬었어요. ● 설명 "몸을 조금 움직이는 모양이에요. 보통 조금도 안 움직이는 것을 강조할 때 써요. '꼼짝도 안 하다'처럼 말해요."
누르다	◆ 정의 물체에 위에서 아래로 힘을 주다. 예 엘리베이터에 무거운 짐을 든 사람이 있어서 버튼을 대신 눌러 줬어요. ● 설명 "위에서 아래로 힘을 주는 거예요. 컴퓨터에서 전원 버튼을 누릅니다. 휴대 전화에서 시작 버튼을 누릅니다."

교수-학습 지침

※ 고등학생 대상 수업의 경우 필수적으로 5분간 다음 활동을 추가로 진행함.

→ 교사는 학생들에게 목표 문법을 활용할 수 있는 새로운 화제를 제시한다.

📖 "요즘 주위 사람들의 행동이 바뀐 것이 있어요? '-나 보다'를 사용하여 말해 보세요."

예시 답안

수호가 살이 빠졌어요. 요즘 운동을 많이 하나 봐요. 나나가 한국어 실력이 많이 늘었어요. 한국 친구를 많이 사귀었나 봐요.

정리 – 5분

1) 교사는 학생들에게 대화문을 다시 한번 읽게 한다.

2) 교사는 교재에 제시된 열린 질문을 통해 학생들에게 배운 문법을 활용하여 자유롭게 이야기를 나누게 한다.

📖 "어떤 일을 보고 그 이유를 추측해 보세요. 그리고 '-나 보다'를 사용하여 말해 보세요."

예시 답안

와니는 아는 게 많아요. 책을 많이 읽나 봐요.
창밖에 나무가 심하게 흔들려요. 바람이 많이 부나 봐요.

93

● 4차시 | 문법을 배워요 2

[학습 목표]

• 책의 내용 정보를 묻고 답할 수 있다.

• '-을 텐데'를 사용하여 앞에 오는 말에 대하여 말하는 사람의 강한 추측을 나타내면서 그와 관련되는 내용을 이어 말할 때 쓰는 표현을 할 수 있다.

도입 – 5분

1) 교사는 학생들에게 대화문을 읽게 한다. 그리고 학생들이 대화문을 이해했는지 내용 확인 질문을 한다.

📖 "여기가 어디예요? 와니가 뭐 하고 있어요?"

📖 "책 속의 주인공이 누구를 만났어요?"

2) 교사는 학생들에게 목표 문법의 의미를 추측할 수 있는 질문을 한다.

📖 "공부를 많이 해서 힘들 텐데 10분만 쉬세요."

전개 – 35분

다음의 절차에 따라 문법에 대해 설명한다. 그리고 새로 제시되는 어휘 및 표현이 있다면 그 의미를 함께 설명한다.

[설명]

📖 "'-을 텐데'는 앞에 오는 말에 대해 말하는 사람의 강한 추측을 나타내면서 그와 관련되는 내용을 이어 표현할 때 사용해요."

[예시]

· 유미가 아직 안 잘 텐데 왜 전화를 안 받지?
· 피곤할 텐데 얼른 집에 들어가서 쉬어.
· 길이 막혀서 시간이 많이 걸릴 텐데 빨리 출발해야지.

[정보]

▶ 형태 정보:

	받침 O	받침 X, 'ㄹ' 받침
동사, 형용사	-을 텐데	-ㄹ 텐데

① 동사 및 형용사 어간 끝음절에 받침이 있으면 '-을 텐데', 동사, 형용사 어간의 끝음절에 받침이 없으면 '-ㄹ 텐데'를 쓴다. 단, 'ㄹ' 받침으로 끝날 때는 'ㄹ'이 탈락한다.

② '이다, 아니다'는 '-ㄹ 텐데'를 쓴다. 단, '이다' 앞의 명사에 받침이 없으면 '운동선술 텐데'로 'ㄹ'을 앞 말에 붙여 쓴다.

▶ 제약 정보:

① 과거 '-있-'과는 결합하지만 미래와 추측의 '-겠-'과는 결합하지 않는다.

· 어제 많이 바빴을 텐데…(O)
· 내일 많이 바쁘겠을 텐데…(X)

[확인]

교사는 문법을 설명한 뒤에 '연습 문제'를 통해 학생들이 문법을 이해했는지 확인한다.

> 정답
> (1) 힘들 텐데
> (2) 고플 텐데

어휘 및 표현

드디어	◆ 정의 바라는 것이 끝내. 📖 예 기다리는 사람을 드디어 만나게 되었어요. ● 설명 "용돈을 더 받고 싶어서 엄마에게 여러 번 이야기했어요. 드디어 오늘부터 내 용돈이 올랐어요. 이렇게 '드디어'는 바라는 것이 마지막에는 이루어질 때 사용해요."

정리 – 5분

1) 교사는 학생들에게 대화문을 다시 한번 읽게 한다.

2) 교사는 교재에 제시된 열린 질문을 통해 학생들에게 배운 문법을 활용하여 자유롭게 이야기를 나누게 한다.

📖 "어떤 일이 일어날 것 같다고 추측하면서 그 일 때문에 어떤 생각을 하거나 제안을 해요. '-을 텐데'를 사용하여 말해 보세요."

> 예시 답안
> 하루 종일 서 있어서 힘드셨을 텐데 여기 좀 앉아서 쉬세요. 점심시간이 지나서 배가 많이 고플 텐데 이것 좀 먹어.

94 · 의사소통 한국어 3

● 5차시 | 문법을 배워요 3

[학습 목표]

• 추천 도서 목록에 대한 정보를 묻고 답할 수 있다.
• '-으라고'를 사용하여 다른 사람에게 들은 명령이나 권유 등의 내용을 간접적으로 전할 때 쓰는 표현을 할 수 있다.

도입 – 5분

1) 교사는 학생들에게 대화문을 읽게 한다. 그리고 학생들이 대화문을 이해했는지 내용 확인 질문을 한다.
  🔲 "나나가 이미 다 읽은 책이 뭐예요?"
  🔲 "민우가 어디에 있는 책을 추천해 줬어요?"

2) 교사는 학생들에게 목표 문법의 의미를 추측할 수 있는 질문을 한다.
  🔲 "선생님이 '내일까지 오늘 배운 내용을 세 번 읽으세요.'라고 말했어요. 이 말을 다른 친구들에게 전달하고 싶어. 어떻게 말해요?"

전개 – 35분

다음의 절차에 따라 문법에 대해 설명한다. 그리고 새로 제시되는 어휘 및 표현이 있다면 그 의미를 함께 설명한다.

[설명]

🔲 "'-으라고'는 다른 사람에게 들은 명령이나 권유 등의 내용을 간접적으로 전할 때 사용해요."

[예시]

• 의사는 감기 예방을 위해 손을 자주 씻으라고 말했다.
• 선생님께서 교실을 청소하라고 말씀하셨어.
• 엄마가 오늘은 늦지 말고 집에 일찍 오라고 말씀하셨다.

[정보]

▶ 형태 정보:

	받침 O	받침 X, 'ㄹ' 받침
동사	-으라고	-라고

① 동사 어간 끝음절에 받침이 있으면 '-으라고', 동사 어간의 끝음절에 받침이 없거나 'ㄹ' 받침으로 끝나면 '-라고'를 쓴다.

▶ 제약 정보:

① 명령의 내용과 연결되므로 동사 뒤에만 쓰인다.
  • 사과를 더 사라고 하셨어. (O)
  • 사과가 더 많으라고 하셨어. (X)

[확인]

교사는 문법을 설명한 뒤에 '연습 문제'를 통해 학생들이 문법을 이해했는지 확인한다.

> 정답
> (1) 게시판을 꾸미라고
> (2) 책을 책장에 꽂아 놓으라고

어휘 및 표현

도서	◆ 정의 '책'과 비슷한 말. 예 공부에 필요한 각종 도서를 샀어요. ● 설명 "도서는 책하고 비슷한 말이에요. 여러 종류의 도서가 가장 많이 있는 곳은 도서관이에요."
목록	◆ 정의 어떤 것들의 이름이나 제목 등을 일정한 순서로 적은 것. 예 오늘 외울 영어 단어 목록을 공책에 적었어요. ● 설명 "(학생들의 이름이 적힌 명단을 보여 주며) 이름이나 제목을 순서대로 쓴 것이에요. 도서 목록, 영어 단어 목록 등이 있어요."
대형	◆ 정의 같은 종류의 사물 가운데 크기나 규모가 큰 것. 예 이 대형 서점에는 문구점이 같이 들어와 있어요. ● 설명 "대형은 크기가 큰 것을 말해요. 대형 버스, 대형 서점, 대형 쇼핑센터 등이 있어요."

<table>
<tr><td rowspan="1">놓다</td><td>◆ 정의 손으로 잡거나 누르고 있던 물건을 손을 펴거나 힘을 빼서 손에서 빠져나가게 하다.
예 식탁 위에 수저를 놓았어요.
● 설명 "손에 있는 책을 책상 위에 놓았어요. 들고 있는 가방을 책상 위에 놓았어요."</td></tr>
</table>

교수-학습 지침

※ 고등학생 대상 수업의 경우 필수적으로 5분간 다음 활동을 추가로 진행함.
→ 교사는 학생들에게 목표 문법을 활용할 수 있는 새로운 화제를 제시한다.
　📺 "선생님이 하는 이야기를 들으세요. 이 말을 옆 사람에게 '-으라고'를 사용하여 말해 보세요."

예시 답안

선생님께서 학교에 일찍 오라고 했어. 선생님께서 교실에서 조용히 하라고 했어.

정리 – 5분

1) 교사는 학생들에게 대화문을 다시 한번 읽게 한다.

2) 교사는 교재에 제시된 열린 질문을 통해 학생들에게 배운 문법을 활용하여 자유롭게 이야기를 나누게 한다.
　📺 "다른 사람이 한 명령을 친구에게 전해요. '-으라고'를 사용하여 말해 보세요."

예시 답안

선생님이 문을 닫으라고 했어. 반장이 교실 불을 끄라고 했어. 민우가 책상 정리를 하라고 했어.

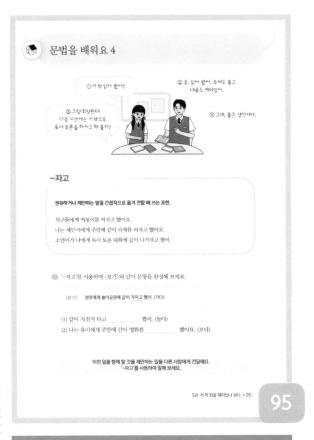

5과 저 책 정말 재미있나 보다 • 95

95

• 6차시 | 문법을 배워요 4

[학습 목표]

• 책에 대한 감상에 대해 묻고 답할 수 있다.
• '-자고'를 사용하여 권유하거나 제안하는 말을 간접적으로 옮겨 전할 때 쓰는 표현을 할 수 있다.

도입 – 5분

1) 교사는 학생들에게 대화문을 읽게 한다. 그리고 학생들이 대화문을 이해했는지 내용 확인 질문을 한다.
　📺 "책의 주제와 내용이 어때요?"
　📺 "다음 시간에 이 책으로 무엇을 할 거예요?"

2) 교사는 학생들에게 목표 문법의 의미를 추측할 수 있는 질문을 한다.
　📺 "친구가 여러분에게 '학교 끝나고 같이 서점에 가자.'라고 말했어요. 다른 친구들에게 이 말을 전달하고 싶어요. 어떻게 말해요?"

전개 – 35분

다음의 절차에 따라 문법에 대해 설명한다. 그리고 새로 제시되는 어휘 및 표현이 있다면 그 의미를 함께 설명한다.

[설명]

📖 "'-자고'는 권유하거나 제안하는 말을 간접적으로 옮겨 전할 때 사용해요."

[예시]

· 유미가 오늘은 집에 갈 때 같이 가자고 했어요.
· 동생이 빵을 같이 먹자고 해요.
· 친구가 생일 파티를 같이 준비하자고 했어요.

[정보]

▶ 형태 정보:

	받침 O	받침 X
동사	-자고	

① 동사 어간 끝음절의 받침 유무와 관계없이 '-자고'를 쓴다.

▶ 제약 정보:

① 형용사와 결합하지 않는다.

· 같이 예쁘자고 했어요. (X)

[확인]

교사는 문법을 설명한 뒤에 '연습 문제'를 통해 학생들이 문법을 이해했는지 확인한다.

> **정답**
> (1) 놀자고
> (2) 보자고

> **교수-학습 지침**
>
> ※ 고등학생 대상 수업의 경우 필수적으로 5분간 다음 활동을 추가로 진행함.
> ➔ 교사는 학생들에게 목표 문법을 활용할 수 있는 새로운 화제를 제시한다.
> 　📖 "옆 사람에게 무엇을 같이 하자고 제안해 보세요. 그 말을 들은 사람은 다시 옆의 사람에게 그 말을 전해 주세요. '-자고'를 사용하여 말해 보세요."
>
> > **예시 답안**
> > 안나가 오늘 학교 끝나고 영화 보러 가자고 했어요.
> > 정호가 주말에 축구하자고 했어요.

정리 – 5분

1) 교사는 학생들에게 대화문을 다시 한번 읽게 한다.

2) 교사는 교재에 제시된 열린 질문을 통해 학생들에게 배운 문법을 활용하여 자유롭게 이야기를 나누게 한다.

📖 "어떤 일을 함께 할 것을 제안하는 말을 다른 사람에게 전달해요. '-자고'를 사용하여 여러분이 받은 제안을 다른 친구들에게 말해 보세요."

> **예시 답안**
> 유미가 오늘은 날씨가 추우니까 따뜻한 음식을 먹자고 해요.

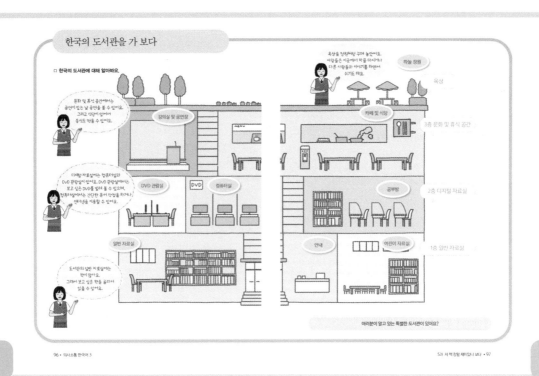

● 문화

[학습 목표]

- 한국의 도서관에 대해 알 수 있다.
- 한국의 도서관과 다른 나라의 도서관을 비교하여 이야기할 수 있다.

1) 질문을 통해 학생들에게 주제를 추측하게 한다.

　📖 "여기는 어디예요?"

　📖 "무엇을 하는 곳 같아요?"

　📖 "여러분은 도서관에 가 봤어요?"

　📖 "거기에서 무엇을 했어요?"

2) 교재 96~97쪽을 보며 한국의 도서관에 대해 설명한다.

교수-학습 지침

교사는 체험 활동으로 학생들에게 가상으로 도서관을 방문하는 문화 활동을 진행할 수 있다. 도서관에 가서 하는 일을 물어보기, 도서관 방문 경험 말하기, 특별한 도서관에 대해 아는 것을 발표하도록 지도한다.

더 알아보기

이동 도서관	이동 도서관은 자동차에 책을 싣고 정기적으로 지역을 돌아다니며 책을 빌려주는 임시 도서관을 말해요. 동네에 도서관이 없거나 멀리 있어서 도서관을 자주 이용하지 못하는 사람들을 위한 도서관이에요.
점자 도서관	점자 도서관은 눈이 안 보이는 사람을 위한 책이 있는 도서관이에요. 일반 책과 달리 손으로 책을 읽을 수 있도록 만든 점자책이 있어요. 그리고 책의 내용을 녹음하여 제공하는 녹음 도서도 있어서 CD나 MP3를 이용해 책을 들을 수도 있어요.

3) 본 문화와 관련하여 상호문화적 관점에서 이야기할 수 있도록 한다.

　📖 "여러분은 도서관에 가 본 적이 있어요?"

　📖 "어떤 도서관에 가 봤어요?"

　📖 "거기에서 무엇을 해 봤어요?"

　📖 "다른 나라 도서관 중에 독특하거나 아주 유명한 도서관이 있는 나라가 있어요? 소개해 주세요."

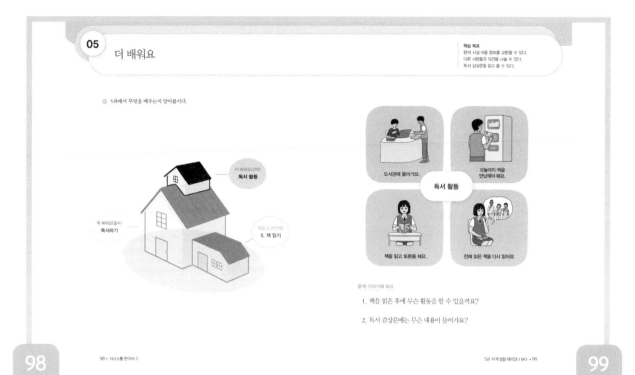

〈더 배워요〉 학습 목표

- 편의 시설 이용 정보를 교환할 수 있다.
- 다른 사람들과 의견을 나눌 수 있다.

7차시	• 도서관 출입증을 만들 때 필요한 정보를 교환할 수 있다.
8차시	• 독서 토론회를 위해 책을 읽고 감상을 표현할 수 있다.
9차시	• 독서 감상문을 읽고 이해할 수 있다.
10차시	• 독서 감상문을 쓸 수 있다.

〈학습 도구 한국어〉 학습 목표

7~8차시	• 책 읽기에서 주제 찾기에 대해 안다.
9~10차시	• 책 읽기에서 추론하기에 대해 안다.

• 7차시 | 〈더 배워요〉 도입 및 대화해 봐요 1

〈더 배워요〉 도입 – 5분

1) 〈꼭 배워요〉의 목표 어휘 및 문법 등을 확인할 수 있는 질문을 통해 학생들이 해당 표현을 사용하여 답할 수 있도록 유도한다.

- 🎓 "도서관에서 책을 빌리려면 무엇이 필요해요?"
- 🎓 "지금까지 읽은 책 중에 가장 기억에 남는 책이 뭐예요? 이유가 뭐예요?"

2) '대화해 봐요 1, 2'에서 학습할 내용을 대표하는 네 개의 그림들을 확인하며 학생들이 앞으로 배우게 될 주제 및 내용을 추측할 수 있도록 한다.

- 🎓 "도서관을 이용하려면 출입증이 있어야 해요. 출입증 발급 신청은 어디에서 해요?"
- 🎓 "신청서에 무슨 내용이 들어갈까요?"
- 🎓 "도서관에서 빌린 책이 있는데 도서관이 휴일이면 어떻게 반납해요?"
- 🎓 "책을 반납하는 기계의 이름이 뭐예요? 어디에 있어요?"
- 🎓 "최근에 무슨 책을 읽었어요? 제목이 뭐예요?"
- 🎓 "어떤 종류의 책으로 토론하는 것이 좋을까요?"
- 🎓 "어릴 때 읽은 책을 다시 읽어 봤어요?"
- 🎓 "책을 한 번 더 읽으면 어떤 느낌일까요?"

3) '함께 이야기해 봐요'에 제시된 질문을 통해 이야기를 나눔으로써 '읽고 써 봐요'에서 학습할 내용을 추측하게 한다.

- 🎓 "책을 읽은 후에 무슨 활동을 할 수 있을까요?"
- 🎓 "독서 감상문에는 무슨 내용이 들어가요?"

[학습 목표]

• 도서관에 가서 출입증을 만드는 것에 관한 정보를 교환할 수 있다.
• 부가 문법: 이라도
• 목표 표현: -으면 -을 수 있다고 해
　　　　　　-로도 -가 가능해

본 대화는 호민이와 선영이가 도서관 출입증을 발급하는 방법에 대해 말하고 있는 상황이다.

도입 – 5분

1) 교사는 학생들에게 '대화해 봐요 1'의 내용을 추측할 수 있는 질문을 한다.
　📖 "여러분, 도서관을 이용하려면 무엇이 필요해요?"
　📖 "도서 출입증을 만들려면 무엇을 해야 할까요?"
　📖 "출입증을 신청할 때 연락처를 써야 하지요?"

2) 교사는 학생들에게 100쪽의 첫 번째 QR 코드 속 영상을 보게 한다.
　📖 "도서관에서 책을 빌리려면 무엇이 필요할까요? 책을 빌리려면 무엇이 필요한지 확인해 봐요."

3) 교사는 학생들이 대화 내용을 잘 이해했는지 질문을 한다. 그리고 새 표현이 있다면 그 의미를 함께 설명한다.
　📖 "호민이와 선영이는 오늘 어디에 가기로 했어요?"
　📖 "도서관을 이용하려면 무엇이 필요해요?"

어휘 및 표현

출입증	◆ 정의 출입할 수 있도록 허락한 증표. 　예 도서관에 들어가기 위해 출입증이 필요해요. ● 설명 "(도서관 출입증/도서관 출입이 가능한 신분증을 보여 주며) 도서관에 들어갈 때 학생증이나 도서관 출입증이 있어야 들어갈 수 있어요. 이런 것을 '출입증'이라고 해요."

전개 – 20분

1) 교사는 학생들에게 본 대화 내용을 소개하며 100쪽의 두 번째 QR 코드 속 영상을 보게 한다.
　📖 "선영이와 호민이가 도서관에 있어요. 선영이와 호민이가 도서관에서 무엇을 하고 있는지 함께 확인해 봐요."

2) 교사는 학생들이 대화의 전체 내용을 이해했는지 확인하는 질문을 한다.
　📖 "누가 도서관 출입증을 만들어요?"
　📖 "출입증을 만들려면 어떻게 해야 돼요?"

3) 교사는 학생들에게 대화문을 읽게 한다. 그리고 세부 내용을 이해했는지 확인하는 질문을 한다.
　📖 "호민이는 도서관 출입증을 만들었어요? 어떻게 만들었어요?"
　📖 "출입증 신청을 사서 선생님에게 안 하고 왜 컴퓨터로 신청했어요?"
　📖 "컴퓨터로 출입증을 신청할 때 무엇을 적어야 돼요?"

4) 대화에 제시된 새 표현의 의미를 설명한다.

어휘 및 표현

한참	◆ 정의 시간이 꽤 지나는 동안. 　예 한참을 기다렸는데 사람이 줄지 않아요. ● 설명 "놀이공원에 가서 줄을 서 본 적이 있어요? 인기가 많은 놀이 기구 앞에는 사람이 많아서, 한참 기다려야 해요. 이렇게 '한참'은 시간이 꽤 지나는 동안을 말해요."
연락처	◆ 정의 연락을 주고받을 수 있는 전화번호나 장소. 　예 연락처를 알려 드릴 테니 필요하실 때 연락 주세요. ● 설명 "연락처는 그 사람과 연락을 할 수 있는 전화번호나 주소, 장소 등을 말해요."

5) 교사는 학생들에게 대화문을 다시 한번 읽게 한다. 이때 역할을 나누는 등 다양한 방식으로 읽게 할 수 있다.

6) 교사는 다음의 절차에 따라 부가 문법 '이라도'에 대해 설명한다. 그리고 새로 제시되는 어휘가 있다면 그 의미를 함께 설명한다.

[설명]

📖 "칼국수를 먹고 싶은데 밤이라서 식당에 갈 수 없어요. 그럼 어떻게 해요? 라면을 먹어요. 라면이라도 끓여 먹어요. 이렇게 '이라도'는 최선은 아니지만 여럿 중에서 괜찮다는 걸 표현할 때 사용해요."

[예시]

· 10분이라도 쉴 수 있어서 다행이야.
· 많이 배고프면 빵이라도 먹을래요?
· 심심한데 노래라도 들어요.
· 주스가 없으면 물이라도 주세요.

[정보]

▶ 형태 정보:

	받침 O	받침 X
명사	이라도	라도

① 명사의 끝음절에 받침이 있으면 '이라도'를, 받침이 없으면 '라도'를 쓴다.

▶ 주의 사항:

① 부사 뒤에도 붙여 사용할 수 있다.
· 저는 지금이라도 떠날 수 있어요.

7) 교사는 학생들에게 목표 표현에 대해 설명한다.

목표 표현 1   '-으면 -을 수 있다고 해'

[설명]

📖 "'-으면 -을 수 있다고 해'는 어떤 조건에서 할 수 있는 정보를 알려 줄 때 사용해요."

[예시]

· 학생증이 있으면 학교 도서관을 이용할 수 있다고 해.
· 두 개를 사면 할인을 받을 수 있다고 해.
· 컴퓨터와 연결하면 음악을 들을 수 있다고 해.
· 반장에게 말하면 신청서를 받을 수 있다고 해.

목표 표현 2   '-로도 -가 가능해'

[설명]

📖 "'-로도 -가 가능해'는 어떤 일을 할 때 한 가지 말고 그 외에 다른 것으로도 가능하다는 것을 표현할 때 사용해요."

[예시]

· 택시비는 교통 카드로도 결제가 가능해.
· 휴대 전화로도 물건을 사는 것이 가능해.
· 종이로도 가방을 만드는 것이 가능해.
· 학생증으로도 영화 할인이 가능해.

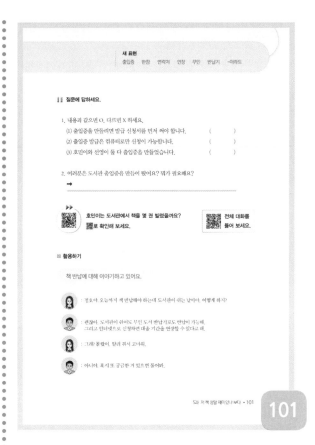

8) 교사는 학생들에게 교재의 1번과 2번 문제를 풀게 한다.

9) 교사는 학생들과 함께 문제의 답을 확인한다.

정답
1. (1) ○ (2) × (3) ×
2. 신청서가 필요합니다. 그리고 신청서 안에 이름, 주소, 연락처를 써야 합니다.

10) 교사는 학생들에게 101쪽 QR 코드 속 영상을 보게 한다.

📖 "이제 호민이는 도서관에서 책을 빌릴 수 있을까요? 몇 권을 빌렸는지 함께 확인해 봐요."

11) 교사는 학생들이 대화 내용을 잘 이해했는지 질문을 한다. 그리고 새 표현이 있다면 그 의미를 함께 설명한다.

📖 "호민이는 어떤 책을 빌렸어요? 왜 그것을 빌렸어요?"

📖 "호민이가 몇 권을 빌렸어요? 왜 세 권을 빌렸어요?"

활용 – 10분

1) 교사는 학생들이 목표 표현을 사용하여 대답할 수 있도록 질문을 한다.

📖 "무엇이 있으면 학교 도서관을 이용할 수 있다고 해요?"

2) 교사는 질문을 통해 학생들이 '활용하기'의 대화 상황을 추측할 수 있도록 한다.

🔲 "안나와 정호가 도서관에 책을 반납하는 방법을 이야기하고 있어요. 함께 읽어 봐요."

3) 교사는 학생들에게 대화문을 읽게 한 후 대화의 내용을 이해했는지 확인하는 질문을 한다. 그리고 새 표현이 있다면 그 의미를 함께 설명한다.

🔲 "도서관이 쉬는 날이면 책을 어떻게 반납할 수 있어요?"

🔲 "대출 기한을 늘리고 싶으면 어떻게 해야 돼요?"

어휘 및 표현

무인	◆ **정의** 사람이 없음. 例 요즘은 무인 보관소가 많이 생겼어요. ● **설명** "무인은 사람이 없다는 말이에요. 사람이 없이 물건을 보관하는 무인 보관소가 있어요."
반납기	◆ **정의** 수납하는 사람 없이도 빌린 책을 도로 돌려줄 수 있도록 설치한 기계. 例 우리 동네 도서관에 무인 도서 반납기가 있어요. ● **설명** "빌린 책을 돌려줄 수 있는 기계예요. 도서관에 도서 반납기가 있어요."
연장	◆ **정의** 길이나 시간, 거리 등을 본래보다 길게 늘림. 例 책을 빌렸는데 아직 다 못 읽어서 기간을 연장했어요. ● **설명** "여러분, 제가 오늘까지 제출해 달라고 한 숙제 다 했어요? 아직 못 했으면 날짜를 연장해 줄까요? '연장'은 이렇게 원래 날짜, 시간보다 더 늦게, 뒤로 늘리는 것을 말해요."

4) 교사는 학생들에게 대화문을 다시 한번 읽게 한다. 이때 역할을 나누는 등 다양한 방식으로 읽게 할 수 있다.

> **교수-학습 지침**
> ※ 고등학생 대상 수업의 경우 필수적으로 5분간 다음 활동을 추가로 진행함.
> ➜ 교사는 짝 활동, 그룹 활동을 통해 도서관 출입증을 만드는 상황에 대해 묻고 답하도록 지도한다.

정리 - 5분

교사는 학생들에게 101쪽의 '전체 대화를 들어 보세요' QR 코드 속 대화를 듣게 하고 수업을 마무리한다.

102 · 의사소통 한국어 3

102

● 8차시 | 대화해 봐요 2

[학습 목표]
• 독서 토론회를 위해 읽은 책에 대한 감상을 표현할 수 있다.
• 부가 문법: -는 바람에, -은 결과
• 목표 표현: -는데 -으니 -은 것 같다
　　　　　　~까지 생각하게 되니 ~은 느낌이다

본 대화는 소연이와 세인이가 읽은 책에 대한 감상을 말하고 있는 상황이다.

도입 - 7분

1) 교사는 학생들에게 '대화해 봐요 2'의 내용을 추측할 수 있는 질문을 한다.

🔲 "여러분은 최근에 무슨 책을 읽었어요?"

🔲 "그 책은 어떤 내용이에요?"

🔲 "어렸을 때 읽은 책을 다시 읽어 본 적이 있어요?"

2) 교사는 학생들에게 102쪽의 첫 번째 QR 코드 속 영상을 보게 한다.

🔲 "동아리 친구들이 독서 토론회 책으로 어떤 책을 정했을까요? 어떤 책으로 정해졌는지 함께 확인해 봐요."

3) 교사는 학생들이 대화 내용을 잘 이해했는지 질문을 한다. 그리고 새 표현이 있다면 그 의미를 함께 설명한다.

📖 "독서 토론회 때 어떤 책을 읽기로 했어요?"

📖 "이미 알고 있는 책으로 정한 이유가 뭐예요?"

전개 - 20분

1) 교사는 학생들에게 본 대화 내용을 소개하며 102쪽의 두 번째 QR 코드 속 영상을 보게 한다.

📖 "소연이는 책을 읽고 어떤 느낌을 받았어요? 어떤 느낌을 받았는지 함께 확인해 봐요."

2) 교사는 학생들이 대화의 전체 내용을 이해했는지 확인하는 질문을 한다.

📖 "소연이가 무슨 책을 읽고 있어요? 왜 그 책을 읽어요?"

3) 교사는 학생들에게 대화문을 읽게 한다. 그리고 세부 내용을 이해했는지 확인하는 질문을 한다.

📖 "소연이는 <어린 왕자>가 어떤 내용이라고 생각해요?"

📖 "소연이는 <어린 왕자>를 읽고 어떤 느낌이 들었어요?"

4) 대화에 제시된 새 표현의 의미를 설명한다.

어휘 및 표현

장미	◆ 정의 꽃 이름. 가시가 있고 오월에 피는 빨간색, 하얀색, 노란색 등의 색깔을 가진 꽃. 例 선물로 받은 빨간색 장미를 꽃병에 꽂아 놓았어요. ● 설명 "(장미 그림을 보여 주며) 이 꽃 이름이 뭐예요? '장미'예요."
여우	◆ 정의 개와 비슷하나 몸이 더 날씬하고 작으며, 길고 뾰족한 주둥이와 굵고 긴 꼬리를 지닌 동물. 例 동물원에서 여우를 본 적이 있어요. ● 설명 "(여우 그림을 보여 주며) 이 동물 이름이 뭐예요? '여우'예요."
별	◆ 정의 밤하늘에 반짝이는 달이 아닌 천체. 例 밤하늘의 별을 보기 위해서 망원경을 샀어요. ● 설명 "(별 그림을 보여 주며) 이게 뭐예요? 이것을 '별'이라고 해요."
소중하다	◆ 정의 매우 중요하다. 例 이번 대회의 우승은 소중한 경험이 될 것이라고 생각해요. ● 설명 "여러분이 제일 소중하게 생각하는 사람이 있어요? 누구예요? 부모님이에요? '소중하다'는 매우 중요하다는 의미예요."
깨닫다	◆ 정의 깊이 생각한 끝에 알게 되다. 例 가족과 따로 살면서 가족의 소중함을 처음으로 깨닫게 되었어요. ● 설명 "여러분이 모르고 있다가 나중에 어떤 경험으로 알게 되는 것을 '깨닫다'라고 해요. 지금은 모르지만 엄마, 아빠가 되고 나면 부모님의 사랑을 깨달을 수 있을 거예요."

주변	◆ 정의 어떤 대상의 가까운 범위 안. 例 학교 주변에 서점이 많아요. ● 설명 "우리 학교 주변에 무엇이 많아요? 학교 주변에는 문구점이 많아요. '주변'은 가까운 거리에 있는 것을 말해요."
중요성	◆ 정의 사물의 중요한 요소나 성질. 例 나라마다 교류가 활발해지면서 외국어 교육의 중요성이 강조되고 있습니다. ● 설명 "현재 여러분에게 중요한 것은 뭐예요? 학생 때 공부의 중요성은 무엇보다도 큽니다. '중요성'은 중요한 것을 말해요."

5) 교사는 학생들에게 대화문을 다시 한번 읽게 한다. 이때 역할을 나누는 등 다양한 방식으로 읽게 할 수 있다.

6) 교사는 다음의 절차에 따라 부가 문법 '-는 바람에', '-은 결과'에 대해 설명한다. 그리고 새로 제시되는 어휘가 있다면 그 의미를 함께 설명한다.

부가 문법 1   '-는 바람에'

[설명]

📖 "늦게 일어났어요. 그래서 지각을 했어요. 늦게 일어나는 바람에 지각을 했어요. 이렇게 '-는 바람에'는 부정적인 결과의 이유를 나타낼 때 사용해요."

[예시]

· 달리기 대회에서 넘어지는 바람에 1등을 못 했어요.

· 마트가 문을 닫는 바람에 우유를 못 샀어요.

· 길이 너무 막히는 바람에 늦었어요.

· 비가 오는 바람에 집에 다시 돌아왔다.

[정보]

▶ 형태 정보:

	받침 O	받침 X, 'ㄹ' 받침
동사	-는 바람에	

① 동사 어간의 끝음절의 받침 유무와 관계없이 '-는 바람에'를 쓴다. 단, 'ㄹ' 받침으로 끝날 때는 'ㄹ'이 탈락한다.

▶ 제약 정보:

① 형용사와 결합하지 않는다.

② 과거 '-었-'과 결합하지 않는다.

부가 문법 2   '-은 결과'

[설명]

📖 "최근에 열심히 운동을 했어요. 그 결과 몸이 좋아졌어요. 열심히 운동을 한 결과 몸이 좋아졌어요. 이렇게 '-은 결과'는 어떤 일을 한 후에 생긴 결말을 말할 때 사용해요."

[예시]

- 우리 팀이 모두 함께 연습한 결과 우승을 했어요.
- 책을 많이 읽은 결과 어휘력이 좋아졌어요.
- 열심히 공부한 결과 시험에 합격하였다.
- 꾸준히 운동한 결과 다시 건강해졌다.

[정보]

▶ 형태 정보:

	받침 O	받침 X, 'ㄹ' 받침
동사	-은 결과	-ㄴ 결과

① 동사 어간 끝음절에 받침이 있으면 '-은 결과'를 쓰고, 동사 어간 끝음절에 받침이 없거나 'ㄹ' 받침으로 끝나면 '-ㄴ 결과'를 쓴다.

▶ 제약 정보:

① 형용사와 결합하지 않는다.

② 과거 '-었-'과 결합하지 않는다.

7) 교사는 학생들에게 목표 표현에 대해 설명한다.

목표 표현 1　　　'-는데 -으니 -은 것 같다'

[설명]

🔲 "'-는데 -으니 -은 것 같다'는 어떤 이유 때문에 과거와 다르게 생각되는 것을 말할 때 사용해요."

[예시]

- 그동안 고향에 가고 싶었는데, 여기에 오니 고향에 온 것 같다.
- 성격이 나쁜 사람이라 생각했는데, 만나 보니 좋은 사람인 것 같아.
- 할 수 없다고 생각해서 포기했었는데, 해 보니 할 수 있는 일들이 많은 것 같아.
- 별로 비싸지 않아 많이 샀는데, 집에 와 보니 너무 많이 산 것 같다.

목표 표현 2　　　'~까지 생각하게 되니 -은 느낌이다'

[설명]

🔲 "'~까지 생각하게 되니 -은 느낌이다'는 어떤 행동을 할 때 뒤이어 자연스럽게 드는 생각과 느낌을 설명할 때 사용해요."

[예시]

- 여행 일정도 짧고 경비까지 생각하게 되니 조금 부담되는 느낌이야.
- 대회 참가도 처음이고 상까지 생각하게 되니 조금 부담되는 느낌이야.
- 음식을 만들면서 부모님의 마음까지 생각하게 되니 좋은 일을 한 느낌이야.
- 봉사 활동을 하면서 주변의 어려운 이웃까지 생각하게 되니 좋은 일을 한 느낌이야.

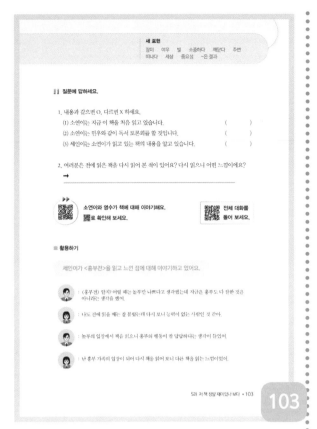

어휘 및 표현

떠나다	◆ **정의** 다른 곳으로 옮겨 가다. 　**예** 새로운 경험을 하고 싶으면 다른 곳으로 여행을 떠나면 돼요. ● **설명** "여러분은 언제 여행을 떠나고 싶어요? 사람들은 스트레스를 받거나 힘든 일이 있으면 현재 있는 장소를 떠나고 싶어 하는 사람도 있어요. 이렇게 '떠나다'는 다른 장소로 가는 것을 말해요."
세상	◆ **정의** 사람이 살고 있는 모든 사회. 　**예** 아이들이 살기 좋은 세상이 만들어지면 좋겠어요. ● **설명** "여러분은 어떤 세상에 살고 싶어요? 어떤 사람들이 모여 있는 곳에서 살고 싶어요? 현재 우리가 살고 있는 곳, 살고 있는 사회를 '세상'이라고 해요."

활용 - 10분

1) 교사는 학생들이 목표 표현을 사용하여 대답할 수 있도록 질문을 한다.

　🔲 "전에 읽은 책을 다시 읽었을 때 어떤 느낌이 들었어요?"

　🔲 "다른 내용처럼 느끼는 이유는 뭐예요?"

2) 교사는 질문을 통해 학생들이 '활용하기'의 대화 상황을 추측할 수 있도록 한다.

　🔲 "여러분, 반 친구들이 지난주에 무엇을 했어요?"

　🔲 "그때 무슨 일이 있었어요? 함께 읽어 봐요."

3) 교사는 학생들에게 대화문을 읽게 한 후 대화의 내용을 이해했는지 확인하는 질문을 한다. 그리고 새 표현이 있다면 그 의미를 함께 설명한다.

　🔲 "세인이는 흥부와 놀부에 대해 어떻게 생각해요?"

　🔲 "소연이가 <흥부전>이 다른 내용처럼 느끼는 이유는 뭐예요?"

4) 교사는 학생들에게 대화문을 다시 한번 읽게 한다. 이때 역할을 나누는 등 다양한 방식으로 읽게 할 수 있다.

> **교수-학습 지침**
>
> ※ 고등학생 대상 수업의 경우 필수적으로 5분간 다음 활동을 추가로 진행함.
>
> → 교사는 짝 활동, 그룹 활동을 통해 서로 책을 읽고 느낀 점에 대해 이야기하도록 지도한다.

정리 - 8분

교사는 학생들에게 103쪽의 '전체 대화를 들어 보세요' QR 코드 속 대화를 듣게 하고 수업을 마무리한다.

8) 교사는 학생들에게 교재의 1번과 2번 문제를 풀게 한다.

9) 교사는 학생들과 함께 문제의 답을 확인한다.

> **정답**
> 1. (1) × (2) ○ (3) ○
> 2. 전에 읽었을 때 알지 못한 의미를 알게 되었어요.

10) 교사는 학생들에게 103쪽 첫 번째 QR 코드 속 영상을 보게 한다.

　🔲 "소연이가 동생 영수에게 <어린 왕자>에 대해 물어요. 영수는 책의 내용을 알고 있을까요?"

11) 교사는 학생들이 대화 내용을 잘 이해했는지 질문을 한다. 그리고 새 표현이 있다면 그 의미를 함께 설명한다.

　🔲 "영수는 <어린 왕자>에 대해 어떻게 설명했어요?"

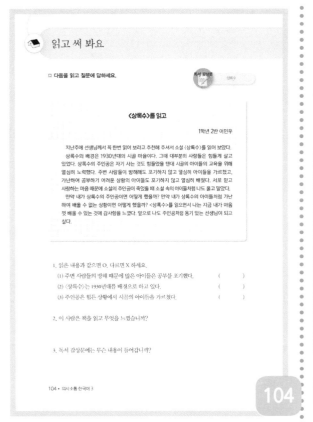

• 9차시 | 읽고 써 봐요 - 읽기

[학습 목표]
• 독서 감상문을 읽고 이해할 수 있다.

본 활동은 〈상록수〉를 읽고 쓴 독서 감상문을 읽고 이해하기 위한 활동이다.

읽기 전 - 5분

교사는 학생들에게 읽기 내용을 추측할 수 있는 질문을 한다.
- 교 "여러분, 책을 읽은 후에 느낀 점에 대해 쓰는 글을 독서 감상문이라고 해요. 이 글에는 어떤 내용이 들어갈까요?"
- 교 "민우는 〈상록수〉를 읽었어요. 〈상록수〉를 읽고 무엇을 썼어요?"
- 교 "여러분이라면 무슨 내용을 쓰고 싶어요?"

읽기 중 - 30분

1) 교사는 학생들에게 읽기 지문을 개별적으로 읽게 한다.

2) 교사는 학생들이 읽기 지문의 전체 내용을 이해했는지 확인하는 질문을 한다.
- 교 "누가 쓴 글이에요? 무엇에 대해 쓴 글이에요?"
- 교 "안나가 학교에 온 지 얼마나 되었어요?"
- 교 "안나가 6개월 동안 무슨 경험을 했어요?"

3) 교사는 학생들에게 읽기 지문을 읽게 한다. 그리고 세부 내용을 이해했는지 확인하는 질문을 한다.
- 교 "독서 감상문에 무슨 내용이 들어가 있어요?"
- 교 "민우가 무엇에 대해 잘 썼어요?"

4) 읽기 지문에 제시된 새 표현의 의미를 설명한다.

어휘 및 표현

용기	◆ 정의 겁이 없고 씩씩한 기운. 예 어머니께서는 내가 힘들 때마다 용기를 주신다. ● 설명 "어떤 일을 하거나 어떤 일에 대해서 말을 해야 하는데 용기가 안 나요. 무섭고 힘이 안 나요. 용기가 없어요. '용기'는 어떤 일을 할 때 무서워하지 않는 마음이에요."
포기하다	◆ 정의 하려던 일이나 생각을 중간에 그만두다. 예 중요한 시험 때문에 해외여행 계획을 포기했어요. ● 설명 "계획한 것을 중간에 그만두는 것을 말해요. 어제 축구하려고 했는데 엄마 집안일을 도와드리려고 포기했어요."

읽기 후 - 10분

1) 교사는 학생들에게 교재의 문제를 풀게 한다.

2) 교사는 학생들과 함께 문제의 답을 확인한다.

> **정답**
> 1. (1) × (2) × (3) ○
> 2. 지금 마음껏 배울 수 있는 것이 감사하게 생각되었다.
> 3. 책을 읽은 동기, 줄거리, 읽은 후의 감상

3) 교사는 질문을 통해 읽기 내용을 재확인하며 수업을 마무리한다.
- 교 "이 책을 읽어 보라고 추천한 사람이 누구예요?"

> **교수-학습 지침**
> ※ 고등학생 대상 수업의 경우 필수적으로 5분간 다음 활동을 추가로 진행함.
> → 교사는 실제 독서 감상문을 준비해 독서 감상문의 정보를 확인하는 활동을 하도록 지도한다.

5과 저 책 정말 재미있나 보다 • 105

● 10차시 | 읽고 써 봐요 - 쓰기

[학습 목표]
• 독서 감상문을 쓸 수 있다.

본 활동은 독서 감상문에 들어갈 내용을 미리 구상하고 직접 써 보는 활동이다.

쓰기 전 - 5분

1) 교사는 학생들에게 쓰기 내용을 추측할 수 있는 질문을 한다.
   🏫 "책을 읽고 느낀 점을 쓴 글을 뭐라고 해요?"
   🏫 "여러분이 최근에 읽은 책의 이름이 뭐예요?"

2) 교사는 학생들에게 어떤 쓰기 활동을 할 것인지 명시해 준다.
   🏫 "이번 시간에는 독서 감상문을 써 볼 거예요."

쓰기 중 - 30분

1. 독서 감상문을 쓰기 전에 지금까지 읽은 책 중 기억에 남는 책에 대해 쓰는 활동이다.

1) 교사는 학생들에게 무엇을 써야 하는지 알려 준다. 그리고 새 표현이 있다면 그 의미를 함께 설명한다.

🏫 "기억에 남는 책이 있어요? 누가 나왔어요? 무슨 내용이 인상에 남았어요? 간단히 써 보세요."

어휘 및 표현

등장인물	◆ 정의 소설, 연극, 영화 등에 나오는 인물. 예 등장인물을 소개해 주세요. ● 설명 "영화를 보고 기억에 남는 등장인물이 있어요? 소설이나 영화에 나오는 사람들을 '등장인물'이라고 해요."

2) 교사는 학생들에게 기억에 남는 책에 대해 쓰게 한다. 이때 교사는 학생들에게 개별적으로 쓰기 지도를 할 수 있다.

2. 책 한 권을 골라 의견을 나누고 독서 감상문을 쓰는 활동이다.

1) 교사는 학생들에게 무엇을 써야 하는지 알려 준다. 그리고 새 표현이 있다면 그 의미를 함께 설명한다.
   🏫 "책 제목이 뭐예요?"
   🏫 "줄거리가 어떻게 돼요?"
   🏫 "인상적인 부분이 뭐예요?"
   🏫 "여러분이 위에서 작성한 책의 정보를 활용해서 독서 감상문을 써 볼 거예요."
   🏫 "자신이 읽은 책 제목을 쓴 후 감상문을 써 보세요."

어휘 및 표현

감상문	◆ 정의 어떤 물건이나 현상을 보거나 듣고 나서 느낀 것을 쓴 글. 예 책을 읽은 후에는 독서 감상문을 써서 선생님께 제출해야 해요. ● 설명 "'감상문'은 책이나 영화를 보고 느낀 것을 쓴 글이에요. 독후 감상문, 영화 감상문 등이 있어요."

2) 교사는 학생들에게 독서 감상문을 쓰게 한다. 이때 교사는 학생들에게 개별적으로 쓰기 지도를 할 수 있다.

쓰기 후 - 10분

1) 쓰기 활동이 모두 마무리되면 교사는 학생들에게 각자 쓴 것을 발표하게 한다.

2) 교사는 독서 감상문에 대해 다시 한번 정리하며 수업을 마무리한다.

> **교수-학습 지침**
> ※ 고등학생 대상 수업의 경우 필수적으로 5분간 다음 활동을 추가로 진행함.
> → 교사는 학생들에게 수업 중에 지도받은 내용을 반영해 공책에 글을 다시 쓰게 할 수 있다. 이를 통해 학생들 스스로 자신의 글을 점검하도록 지도한다.

파일을 다운로드 하는 중이야

● 단원 목표

다른 사람에게 정중하게 부탁할 수 있으며 다른 사람에게 어떠한 일에 대해서 안내할 수 있다.

● 단원 내용

꼭 배워요 (필수)	• 주제: 소통
	• 기능: 정중하게 부탁하기, 안내하기
	• 어휘: 통신 관련 어휘
	• 문법: -고 나다, -는 중이다, -는다면, -(으)ㄹ 수밖에 없다
문화	• 문화: 한국의 통신 문화를 만나다
더 배워요 (선택)	• 대화 1: 컴퓨터 서비스 센터에 같이 가기를 부탁하기 • 대화 2: 문자 전송에 많이 쓰는 표현 알려 주기
	• 읽기: 학교 신문 기자단 모집 안내문
	• 쓰기: 인터넷 신문 기사 쓰기

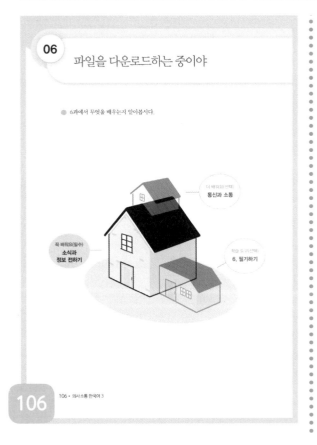

06

파일을 다운로드하는 중이야

● 6과에서 무엇을 배우는지 알아봅시다.

더 배워요(선택)
통신과 소통

꼭 배워요(필수)
소식과
정보 전하기

학습 도구(선택)
6. 필기하기

106 • 의사소통 한국어 3

106

● 수업 개요

〈꼭 배워요〉 학습 목표

• 상대방이 어떤 일에 참여할 것을 부탁할 수 있다.
• 어떤 일을 다른 사람에게 안내할 수 있다.

1차시	• 도입 대화를 통해 본 단원의 주제에 대해 이해하고 말할 수 있다.
2차시	• 통신 관련 어휘 및 표현을 알고 활용할 수 있다.
3차시	• 전자제품 사용법에 대한 안내 글을 온라인에서 찾아볼 수 있다. • '-고 나다'를 사용하여 전자 제품 사용 설명서를 이해하는 방법을 순서대로 표현할 수 있다.
4차시	• 파일을 다운로드하면서 어떤 일이 진행되고 있음을 표현할 수 있다. • '-는 중이다'를 사용하여 이떤 일이 진행되고 있음을 표현할 수 있다.

5차시	• 상황을 가정하는 표현을 써서 사진 게시에 대한 허락을 구할 수 있다. • '-는다면'을 사용하여, 어떠한 사실이나 상황을 가정하여 게시판에 사진 올리는 것을 요청할 수 있다.
6차시	• 다른 방법이나 가능성이 없다는 표현을 할 수 있다. • '-을 수밖에 없다'를 사용하여, 지금 상황에서 그것 말고는 다른 방법이나 가능성이 없음을 나타내는 표현을 할 수 있다.

• 1차시 | 복습 및 〈꼭 배워요〉 도입

[학습 목표]
• 도입 대화를 통해 본 단원의 주제에 대해 이해하고 말할 수 있다.

복습 – 20분

5단원에서 배운 주제 및 문법에 대해 복습한다.

1) 교사는 지난 단원의 주제와 관련된 질문을 하여 학생들에게 학습한 내용을 떠올리게 한다.
   📖 "도서관에서 책을 빌리려면 무엇이 필요해요?"
   📖 "도서관 출입증은 어떻게 만들어요?"

2) 교사는 '-나 보다'와 관련된 질문을 하여 학생들에게 학습한 내용을 떠올리게 한다.
   📖 "지금 짝꿍을 한번 보세요. 기분이 어떤 것 같아요? 무엇을 보고 그렇게 느꼈어요?"
   📖 "선생님의 기분은 어떤 것 같아요? 왜 그렇게 추측했어요?"

3) 교사는 '-을 텐데'와 관련된 질문을 하여 학생들에게 학습한 내용을 떠올리게 한다.
   📖 "날씨가 추운데 친구가 옷을 얇게 입었어요. 친구에게 두꺼운 옷을 주면서 어떻게 말해요?"
   📖 "오후 2시가 넘었는데 친구가 아직도 밥을 안 먹었어요. 배가 많이 고플 것 같아요. 친구에게 빵을 주면서 어떻게 말할 수 있을까요?"

3) 교사는 '-으라고'와 관련된 질문을 하여 학생들에게 학습한 내용을 떠올리게 한다.
   📖 "'선생님이 깨끗이 청소를 하세요.'라고 말했어요. 이것을 다른 사람에게 전달할 때 어떻게 말해요?"
   📖 "부모님께서 여러분에게 어떻게 하라고 말씀하세요?"

5) 교사는 '-자고'와 관련된 질문을 하여 학생들에게 학습한 내용을 떠올리게 한다.
   📖 "호민이는 도서관에 가고 싶은데 한 번도 안 가 봤어요. 그래서 선영이와 함께 가고 싶어요. 호민이는 선영이에게 어떻게 말했을까요?"
   📖 "선영이는 이번 주말에 호민이와 함께 영화를 보고 싶어요. 그래서 선영이는 호민이에게 어떻게 말했을까요?"

교수-학습 지침
※ 고등학생 대상 수업의 경우 필수적으로 5분간 다음 활동을 추가로 진행함.
➔ 교사는 학생들에게 정보를 교환하는 역할극을 하게 할 수 있다. 이때 교사는 지난 단원에서 배운 '-나 보다', '-을 텐데', '-으라고', '-자고' 중 세 가지 이상의 문법을 사용하여 대본을 만들 수 있도록 지도한다.

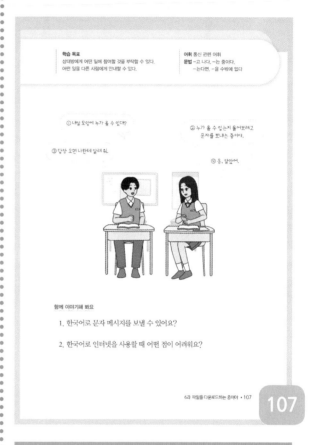

〈꼭 배워요〉 도입 – 25분

1) 교사는 학생들과 교재 107쪽의 그림을 보고 이야기하며 본 단원의 주제에 대해 흥미를 유발한다.
   📖 "여자 손에 무엇이 있어요?"
   📖 "무슨 내용을 보고 있을까요?"

2) 교사는 학생들에게 교재 107쪽의 대화를 읽게 한다. 그리고 세부 내용을 이해했는지 확인하는 질문을 한다.
   📖 "안나가 친구들에게 무엇으로 연락하고 있어요?"
   📖 "내일 무슨 일이 있어요?"
   📖 "모임에 누가 올 수 있대요?"

3) 교사는 학생들에게 '함께 이야기해 봐요'의 질문을 하면서 단원의 주제를 도입한다.
   📖 "한국어로 문자 메시지를 보낼 수 있어요?"
   📖 "한국어로 인터넷을 사용할 때 어떤 점이 어려워요?"

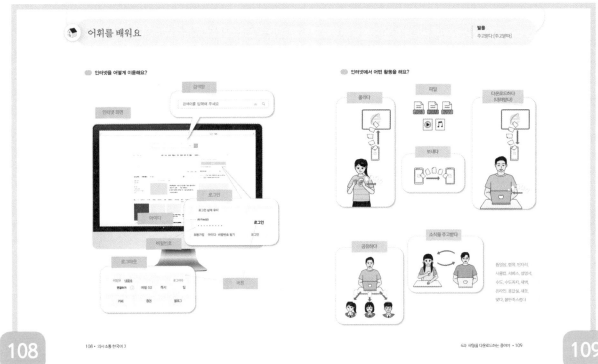

• 2차시 | 어휘를 배워요

[학습 목표]

• 통신 관련 어휘와 표현을 알고 활용할 수 있다.

본 단원에는 인터넷에서 이용과 인터넷에서 할 수 있는 활동에 관련된 어휘 및 표현이 제시되어 있다.

도입 – 5분

1) 교사는 질문을 통해 학습하게 될 어휘 및 표현을 자연스럽게 노출한다.

🔲 "여러분은 인터넷을 자주 해요?"

🔲 "인터넷에서 주로 무엇을 해요?"

2) 교사는 학생들과 제시된 그림을 보며 이야기를 나눈다.

🔲 "108쪽의 그림을 보세요. 지금 그림에 보이는 '화면'이 무슨 '화면'이에요?"

🔲 "109쪽의 그림을 보세요. 인터넷으로 무엇을 할 수 있어요?"

전개 – 35분

1. 인터넷을 이용하는 것과 관련된 어휘 및 표현이다.

1) 교사는 다음에 제시되는 내용을 참고하여 학생들에게 어휘 및 표현을 설명한다. 이때 새로 등장하는 발음 규칙이 있다면 함께 설명한다.

인터넷	◆ **정의** 전 세계의 컴퓨터가 서로 정보를 교환할 수 있도록 연결된 하나의 거대한 컴퓨터 통신망. **예** 인터넷으로 버스 노선과 시간표를 알아 볼 수 있어요. ● **설명** "컴퓨터가 하나로 연결되어 우리가 정보를 교환할 수 있어요. 그것을 인터넷이라고 해요. 여러분, 인터넷으로 무엇을 할 수 있어요? 신문 기사를 볼 수 있고, 기차표나 영화표를 예매할 수 있어요."
화면	◆ **정의** 영상이 나타나는 면. **예** 텔레비전 화면, 컴퓨터 화면, 영화관의 화면. ● **설명** "친구가 메시지를 보냈어요. 어디에서 그것을 봐요? 전화기 '화면'에서 봐요. '화면'은 텔레비전이나 컴퓨터에서 영상이 나타나 볼 수 있는 곳이에요."
검색창	◆ **정의** 책이나 컴퓨터에서 필요한 자료를 찾을 때 쓰는 곳. **예** 인터넷 검색창에 찾고 싶은 내용을 넣고 검색하면 돼요. ● **설명** "(인터넷 검색창을 직접 보여 주며) 필요한 자료를 찾고 싶을 때, 그 내용을 써 넣는 곳이에요. 인터넷에서 어떤 정보를 찾을 때, 찾고 싶은 말을 검색창에 쓰세요."
아이디	◆ **정의** 인터넷에서 이용자의 신분을 나타내는 문자나 숫자 등의 체계. **예** 인터넷 사이트에 아이디와 비밀번호를 입력하세요. ● **설명** "인터넷에서 이용자가 누구인지 알려 주는 거예요. 아이디는 인터넷에서 자기의 이름이에요."

비밀번호	◆ **정의** 은행 계좌나 컴퓨터 등에서 남이 알 수 없도록 만들어 쓰는 번호. 囫 나나는 휴대 전화에 비밀번호를 설정해 두었어요. ● **설명** "은행 계좌나 컴퓨터 아이디는 자기만 사용해요. 다른 사람이 쓰면 안 돼요. 그래서 남이 알 수 없는 번호를 만들어요. 그것이 비밀번호예요."
로그인	◆ **정의** 컴퓨터나 인터넷 사이트를 이용하기 위해 미리 등록된 사용자의 이름과 암호를 입력하는 일. 囫 먼저 사용자 아이디와 비밀번호를 입력해 로그인을 해야 해요. ◆ **정보** 반의어 '로그아웃' ● **설명** "인터넷을 이용하려면 사용자 아이디와 비밀번호를 넣어야 해요. 이것을 '로그인'이라고 해요. 로그인을 하기 위해 무엇이 필요해요? 네, 아이디와 비밀번호가 필요해요."
로그아웃	◆ **정의** 컴퓨터나 인터넷 사이트를 이용할 때, 하던 일을 마치고 연결을 끊는 일. 囫 인터넷을 다 쓰고 로그아웃을 하세요. ◆ **정보** 반의어 '로그인' ● **설명** "인터넷을 다 쓰고 자기 아이디를 그만 쓰려고 해요. 이것을 로그아웃이라고 해요. 로그인과 반대말이에요."
버튼	◆ **정의** 전기 장치에서 손가락으로 눌러 조작할 수 있게 만들어 놓은 장치. 囫 컴퓨터의 전원 버튼을 눌러야 켜져요. ● **설명** "컴퓨터, 전화를 쓸 때 어떻게 해요? '버튼'은 전기 제품을 켜거나 끄는 것처럼 움직이거나 멈추게 할 수 있는 거예요. 컴퓨터를 하고 싶으면 전원 '버튼'을 눌러요. 컴퓨터를 사용했으면 전원 '버튼'을 눌러서 꺼요."

2) 교사는 질문을 통해 학생들이 어휘 및 표현을 잘 이해했는지 확인한다.

　🏫 "인터넷에서 이름 대신 사용하는 것이 뭐예요?"

　🏫 "인터넷이나 컴퓨터 등에서 다른 사람이 알 수 없도록 만들어 쓰는 번호를 뭐라고 해요?"

---

2. 인터넷에서 하는 활동과 관련된 어휘 및 표현이다.

1) 교사는 다음에 제시되는 내용을 참고하여 학생들에게 어휘 및 표현을 설명한다. 이때 새로 등장하는 발음 규칙이 있다면 함께 설명한다.

다운로드 하다 (내려받다)	◆ **정의** 인터넷상에 있는 자료나 파일을 자신의 컴퓨터로 옮겨 받다. 囫 파일이 커서 다운로드하는 데 시간이 오래 걸려요. ◆ **정보** 반의어 '올리다' ● **설명** "'다운로드하다'는 인터넷에서 자료를 자기 컴퓨터에 받는 일을 말해요. '내려받다'로 쓰기도 해요."

보내다	◆ **정의** 내용이 전달되게 하다. 囫 친구에게 메일을 보냈어요. ◆ **정보** 반의어 '받다' ● **설명** "편지나 선물 등을 다른 곳에 전달되게 하는 거예요. 우체국에서 친구에게 선물을 보내요. 컴퓨터에서 친구에게 이메일을 보내요."
올리다	◆ **정의** 컴퓨터 통신망이나 인터넷 신문에 파일, 글, 기사 등을 게시하다. 囫 소풍 때 찍을 사진을 내 홈페이지에 올렸어요. ◆ **정보** 반의어 '다운로드하다' ● **설명** "글이나 사진을 인터넷에 게시하여, 사람들이 같이 볼 수 있게 하는 거예요. 글을 인터넷에 올려요. 사진을 인터넷에 올려요."
파일	◆ **정의** 컴퓨터의 기억 장치에 일정한 단위로 저장된 정보의 묶음. 囫 파일을 다운로드해서 저장하고 있어요. ● **설명** "(컴퓨터 바탕 화면에 있는 파일을 보여 주면서) 영수는 음악을 좋아해요. 그래서 음악 파일이 많아요."
공유하다	◆ **정의** 두 사람 이상이 어떤 것을 함께 가지고 있다. 囫 발표 준비를 위해 각자 가지고 있는 자료를 공유했어요. ● **설명** "여러분, 모둠 과제 자료를 친구들과 공유했어요? '공유하다'는 내가 가지고 있는 자료나 정보를 다른 사람에게 줘서 똑같이 정보를 볼 수 있게 하는 것을 말해요."
소식	◆ **정의** 멀리 떨어져 있거나 자주 만나지 않는 사람의 사정이나 상황을 알리는 말이나 글. 囫 지난달에 이사 간 친구가 소식이 없어서 궁금해요. ● **설명** "친구 소식이 궁금해요. '소식'은 멀리 있는 사람의 상황을 알려 주는 말이에요."
주고받다	◆ **정의** 서로 주기도 하고 받기도 하다. 囫 1월 1일에 사람들이 새해 인사를 주고받아요. ● **설명** "'주고받다'는 서로 주거나 받는 것을 같이 말해요. 사람들이 인사를 주고받아요. 사람들이 이메일로 소식을 주고받아요."

2) 교사는 질문을 통해 학생들이 어휘 및 표현을 잘 이해했는지 확인한다.

　🏫 "인터넷으로 무엇을 할 수 있어요?"

　🏫 "로그인을 할 때 아이디를 넣고 무엇을 넣어야 해요?"

> **교수-학습 지침**
>
> ※ 고등학생 대상 수업의 경우 필수적으로 5분간 다음 활동을 추가로 진행함.
> → 교사는 준비물로 목표 어휘에 대한 그림 카드를 준비한다. 학생들에게 그림 카드를 보여 주고 인터넷 이용 관련 어휘를 맞히는 활동을 하도록 지도한다.
> → 교사는 준비물로 목표 어휘에 대한 그림 카드를 준비한다. 학생들에게 그림 카드를 보여 주고 인터넷상에서의 활동 관련 어휘를 맞히는 활동을 하도록 지도한다.

정리 – 5분

교사는 질문을 통해 어휘 및 표현 학습을 마무리한다.

📵 "인터넷을 어떻게 이용해요?"

📵 "인터넷에서 어떤 활동을 해요? 무엇을 주고받을 수 있어요?"

교사 지식

→ '주고받다[주고받따]'에서 확인되는 발음 규칙:

· 경음화 ▶ 1과 28쪽 참고

• 3차시 | 문법을 배워요 1

[학습 목표]

• 전자제품 사용법에 대한 안내 글을 온라인에서 찾아 볼 수 있다.

• '-고 나다'를 사용하여, 전자제품 사용 설명서를 이해 하는 방법을 순서대로 표현할 수 있다.

도입 – 5분

1) 교사는 학생들에게 대화문을 읽게 한다. 그리고 학생 들이 대화문을 이해했는지 내용 확인 질문을 한다.

📵 "유미가 무엇을 새로 샀어요?"

📵 "스마트폰 사용법을 어디에서 찾아볼 수 있어요?"

2) 교사는 학생들에게 목표 문법의 의미를 추측할 수 있 는 질문을 한다.

📵 "유미는 스마트폰 설명서를 바로 볼 거예요?"

전개 – 35분

다음의 절차에 따라 문법에 대해 설명한다. 그리고 새로 제시되 는 어휘 및 표현이 있다면 그 의미를 함께 설명한다.

[설명]

📵 "'-고 나다'는 앞에 오는 말이 나타내는 행동이 끝났다는 것을 나타낼 때 사용해요."

[예시]

· 계획을 세우고 나서 공부를 해요.
· 비가 오고 나서 무지개가 떴어요.
· 이 음식을 다 먹고 나면 정말 배가 부를 거예요.

[정보]

▶ 형태 정보:

	받침 ○	받침 X
동사	-고 나다	

① 동사 어간 끝음절의 받침 유무와 관계없이 '-고 나다'를 쓴다.

▶ 제약 정보:

① 형용사와 결합하지 않는다.

· 날씨가 춥고 나니 겨울이 될 거예요. (X)

② 과거를 나타내는 '-었-'과 결합하지 않으며, 미래 · 추측을 나타내는 '-겠-'과도 결합하지 않는다.

· 드라마를 봤고 나서 식사를 했어요. (X)
· 드라마를 보고 나서 식사를 했어요. (O)
· 드라마를 보고 나겠어서 식사를 하겠어요. (X)
· 드라마를 보고 나서 식사를 하겠어요. (O)

▶ 주의 사항:

① 동사에 붙어 앞 절의 행위를 끝내고 뒤 절의 행위를 하거나 어떤 상황이 이루어짐을 나타낸다. 주로 '-고 나서, -고 나니, -고 나면' 등과 같은 형태로 문장에서 사용된다.

② '-고 나니'로 쓰이면 행위가 일어나기 전에는 몰랐는데 행위를 한 뒤에 몰랐던 것을 깨닫게 됨을 나타낸다.

· 일을 할 때는 힘이 들었는데 일을 마치고 나니 기분이 좋아졌다.
· 그 말을 들을 때는 몰랐는데 듣고 나니 기분 나쁘네.

[확인]

교사는 문법을 설명한 뒤에 '연습 문제'를 통해 학생들이 문법을 이해했는지 확인한다.

정답
(1) 끝내고 나서
(2) 봐 주고 나서

어휘 및 표현

사용법	◆ **정의** 쓰는 방법. 예 새로운 카메라 사용법을 몰라서 친구에게 물어보았어요. ● **설명** "'사용법'은 쓰는 방법이라는 뜻이에요. 휴대전화를 새로 샀는데 사용법을 몰라서 인터넷을 검색해 봤어요."
동영상	◆ **정의** 흔히 컴퓨터로 보는 움직이는 화면. 예 장기 자랑 동영상 자료를 학교 홈페이지에 올렸어요. ● **설명** "동영상은 움직이는 화면이에요. 컴퓨터나 스마트폰으로 동영상을 봐요."
설명서	◆ **정의** 일이나 사물의 내용, 이유, 사용법 등을 설명한 글. 예 컴퓨터를 사면 그 안에 제품 설명서가 들어 있습니다. ● **설명** "사용법을 설명한 글이에요. 보통 TV나 컴퓨터 등 전자제품을 사면 그 안에 들어 있어요. 사용법을 모르면 설명서대로 따라서 하면 돼요."
수도	◆ **정의** 마시거나 사용할 물을 관을 통해 보내 주는 시설. 예 수도에서 물이 새요. ● **설명** "물이 나오는 관이에요. 수도가 있어서 우리가 집에서 물을 받을 수 있어요."
수도꼭지	◆ **정의** 수돗물을 나오게 하거나 멈추게 하는 장치. 예 손을 씻고 난 후 수도꼭지를 꼭 잠가야 해요. ● **설명** "(수도꼭지 그림을 보여 주며) 수도에서 물이 나오거나 멈추게 하는 것이에요. 물을 쓸 때 수도꼭지를 열어요. 물을 다 쓰면 수도꼭지를 잠가요."
온라인	◆ **정의** 인터넷을 통해 다른 컴퓨터와 연결되거나 다른 컴퓨터에 접근이 가능한 상태. 예 학교 수업이 끝난 뒤에 집에서 온라인 강의를 들어요. ● **설명** "인터넷으로 컴퓨터와 컴퓨터가 연결되어 있는 상태를 말해요. 온라인으로 비행기표도 예약하고, 학교 홈페이지도 보고, 쇼핑도 해요."
새로	◆ **정의** 전에 없던 것이 처음으로. 예 운동화를 새로 샀어요. ● **설명** "'새로'는 '전에 없던 것이 처음으로'라는 의미예요. 지난주에 운동화를 새로 샀어요. 이 운동화가 전에는 없었어요."

교수-학습 지침

※ 고등학생 대상 수업의 경우 필수적으로 5분간 다음 활동을 추가로 진행함.
→ 교사는 학생들에게 목표 문법을 활용할 수 있는 새로운 화제를 제시한다.
교 "하루 생활 중에서 순서대로 하는 일이 있어요? '-고 나다'를 사용하여 말해 보세요."

예시 답안
저녁밥을 먹고 나서 가족들과 항상 따뜻한 차를 마시면서 이야기를 해요. 저녁밥을 먹고 나서 부모님과 함께 산책을 해요.

정리 – 5분

1) 교사는 학생들에게 대화문을 다시 한번 읽게 한다.

2) 교사는 교재에 제시된 열린 질문을 통해 학생들에게 배운 문법을 활용하여 자유롭게 이야기를 나누게 한다.

🔲 "어떤 일이 끝난 다음에 무엇을 해요? '-고 나다'를 사용하여 말해 보세요."

예시 답안
설거지를 하고 나서 주방 청소까지 했어요. 수학을 3시간 공부하고 나서 영어를 2시간 더 공부했어요.

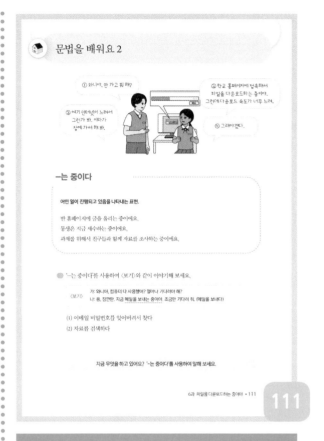

• 4차시 | 문법을 배워요 2

[학습 목표]

• 파일을 다운로드하면서 어떤 일이 진행되고 있다는 것을 표현할 수 있다.

• '-는 중이다'를 사용하여 어떤 일이 진행되고 있음을 표현할 수 있다.

도입 - 5분

1) 교사는 학생들에게 대화문을 읽게 한다. 그리고 학생들이 대화문을 이해했는지 내용 확인 질문을 한다.

🔲 "여기가 어디예요? 와니에게 지금 무슨 문제가 있어요?"

🔲 "파일 다운로드 속도가 느린 이유가 뭐예요?"

2) 교사는 학생들에게 목표 문법의 의미를 추측할 수 있는 질문을 한다.

🔲 "와니는 지금 뭐 하고 있어요?"

전개 - 35분

다음의 절차에 따라 문법에 대해 설명한다. 그리고 새로 제시되는 어휘 및 표현이 있다면 그 의미를 함께 설명한다.

[설명]

🔲 "'-는 중이다'는 어떤 일이 진행되고 있다는 것을 나타낼 때 사용해요."

[예시]

- 저 지금 시내에 가는 중이에요.
- 지금 라면을 끓이는 중이에요.
- 친구와 통화를 하는 중이에요.

[정보]

▶ 형태 정보:

	받침 O	받침 X
동사	-는 중이다	

① 동사 어간 끝음절의 받침 유무와 관계없이 '-는 중이다'를 쓴다. ~를 쓴다. 단, 'ㄹ' 받침으로 끝날 때는 'ㄹ'이 탈락한다.

▶ 제약 정보:

① 형용사와 결합하지 않는다.
- 지금 예쁜 중이다. (X)

[확인]

교사는 문법을 설명한 뒤에 '연습 문제'를 통해 학생들이 문법을 이해했는지 확인한다.

교수-학습 지침
※ 고등학생 대상 수업의 경우 필수적으로 5분간 다음 활동을 추가로 진행함.
→ 교사는 학생들에게 목표 문법을 활용할 수 있는 새로운 화제를 제시한다.
📖 "지금 옆에 있는 친구가 무엇을 하고 있어요? '-는 중이다'를 사용하여 말해 보세요."

예시 답안
공부를 하는 중이에요. 음악을 듣는 중이에요.

정리 – 5분

1) 교사는 학생들에게 대화문을 다시 한번 읽게 한다.

2) 교사는 교재에 제시된 열린 질문을 통해 학생들에게 배운 문법을 활용하여 자유롭게 이야기를 나누게 한다.
📖 "지금 무엇을 하고 있어요? '-는 중이다'를 사용하여 말해 보세요."

예시 답안
수학 문제를 풀고 있는 중이에요. 내일 학교에 가지고 갈 준비물을 챙기는 중이에요.

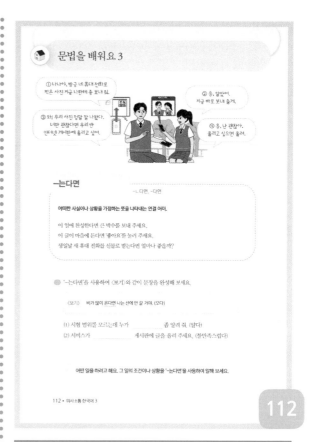

• 5차시 | 문법을 배워요 3

[학습 목표]

- 상황을 가정하는 표현을 써서 사진 게시에 대한 허락을 구할 수 있다.
- '-는다면'을 사용하여, 어떠한 사실이나 상황을 가정하여 게시판에 사진 올리는 것을 요청할 수 있다.

도입 – 5분

1) 교사는 학생들에게 대화문을 읽게 한다. 그리고 학생들이 대화문을 이해했는지 내용 확인 질문을 한다.
📖 "세인와 나나는 휴대 전화로 무엇을 했어요?"
📖 "나나는 방금 찍은 사진을 어떻게 했어요?"

2) 교사는 학생들에게 목표 문법의 의미를 추측할 수 있는 질문을 한다.
📖 "세인이가 나나가 찍은 사진을 학교 게시판에 올리고 싶어요. 나나에게 올려도 되는지 물어보고 싶어요."

전개 – 35분

다음의 절차에 따라 문법에 대해 설명한다. 그리고 새로 제시되는 어휘 및 표현이 있다면 그 의미를 함께 설명한다.

[설명]

📘 "'-는다면'은 어떠한 사실이나 상황을 가정하는 뜻을 나타낼 때 사용해요."

[예시]

· 좋아하는 사람에게서 편지를 받는다면 기분이 정말 좋을 것 같아요.
· 한국어와 영어를 잘한다면 통역사가 되고 싶어요.
· 길에서 유명한 가수를 만난다면 함께 사진을 찍고 할 거예요.

[정보]

▶ 형태 정보:

	받침 O	받침 X, 'ㄹ' 받침
동사	-는다면	-ㄴ다면
형용사	-다면	

① 동사 어간 끝음절에 받침이 있으면 '-는다면', 동사 어간 끝음절에 받침이 없거나 'ㄹ' 받침으로 끝나면 '-ㄴ다면'을 쓴다. 단, 'ㄹ' 받침으로 끝날 때는 'ㄹ'이 탈락한다.

② 형용사 어간 끝음절의 받침 유무와 관계없이 '-다면'을 쓴다.

③ '이다, 아니다' 뒤에는 '-라면'을 쓴다. 단, '이다' 앞의 명사에 받침이 없으면 주로 '명사+-라면'이라고 쓴다.

▶ 제약 정보:

① 앞 절과 뒤 절의 주어가 같아도 되고 달라도 된다.
· 내가 선생님이 된다면 (내가) 학생들에게 친절한 선생님이 될 거예요. (O)
· 세인이가 같이 영화를 보러 가자고 한다면 (나는) 같이 영화를 보러 갈 거예요. (O)

② 과거 '-었-', 미래·추측의 '-겠-'과 결합하지 않는다.
· 수지가 지난 주말에 생일 파티를 했다면 우리가 갔다. (X)
· 수지가 다음 주말에 생일 파티를 하겠다면 우리가 갈 것이다. (X)

③ '-는다면'은 '-는-'이 현재를 나타내므로 '-었-'이나 '-겠-'과 결합하지 못한다. 그러나 '-는-'이 없으면 '했다면, 하겠다면'과 같이 '-었-'과 '-겠-'이 결합할 수 있다.

▶ 주의 사항:

① '-는다면'과 '-으면'은 어떤 상황을 가정할 때 사용한다. 그런데 '-는다면'은 일어날 가능성이 희박하거나 사실이 아닌 것을 가상하여 제시하는 의미가 강하다. 이에 비해 '-으면'은 현실의 일이나 일어날 가능성이 있는 일을 조건으로 제시한다.
· 나는 아이스크림을 먹으면 배가 아프다.

[확인]

교사는 문법을 설명한 뒤에 '연습 문제'를 통해 학생들이 문법을 이해했는지 확인한다.

> **정답**
> (1) 안다면
> (2) 불만족스럽다면

어휘 및 표현

범위	◆ **정의** 일정한 구역. 📘 **예** 시험 범위가 너무 넓어서 공부하는 데 시간이 많이 걸려요. ● **설명** "'범위'는 어디에서 어디까지로 정해진 것을 말해요. 시험 범위가 넓으면 공부하기가 힘들어요."
서비스	◆ **정의** 다른 사람의 기분이 좋아지도록 친절하고 정성스럽게 대함. 📘 **예** 새로 생긴 옷가게는 서비스가 좋아요. ● **설명** "'서비스'는 식당이나 가게에 갔을 때 손님의 기분이 좋아지도록 친절하게 대하는 것을 말해요."
불만족스럽다	◆ **정의** 마음에 차지 않아 좋지 않은 느낌이 있다. 📘 **예** 음식은 맛있지만 서비스가 불만족스러운 식당이에요. ◆ **정보** 반의어 '만족스럽다' ● **설명** "'불만족스럽다'는 마음에 완전히 들지 않아서 좋지 않은 느낌이 있다는 뜻이에요. 식당에 가서 서비스가 안 좋으면 불만족스러워요."

> **교수-학습 지침**
>
> ※ 고등학생 대상 수업의 경우 필수적으로 5분간 다음 활동을 추가로 진행함.
> → 교사는 학생들에게 목표 문법을 활용할 수 있는 새로운 화제를 제시한다.
> 📘 "여행을 갈 거예요. 그 일의 조건이나 상황을 '-는다면'을 사용하여 말해 보세요."

> **예시 답안**
> 돈이 많다면 해외여행을 갈 거예요. 어른이 된다면 혼자 여행을 갈 거예요.

정리 - 5분

1) 교사는 학생들에게 대화문을 다시 한번 읽게 한다.

2) 교사는 교재에 제시된 열린 질문을 통해 학생들에게 배운 문법을 활용하여 자유롭게 이야기를 나누게 한다.
   📘 "어떤 일을 하려고 해요. 그 일의 조건이나 상황을 '-는다면'을 사용하여 말해 보세요."

> **예시 답안**
> 비가 온다면 체험 활동이 취소될 거예요. 이번 주에 시간이 없다면 다음 주까지 마무리해도 괜찮아요.

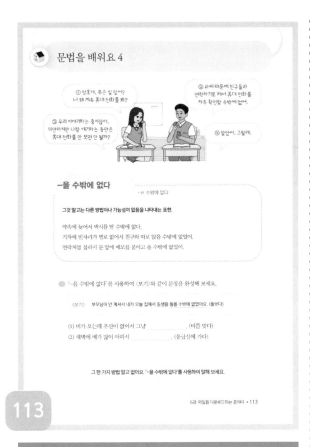

• 6차시 | 문법을 배워요 4

[학습 목표]

• 다른 방법이나 가능성이 없다는 표현을 할 수 있다.
• '-을 수밖에 없다'를 사용하여, 지금 상황에서 그것 말고는 다른 방법이나 가능성이 없다는 것을 나타내는 표현을 할 수 있다.

도입 – 5분

1) 교사는 학생들에게 대화문을 읽게 한다. 그리고 학생들이 대화문을 이해했는지 내용 확인 질문을 한다.
   📖 "정호는 친구들과 왜 연락하기로 했어요?"
   📖 "안나가 정호에게 왜 휴대 전화를 보지 말라고 했어요?"

2) 교사는 학생들에게 목표 문법의 의미를 추측할 수 있는 질문을 한다.
   📖 "정호가 왜 계속 휴대 전화만 봐요?"

전개 – 35분

다음의 절차에 따라 문법에 대해 설명한다. 그리고 새로 제시되는 어휘 및 표현이 있다면 그 의미를 함께 설명한다.

[설명]

📖 "'-을 수밖에 없다'는 어떤 상황에서 그것 말고는 다른 방법이나 가능성이 없다는 것을 나타낼 때 사용해요."

[예시]

· 비가 많이 오니까 집에 있을 수밖에 없었어.
· 어머니께서 편찮으셔서 제가 밥을 할 수밖에 없어요.
· 라면을 좋아하는 게 아니라 밥이 없으니 라면을 먹을 수밖에 없어.

[정보]

▶ 형태 정보:

	받침 O	받침 X, 'ㄹ' 받침
동사, 형용사	–을 수밖에 없다	–ㄹ 수밖에 없다

① 동사 및 형용사의 끝음절에 받침이 있으면 '–을 수밖에 없다', 동사, 형용사 어간의 끝음절에 받침이 없거나 'ㄹ' 받침으로 끝나면 '–ㄹ 수밖에 없다'를 쓴다.

② '이다, 아니다'는 '–ㄹ 수밖에 없다'를 쓴다.

[확인]

교사는 문법을 설명한 뒤에 '연습 문제'를 통해 학생들이 문법을 이해했는지 확인한다.

정답
(1) 비를 맞을 수밖에 없었어요.
(2) 응급실에 갈 수밖에 없었어요.

어휘 및 표현

빈자리	◆ 정의 사람이 앉지 않아 비어 있는 자리. 예 학원 교실에서는 정해진 자리가 없으니까 빈자리 아무데나 앉으면 돼요. ● 설명 "'빈자리'는 사람이 앉지 않아서 비어 있는 자리를 말해요. 버스에 빈자리가 있으면 앉을 수 있어요."
새벽	◆ 정의 아주 이른 오전 시간을 가리키는 말. 예 새벽 세 시까지 공부를 해서 오늘 수업 중에 졸았어요. ● 설명 "'새벽'은 아침보다 더 빠른 시간인 해가 뜨기 전의 시간을 말해요. 새벽에 일어나서 운동해요. 매일 새벽 우리 집에 우유가 배달돼요."
응급실	◆ 정의 병원 등에서 환자의 응급 처치를 할 수 있는 시설을 갖추어 놓은 방. 예 어젯밤에 아기가 갑자기 아파서 응급실에 갔어요. ● 설명 "병원에서 갑자기 아픈 사람을 받는 방이에요. 밤에 갑자기 열이 나면 응급실로 가요."
(비를) 맞다	◆ 정의 내리는 눈이나 비 등이 닿는 것을 그대로 받는다. 예 우산이 없어서 비를 맞으며 집에 왔어요. ● 설명 "비가 오는데 우산이 없으면 비를 맞아요. 이렇게 '맞다'는 눈이나 비가 그대로 닿는 것을 말해요. '우산이 없어서 집에 올 때 비를 맞았어요.' 이렇게 말해요."

교수-학습 지침

※ 고등학생 대상 수업의 경우 필수적으로 5분간 다음 활동을 추가로 진행함.

➡ 교사는 학생들에게 목표 문법을 활용할 수 있는 새로운 화제를 제시한다.

🎓 "여러분은 돈이 없을 때 다른 방법이 없어서 어쩔 수 없이 한 일이 있어요? '-을 수밖에 없다'를 사용하여 말해 보세요."

예시 답안

돈이 없어서 친구에게 빌릴 수밖에 없었어요. 차비가 없어서 학교까지 걸어갈 수밖에 없었어요.

정리 - 5분

1) 교사는 학생들에게 대화문을 다시 한번 읽게 한다.

2) 교사는 교재에 제시된 열린 질문을 통해 학생들에게 배운 문법을 활용하여 자유롭게 이야기를 나누게 한다.

🎓 "그 한 가지 방법 말고 없어요. '-을 수밖에 없다'를 사용하여 말해 보세요."

예시 답안

한국어 책을 읽을 때 모르는 단어가 많아서 사전을 찾을 수밖에 없어요. 항상 다니는 길이 있는데 공사를 해서 다른 길로 다닐 수밖에 없어요.

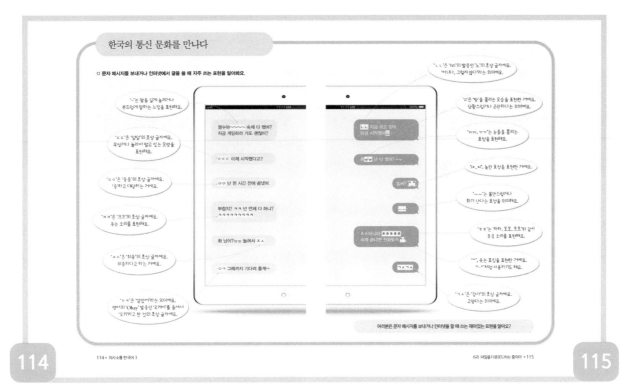

• 문화

[학습 목표]

- 한국의 통신 문화 중에서 문자 메시지 보낼 때 자주 사용하는 표현에 대해 알 수 있다.
- 문자 메시지를 보내거나 인터넷을 할 때 다른 나라를 비교하여 이야기할 수 있다.

1) 질문을 통해 학생들에게 주제를 추측하게 한다.

📖 "친구들이 보낸 문자 메시지 중에 재미있는 것이 있었어요?"

📖 "문자 메시지로 친구들과 자주 사용하는 표현이 뭐예요?"

📖 "'ㅋㅋ'는 무슨 뜻일까요?"

2) 교재 114~115쪽을 보며 '문자 메시지를 보내거나 인터넷에서 글을 쓸 때 자주 쓰는 표현'에 대해 설명한다.

교수-학습 지침

교사는 학생들에게 '문자 메시지나 인터넷을 사용하면서 경험한 특별한 표현'을 발표하도록 지도한다. 그리고 그때 어떻게 해석했는지 물어본다. 가능한 한 여러 사람의 이야기를 들을 수 있도록 지도한다.

더 알아보기

초성 줄임말	· 'ㅇㅈ': 인정 · 'ㅇ?': 왜? · 'ㅁㄹ': 몰라 · 'ㅅㄱ': 수고 · 'ㅇㄷ': 어디?
웃음소리	· 'ㅋㄷ': 키득 · 'ㅍㅎㅎ': 푸하하

3) 본 문화와 관련하여 상호문화적 관점에서 이야기할 수 있도록 한다.

📖 "여러분, 다른 나라에서는 문자 메시지를 보내거나 인터넷을 할 때 어떤 표현을 하는지 알아요?"

📖 "한국과는 어떻게 달라요?"

📖 "문자 메시지와 인터넷에서 사용하는 용어가 같아요? 달라요?"

더 알아보기

표현 줄임말	· '생선': '생일 선물'이라는 뜻의 줄임말이에요. · '맛점': '맛있는 점심'이라는 뜻의 줄임말이에요. · '버카충': '버스 카드 충전'이라는 뜻의 줄임말이에요. "버스 카드를 사용할 수 있게 돈을 채워 넣는 일을 말해요."

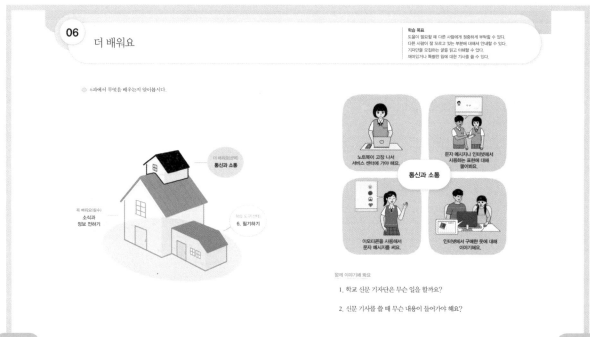

〈더 배워요〉 학습 목표

- 도움이 필요할 때 다른 사람에게 정중하게 부탁할 수 있다.
- 다른 사람이 잘 모르고 있는 부분에 대해서 안내할 수 있다.

7차시	• 컴퓨터 서비스 센터에 같이 가기를 정중하게 부탁할 수 있다.
8차시	• 문자를 전송할 때 자주 쓰는 표현을 친구에게 알려 줄 수 있다.
9차시	• 기자단을 모집하는 안내 글을 읽고 이해할 수 있다.
10차시	• 재미있거나 특별한 일에 대한 인터넷 기사문을 쓸 수 있다.

〈학습 도구 한국어〉 학습 목표

7~8차시	• 필기하기에서 메모하기에 대해 안다.
9~10차시	• 필기하기에서 분류하기에 대해 안다.

• 7차시 | 〈더 배워요〉 도입 및 대화해 봐요 1

〈더 배워요〉 도입 – 5분

1) 〈꼭 배워요〉의 목표 어휘 및 문법 등을 확인할 수 있는 질문을 통해 학생들이 해당 표현을 사용하여 답할 수 있도록 유도한다.
   - 교 "친구가 반 홈페이지에 올린 사진을 나도 갖고 싶으면 어떻게 하면 돼요?"
   - 교 "여러분이 식당에 갔는데 서비스가 마음에 안 들어요. 그러면 어떻게 할 거예요?"

2) '대화해 봐요 1, 2'에서 학습할 내용을 대표하는 네 개의 그림들을 확인하며 학생들이 앞으로 배우게 될 주제 및 내용을 추측할 수 있도록 한다.
   - 교 "노트북이 고장 나면 어디에 가서 고쳐야 할까요?"
   - 교 "여러분 혼자 서비스 센터 가서 고칠 수 있어요?"
   - 교 "문자 메시지에 'OO'이라고 왔어요. 이게 무슨 의미예요?"
   - 교 "내가 잘 모르는 것을 친구가 같이 해 줄 때 여러분 마음이 어때요?"
   - 교 "여러분은 메시지를 쓸 때 무엇을 자주 사용해요?"
   - 교 "이모티콘을 사용하면 좋은 점이 뭐예요?"
   - 교 "여러분은 인터넷에서 물건을 사 봤어요? 그 물건이 어땠어요?"
   - 교 "인터넷에서 옷을 산 후 쓰는 글을 뭐라고 해요?"

3) '함께 이야기해 봐요'에 제시된 질문을 통해 이야기를 나눔으로써 '읽고 써 봐요'에서 학습할 내용을 추측하게 한다.
   - 교 "학교 신문 기자단은 무슨 일을 할까요?"
   - 교 "신문 기사를 쓸 때 무슨 내용이 들어가야 해요?"

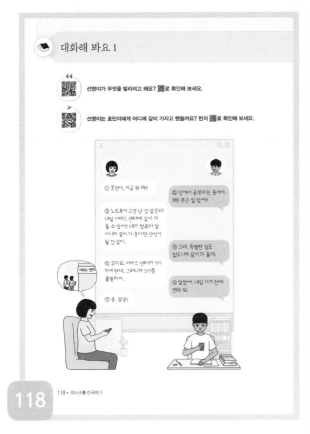

[학습 목표]
- 컴퓨터 서비스 센터에 같이 가기를 정중하게 부탁할 수 있다.
- 부가 문법: -대
- 목표 표현: -아/어 줄 수 있어?
　　　　　　-는다면 - 을 것 같아

본 대화는 선영이와 호민이가 휴대 전화에서 문자 메시지로 이야기를 나누고 있는 상황이다.

도입 - 5분

1) 교사는 학생들에게 '대화해 봐요 1'의 내용을 추측할 수 있는 질문을 한다.
- 📖 "서비스 센터가 뭐예요? 무엇을 하는 곳이에요?"
- 📖 "여러분은 서비스 센터에 가 본 적이 있어요?"

2) 교사는 학생들에게 118쪽의 첫 번째 QR 코드 속 영상을 보게 한다.
- 📖 "선영이가 호민이에게 무엇을 빌리려고 할까요? 선영이가 호민이에게 무엇을 왜 빌리려고 하는지 함께 확인해 봐요."

3) 교사는 학생들이 대화 내용을 잘 이해했는지 질문을 한다. 그리고 새 표현이 있다면 그 의미를 함께 설명한다.
- 📖 "선영이 노트북이 어떻게 되었어요?"
- 📖 "노트북이 안 켜지면 어디에 가 볼 거예요?"

어휘 및 표현

노트북	◆ 정의 가지고 다니면서 사용할 수 있도록 작고 가볍게 만든 개인용 컴퓨터. 例 발표 과제 준비할 때 노트북이 있으면 편할 것 같아요. ● 설명 "(실제 노트북이나 노트북 그림을 보여 주며) 이렇게 가지고 다닐 수 있는 컴퓨터를 '노트북'이라고 해요."

전개 - 20분

1) 교사는 학생들에게 본 대화 내용을 소개하며 118쪽의 두 번째 QR 코드 속 영상을 보게 한다.
- 📖 "선영이가 호민이에게 왜 연락을 했는지 함께 확인해 봐요."

2) 교사는 학생들이 대화의 전체 내용을 이해했는지 확인하는 질문을 한다.
- 📖 "선영이에게 무슨 일이 있어요?"
- 📖 "선영이는 호민이에게 어디에 같이 가자고 했어요?"

3) 교사는 학생들에게 대화문을 읽게 한다. 그리고 세부 내용을 이해했는지 확인하는 질문을 한다.
- 📖 "호민이는 지금 어디에서 무엇을 하고 있어요?"
- 📖 "서비스 센터가 몇 시까지 해요?"

4) 대화에 제시된 새 표현의 의미를 설명한다.

어휘 및 표현

안심	◆ 정의 걱정 없이 마음을 편히 가짐. 例 연락이 잘 안 되는 친구가 이제야 연락이 되어서 안심이 돼요. ● 설명 "'안심'은 마음이 편한 상태예요. 호민이가 어디에 가면 엄마가 호민이를 걱정해요. 하지만, 호민이가 연락을 잘하면 엄마가 불안해 하지 않고 '안심해요.'라고 말해요."

5) 교사는 학생들에게 대화문을 다시 한번 읽게 한다. 이때 역할을 나누는 등 다양한 방식으로 읽게 할 수 있다.

6) 교사는 다음의 절차에 따라 부가 문법 '-대'에 대해 설명한다. 그리고 새로 제시되는 어휘가 있다면 그 의미를 함께 설명한다.

부가 문법　　　'-대'

[설명]
- 📖 "'민우는 매일 아침 신문을 읽는다고 해. 읽는대. 정호는 매일 아침 줄넘기를 한다고 해. 줄넘기를 한대.' 이렇게 '-대'는 '다른 사람에게서 들은 이야기를 간접적으로 전달할 때 '-다고 해'를 줄인 표현이에요."

[예시]

- 선영이는 시내에서 친구를 만난대요.
- 오늘 오후부터 비가 온대요.
- 호민이가 오늘 학교에 늦었대.
- 친구들이 그러는데 여기 아이스크림이 정말 맛있대.

[정보]

▶ 형태 정보:

	받침 O	받침 X, 'ㄹ' 받침
동사	-는대	-ㄴ대
형용사	-대	

① 동사의 어간 끝음절에 받침이 있으면 '-는대', 동사의 어간 끝음절에 받침이 없거나 'ㄹ' 받침이 있으면 '-ㄴ대'를 쓴다.

② 형용사의 어간 끝음절의 받침 유무와 관계없이 '-대'를 쓴다.

7) 교사는 학생들에게 목표 표현에 대해 설명한다.

| 목표 표현 1 | '-아/어 줄 수 있어?' |

[설명]

📖 "'-아/어 줄 수 있어?'는 상대에게 부탁을 하면서 도움을 주는 행동을 제안하거나 약속할 때, 다른 사람에게 도움을 요청할 때 사용해요."

[예시]

- 그 책 좀 빌려줄 수 있어?
- 한국어 공부를 도와줄 수 있어?
- 이것 좀 같이 들어 줄 수 있어?
- 우유 좀 사다 줄 수 있어?

| 목표 표현 2 | '-는다면 -을 것 같아' |

[설명]

📖 "'-는다면 -을 것 같아'는 어떤 상황을 가정하여 뒤에 오는 내용을 추측할 때 사용해요."

[예시]

- 네가 내 생일 파티에 온다면 정말 기쁠 것 같아.
- 네가 우리 조원이 된다면 정말 좋을 것 같아.
- 네가 우리 팀과 함께 농구를 한다면 재미있을 것 같아.
- 네가 도와준다면 정말 고마울 것 같아.

8) 교사는 학생들에게 교재의 1번과 2번 문제를 풀게 한다.

9) 교사는 학생들과 함께 문제의 답을 확인한다.

정답
1. (1) ○ (2) ○ (3) ×
2. 친구들과 함께 놀이공원에 가 보고 싶어요.

10) 교사는 학생들에게 119쪽 첫 번째 QR 코드 속 영상을 보게 한다.

📖 "두 사람은 왜 서비스 센터에 가지 않았을까요? 서비스 센터에 왜 안 가도 되는지 함께 확인해 봐요."

11) 교사는 학생들이 대화 내용을 잘 이해했는지 질문을 한다. 그리고 새 표현이 있다면 그 의미를 함께 설명한다.

📖 "노트북이 안 켜지면 무엇을 먼저 확인해야 돼요?"

📖 "선영이가 왜 떡볶이를 사요?"

어휘 및 표현

배터리	◆ 정의 자동차, 휴대 전화, 시계 등에 필요한 전기를 공급하는 장치. 예 배터리가 오래되어서 새로 바꿔야 해요. ● 설명 "우리는 밥을 먹고 힘을 내요. 그래야 움직이거나 일을 할 수 있어요. 휴대 전화나 노트북처럼 들고 다닐 수 있는 기계는 배터리가 있어야 해요. 배터리가 없으면 전원이 켜지지 않아요."

활용 - 10분

1) 교사는 학생들이 목표 표현을 사용하여 대답할 수 있도록 질문을 한다.

📖 "내가 무거운 짐을 들고 있어요. 친구에게 어떻게 말하면서 도움을 요청할 수 있을까요?"

📖 "도서관에 가서 책을 빌려야 하는데 도서관에 한 번도 안 가 봤어요. 친구가 함께 가 주면 좋을 것 같아요. 친구에게 어떻게 말할까요?"

2) 교사는 질문을 통해 학생들이 '활용하기'의 대화 상황을 추측할 수 있도록 한다.

📖 "호민이에게 온 문자 내용이 무엇일까요? 함께 읽어 봐요."

3) 교사는 학생들에게 대화문을 읽게 한 후 대화의 내용을 이해했는지 확인하는 질문을 한다. 그리고 새 표현이 있다면 그 의미를 함께 설명한다.

📖 "호민이에게 무슨 문자가 왔어요? 그게 무슨 뜻이에요?"

📖 "사람들은 '응응'을 왜 '○○'으로 표현해요?"

어휘 및 표현

줄이다	◆ 정의 어떤 물체의 길이, 넓이, 부피 등을 원래보다 작게 하다. 예 내용이 너무 긴 것 같으니 좀 줄여서 써 보세요. ◆ 확인 "원래 있는 것보다 작게 또는 적게 하는 것을 '줄이다'라고 해요."

4) 교사는 학생들에게 대화문을 다시 한번 읽게 한다. 이때 역할을 나누는 등 다양한 방식으로 읽게 할 수 있다.

교수-학습 지침

※ 고등학생 대상 수업의 경우 필수적으로 5분간 다음 활동을 추가로 진행함.
➡ 교사는 짝 활동, 그룹 활동을 통해 서로 모르는 것을 물어보고 안내해 주는 상황에 대하여 이야기하도록 지도한다.

정리 - 5분

교사는 학생들에게 119쪽의 '전체 대화를 들어 보세요.' QR 코드 속 대화를 듣게 하고 수업을 마무리한다.

120 · 의사소통 한국어 3

120

● 8차시 | 대화해 봐요 2

[학습 목표]

- 문자를 전송할 때 자주 쓰는 표현을 친구에게 알려 줄 수 있다.
- 부가 문법: -내
- 목표 표현: -을 때는 -어 봐
  -으니까 -을 수밖에 없는 것 같다

본 대화는 수호의 기분이 안 좋다고 생각하는 나나와 수호가 대화하는 상황이다.

도입 - 7분

1) 교사는 학생들에게 '대화해 봐요 2'의 내용을 추측할 수 있는 질문을 한다.

📖 "나나가 수호의 기분이 왜 안 좋다고 생각했을까요?"

📖 "친구들이 수호를 왜 오해했어요?"

2) 교사는 학생들에게 120쪽의 첫 번째 QR 코드 속 영상을 보게 한다.

📖 "친구들이 지금 직접 만나서 이야기하고 있어요? 어디에서 무슨 이야기를 하고 있는지 함께 확인해 봐요."

3) 교사는 학생들이 대화 내용을 잘 이해했는지 질문을 한다. 그리고 새 표현이 있다면 그 의미를 함께 설명한다.

📖 "친구들이 지금 어디에서 대화를 하고 있어요?"

🔲 "오늘 떡볶이 먹으러 갈 수 있는 사람이 누구예요?"

전개 - 20분

1) 교사는 학생들에게 본 대화 내용을 소개하며 120쪽의 두 번째 QR 코드 속 영상을 보게 한다.

🔲 "친구들이 수호의 기분이 왜 안 좋다고 생각했을까요? 확인해 봐요."

2) 교사는 학생들이 대화의 전체 내용을 이해했는지 확인하는 질문을 한다.

🔲 "친구들이 왜 수호를 오해했어요?"

3) 교사는 학생들에게 대화문을 읽게 한다. 그리고 세부 내용을 이해했는지 확인하는 질문을 한다.

🔲 "수호가 보낸 문자를 보고 친구들이 수호의 기분이 어떨 거라고 생각했어요?"

🔲 "나나가 수호에게 문자 메시지로 이야기할 때 무엇을 같이 써 보라고 했어요?"

4) 대화에 제시된 새 표현의 의미를 설명한다.

어휘 및 표현

목소리	◆ 정의 사람의 목구멍에서 나는 소리. 예 수호의 목소리가 정말 좋아요. ● 설명 "우리 반에서 누구 목소리가 멋있어요? '목소리'는 사람의 목에서 나는 소리를 말해요."
이모티콘	◆ 정의 컴퓨터나 휴대 전화의 문자와 기호, 숫자 등을 조합하여 만든 그림 문자. 감정이나 느낌을 전달할 때 사용한다. 예 문자 메시지를 보낼 때 이모티콘을 자주 사용해요. ● 설명 "컴퓨터나 휴대 전화에서 감정을 전달하는 방법이에요. 여러분은 웃는 이모티콘을 많이 써요. 여러분은 무엇을 많이 써요?"

5) 교사는 학생들에게 대화문을 다시 한번 읽게 한다. 이때 역할을 나누는 등 다양한 방식으로 읽게 할 수 있다.

6) 교사는 다음의 절차에 따라 부가 문법 '-내'에 대해 설명한다. 그리고 새로 제시되는 어휘가 있다면 그 의미를 함께 설명한다.

부가 문법   '-내'

[설명]

🔲 "말하는 사람이 다른 사람에게 한 질문을 전달할 때 어떻게 말해요? '-으냐고'를 사용했어요. 이것을 줄여서 '-내'로 사용할 수 있어요. '수호야 선영이가 너 언제 오내.'라고 하면 돼요." 이렇게 '-내'는 다른 사람이 한 질문을 전달할 때 줄여서 사용해요."

[예시]

· 너 언제 여행 가내.
· 수호가 잘 지내내.
· 학교 앞 분식집 맛이 괜찮내.
· 유미가 내일 시간 있내.

[정보]

▶ 형태 정보:

	받침 O	받침 X, 'ㄹ' 받침
동사, 형용사		-내

① 동사 및 형용사 어간 끝음절의 받침 유무와 관계없이 '-내'를 쓴다. 단, 'ㄹ' 받침으로 끝날 때는 'ㄹ'이 탈락한다.

7) 교사는 학생들에게 목표 표현에 대해 설명한다.

목표 표현 1   '-을 때는 -어 봐'

[설명]

🔲 "'-을 때는 -어 봐'는 말이나 행동을 시도하려는 표현을 하고자 할 때 사용해요."

[예시]

· 걱정이 있을 때 선생님을 찾아가 봐.
· 잠이 안 올 때는 따뜻한 우유를 마셔 봐.
· 심심할 때는 전통 시장에 가 봐. 볼거리가 많아.
· 우울할 때는 음악을 들어 봐. 기분이 좋아질 거야.

목표 표현 2   '-으니까 -을 수밖에 없는 것 같다'

[설명]

🔲 "'-으니까 -을 수밖에 없는 것 같다'는 앞에 오는 이유 때문에 뒤의 일이 다른 방법이나 가능성이 없음을 나타내는 표현을 할 때 사용해요."

[예시]

· 우산이 없으니까 비를 맞으며 집에 갈 수밖에 없는 것 같아요.
· 모르는 영어 단어가 많으니까 사전을 찾을 수밖에 없는 것 같아.
· 나나가 달리기를 잘 하니까 매년 반대표로 나갈 수밖에 없는 것 같아.
· 이번 주가 시험이니까 늦게까지 공부를 할 수밖에 없는 것 같아.

121

8) 교사는 학생들에게 교재의 1번과 2번 문제를 풀게 한다.

9) 교사는 학생들과 함께 문제의 답을 확인한다.

> **정답**
> 1. (1) × (2) × (3) ○
> 2. 웃는 모양의 이모티콘을 자주 사용해요.

10) 교사는 학생들에게 121쪽 첫 번째 QR 코드 속 영상을 보여 준다.
   - 🖥 "수호는 나나에게 어떤 문자를 보냈을까요? 무슨 문자를 보냈는지 확인해 봐요."

11) 교사는 학생들이 대화 내용을 잘 이해했는지 질문을 한다. 그리고 새 표현이 있다면 그 의미를 함께 설명한다.
   - 🖥 "수호가 나나가 어떻게 대화하고 있어요?"
   - 🖥 "수호와 나나가 어디에 가기로 했어요?"

어휘 및 표현

구매	◆ 정의 물건을 삼. 📕 인터넷에서 구매한 상품이 좋아서 친구에게도 추천을 했어요. ● 설명 "'구매'는 물건을 사는 것을 말해요. 백화점에서 삼십만 원 이상 구매 고객에게 상품권을 줘요."

정확하다	◆ 정의 바르고 확실하다. 📕 소연이의 영어 발음은 아주 정확해요. ● 설명 "내 시계는 시간이 잘 맞아요. 내 시계는 틀리지 않고 정확해요. 이처럼 틀림이 없다는 것을 '정확하다'라고 말해요."
후기	◆ 정의 본문 끝에 덧붙여 기록한 글. 📕 후기를 읽고 나서 책의 내용을 이해할 수 있었다. ● 설명 "무엇을 경험하고 그 뒤에 자기 생각을 쓴 글이에요. 인터넷에서 물건을 살 때, 여러 사람들의 후기를 잘 보고 사세요."

활용 – 10분

1) 교사는 학생들이 목표 표현을 사용하여 대답할 수 있도록 질문을 한다.
   - 🖥 "수호가 친구들과 문자 메시지로 대화를 할 때 이모티콘을 자주 사용하지 않아서 무슨 일이 생겼어요?"
   - 🖥 "문자 메시지를 보낼 때 이모티콘을 잘 사용하지 못해서 친구들과 오해가 생겼을 때 오해를 받은 친구에게 어떻게 안내해 주면서 말할 거예요?"

2) 교사는 질문을 통해 학생들이 '활용하기'의 대화 상황을 추측할 수 있도록 한다.
   - 🖥 "여러분은 인터넷에서 옷을 구매해 봤어요? 인터넷으로 구매한 옷이 마음에 들었어요?"

3) 교사는 학생들에게 대화문을 읽게 한 후 대화의 내용을 이해했는지 확인하는 질문을 한다. 그리고 새 표현이 있다면 그 의미를 함께 설명한다.
   - 🖥 "유미가 어디에서 옷을 샀어요?"
   - 🖥 "인터넷에서 옷을 사면 어떤 점이 안 좋아요?"

4) 교사는 학생들에게 대화문을 다시 한번 읽게 한다. 이때 역할을 나누는 등 다양한 방식으로 읽게 할 수 있다.

> **교수–학습 지침**
> ※ 고등학생 대상 수업의 경우 필수적으로 5분간 다음 활동을 추가로 진행함.
> → 교사는 짝 활동, 그룹 활동을 통해 부탁하는 상황에 대해 이야기하도록 지도한다.

정리 – 8분

교사는 학생들에게 121쪽의 '전체 대화를 들어 보세요' QR 코드 속 대화를 듣게 하고 수업을 마무리한다.

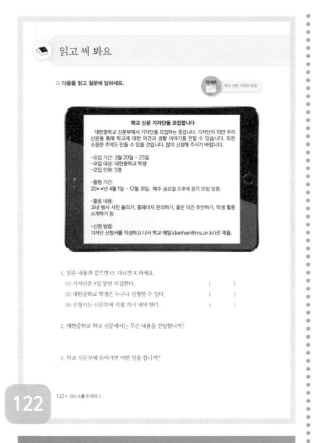

122 • 의사소통 한국어 3

● 9차시 | 읽고 써 봐요 – 읽기

[학습 목표]
• 기자단을 모집하는 글을 읽고 이해할 수 있다.

본 활동은 학교 신문 기자단 모집 안내문을 읽고 이해하기 위한 활동이다.

읽기 전 – 5분

교사는 학생들에게 읽기 내용을 추측할 수 있는 질문을 한다.
- 📖 "'신문부'라는 곳을 들어 봤어요?"
- 📖 "'신문부'는 무슨 일을 하는 곳일까요?"
- 📖 "'신문부'는 어떻게 들어갈 수 있을까요?"

읽기 중 – 30분

1) 교사는 학생들에게 읽기 지문을 개별적으로 읽게 한다.

2) 교사는 학생들이 읽기 지문의 전체 내용을 이해했는지 확인하는 질문을 한다.
- 📖 "이게 무슨 글이에요?"
- 📖 "이 글을 어디에서 볼 수 있어요?"

3) 교사는 학생들에게 읽기 지문을 읽게 한다. 그리고 세부 내용을 이해했는지 확인하는 질문을 한다.

- 📖 "안내하는 글에 무슨 내용이 들어가 있어요?"
- 📖 "학교 신문 기자단이 뭐예요?"
- 📖 "기자단이 되면 무슨 일을 해요?"
- 📖 "기자단이 되고 싶은 사람은 어떻게 신청해요? 언제까지 신청해요?"

4) 읽기 지문에 제시된 새 표현의 의미를 설명한다.

어휘 및 표현

기자단	◆ 정의 정부 기관 등의 취재를 담당하는 기자들로 이루어진 단체. 📕 예 각 나라의 기자단이 올림픽 상황을 보도하고 있습니다. ● 설명 "기자들이 많이 있는 단체예요. 어제 시청 앞에 큰 행사가 있어서 기자단이 와 있었어요."
신문	◆ 정의 정기적으로 세상에서 일어나는 새로운 일들을 알려 주는 간행물. 📕 예 요즘 신문에는 사건, 사고에 대한 기사가 많다. ● 설명 "여러 소식 등 세상에 일어나는 일이 적혀 있는 종이예요. 세상에서 일어나는 일들을 신문에서 볼 수 있어요."
신문부	◆ 정의 학교나 단체 따위에서, 신문을 발행하기 위해 만든 부서. 📕 예 저는 1학년 때부터 신문부 활동을 했습니다. ● 설명 "신문을 만드는 동아리예요. 우리 학교에도 신문부가 있어요."
전달하다	◆ 정의 내용이나 뜻을 전하여 알게 하다. 📕 예 선생님께서 아침에 간단한 공지 사항을 전달해 주셨다. ● 설명 "어떤 말이나 물건을 다른 사람에게 전하는 것이에요. 매일 아침, 담임 선생님께서 중요한 일들을 우리에게 전달해 줘요."

읽기 후 – 10분

1) 교사는 학생들에게 교재의 문제를 풀게 한다.

2) 교사는 학생들과 함께 문제의 답을 확인한다.

> **정답**
> 1. (1) ○ (2) ○ (3) ×
> 2. 학교에 대한 의견, 학교생활 이야기를 전합니다.
> 3. 교내 행사 사진 올리기, 홈페이지 관리하기, 좋은 의견 추천하기, 학생 활동 소개하기

3) 교사는 질문을 통해 읽기 내용을 재확인하며 수업을 마무리한다.
- 📖 "기자단이 되면 무슨 활동을 해요?"

교수-학습 지침
※ 고등학생 대상 수업의 경우 필수적으로 5분간 다음 활동을 추가로 진행함.
➜ 교사는 실제 기자단 모집 글을 준비해 모집 정보를 확인하는 활동을 하도록 지도한다.

새 표현

기자단 답글 댓글 신문 신문부 전달하다

□ 최근 우리 학교에서 재미있거나 특별한 일이 있었어요? 그 일에 대해서 써 보세요.

언제	
어디에서	
누가	
어떻게	
왜	

□ 위의 내용을 바탕으로 우리 학교 인터넷 신문 기사를 써 보세요. 그리고 친구와 서로 바꾸어 댓글을 써 보세요.

오늘의 기사

제목:

전체 댓글 수 1   최신순 공감순 반대순
필 명   👍① 👎⓪
👤
  답글   공유함 SNS

● 10차시 | 읽고 써 봐요 – 쓰기

[학습 목표]
• 재미있거나 특별한 일에 대한 기사를 쓸 수 있다.

본 활동은 온라인 기사문을 만들어 보는 것이다. 기사문에 들어갈 내용을 미리 구상하고 실제로 짧은 기사문을 쓸 수 있다.

쓰기 전 – 5분

1) 교사는 학생들에게 쓰기 내용을 추측할 수 있는 질문을 한다.
교 "학교 신문이나 인터넷 신문을 자주 봐요?"
교 "신문에는 무슨 내용이 있어요?"

2) 교사는 학생들에게 어떤 쓰기 활동을 할 것인지 명확히 알려 준다.
교 "이번 시간에는 학교 인터넷 신문 기사를 써 볼 거예요."

쓰기 중 – 30분

1. 학교 인터넷 기사에 대해 쓰는 활동이다.

1) 교사는 학생들에게 무엇을 써야 하는지 알려 준다. 그리고 새 표현이 있다면 그 의미를 함께 설명한다.

교 "최근 학교에서 재미있거나 특별한 일이 있었어요?"
교 "언제 어디에서 무슨 일이 있었어요?"

2) 교사는 학생들에게 학교에서 일어난 일 중 재미있거나 특별한 일을 쓰게 한다. 이때 교사는 학생들에게 개별적으로 쓰기 지도를 할 수 있다.

2. 학교 인터넷 신문 기사를 써 보는 활동이다.

1) 교사는 학생들에게 무엇을 써야 하는지 알려 준다. 그리고 새 표현이 있다면 그 의미를 함께 설명한다.
교 "인터넷 기사에 어떤 내용이 들어갈까요?"
교 "최근 학교에서 무슨 일이 있었어요?"
교 "그것을 누가 봤어요?"
교 "여러분이 위에서 작성한 일의 내용을 활용해서 학교 인터넷 신문 기사를 써 볼 거예요."
교 "인터넷 신문 기사를 쓴 다음에 옆 친구와 바꿔 보고 그 글 아래에 댓글을 달아 보세요."

2) 교사는 학생들에게 인터넷 기사와 댓글을 쓰게 한다. 이때 교사는 학생들에게 개별적으로 쓰기 지도를 할 수 있다.

어휘 및 표현

답글	◆ **정의** 인터넷에 오른 질문에 대하여 답변하는 글. 예 인터넷 게시판 질문에 답글을 남겼어요. ● **설명** "인터넷에 있는 질문에 대답한 글이에요. 오늘 선생님이 수업 게시판에 질문을 하면, 여러분이 답글을 써 보세요."
댓글	◆ **정의** 어떤 사람이 인터넷에 올린 글에 대하여 다른 사람이 짤막하게 답하여 올리는 글. 예 인터넷은 모두가 보는 공간이기 때문에 댓글을 달 때는 생각을 많이 하고 써야 해요. ● **설명** "인터넷에 올린 글에 대해 자기 생각을 짧게 쓴 글이에요."

쓰기 후 – 10분

1) 쓰기 활동이 모두 마무리되면 교사는 학생들에게 각자 쓴 것을 발표하게 한다.

2) 교사는 인터넷 신문 기사에 대해 다시 한번 정리하며 수업을 마무리한다.

교수–학습 지침

※ 고등학생 대상 수업의 경우 필수적으로 5분간 다음 활동을 추가로 진행함.
→ 교사는 학생들에게 수업 중에 지도받은 내용을 반영해 공책에 글을 다시 쓰게 할 수 있다. 이를 통해 학생들 스스로 자신의 글을 점검하도록 지도한다.

경치가 정말 멋지고 볼거리가 다양하거든

● 단원 목표

여행 정보를 구할 수 있고 여행 시 우려되는 것에 대해 걱정하는 감정을 표현할 수 있다.

● 단원 내용

꼭 배워요 (필수)	• 주제: 여행
	• 기능: 여행 정보 구하기, 걱정하기
	• 어휘: 여행 관련 어휘
	• 문법:-어 가지고, -어 오다, -거든(요), -어 있다
문화	• 문화: 한국의 중고등학교의 교외 활동을 들여다보다
더 배워요 (선택)	• 대화 1: 수학여행 준비물 챙기기 • 대화 2: 수학여행지에서 활동하기
	• 읽기: 기행문
	• 쓰기: 기행문 쓰기

07
경치가 정말 멋지고 볼거리가 다양하거든

● 7과에서 무엇을 배우는지 알아봅시다.

더 배워요(선택)
수학여행

꼭 배워요(필수)
여행하기

학습 도구(선택):
7. 복습하기

● 수업 개요

〈꼭 배워요〉학습 목표

• 우려의 감정을 표현할 수 있다.
• 필요한 정보를 구할 수 있다.

1차시	• 도입 대화를 통해 본 단원의 주제에 대해 이해하고 말할 수 있다.
2차시	• 여행 관련 어휘 및 표현을 알고 활용할 수 있다.
3차시	• 수학여행 준비물을 놓고 갈 것을 우려하여 미리 준비할 수 있다. • '-어 가지고'를 앞의 말이 나타내는 행동 또는 상태가 뒤의 말의 원인이나 이유임을 나타내는 표현을 할 수 있다.
4차시	• 여행지에 대한 정보를 알고 공유할 수 있다. • '-어 오다'를 사용하여 앞의 말이 나타내는 행동이나 상태가 어떤 기준점으로 가까워지면서 계속 진행됨을 나타내는 표현을 할 수 있다.

5차시	• 여행지와 교통편에 대한 정보를 구할 수 있다. • '-거든(요)'를 사용하여 질문에 대한 대답이나 앞의 내용에 대한 이유를 말하거나 설명할 때 사용하는 표현을 할 수 있다.
6차시	• 여행지에서 유명한 기념품이나 특산품을 알고 살 수 있다. • '-어 있다'를 사용하여 앞의 말이 나타내는 상태가 계속됨을 나타내는 표현을 할 수 있다.

• 1차시 | 복습 및 〈꼭 배워요〉 도입

[학습 목표]
• 도입 대화를 통해 본 단원의 주제에 대해 이해하고 말할 수 있다.

복습 – 20분

6단원에서 배운 주제 및 문법에 대해 복습한다.

1) 교사는 지난 단원의 주제와 관련된 질문을 하여 학생들에게 학습한 내용을 떠올리게 한다.

📖 "소통이 뭐예요?"

📖 "친구들과 직접 만나서 이야기하는 것 말고 보통 무엇으로 이야기해요?"

📖 "휴대 전화 말고 또 자주 이용하는 것이 뭐예요?"

2) 교사는 '-고 나다'와 관련된 질문을 하여 학생들에게 학습한 내용을 떠올리게 한다.

📖 "한 가지 행동을 끝내고 다른 행동을 할 때 어떻게 말해요?"

📖 "여러분 하루 일과가 어떻게 돼요?"

3) 교사는 '-는 중이다'와 관련된 질문을 하여 학생에게 학습한 내용을 떠올리게 한다.

📖 "지금 무엇을 하고 있어요?"

📖 "여러분은 요즘 특별히 배우는 게 있어요? 무엇을 배우고 있어요?"

4) 교사는 '-는다면'와 관련된 질문을 하여 학생에게 학습한 내용을 떠올리게 한다.

📖 "어떤 일을 하려고 해요. 그 일의 조건이나 상황을 말할 때 어떻게 말해요?"

📖 "여러분이 어른이 된다면 무엇을 하고 싶어요?"

5) 교사는 '-을 수밖에 없다'와 관련된 질문을 하여 학생들에게 학습한 내용을 떠올리게 한다.

📖 "다른 방법이 없어서 어떤 일을 해야만 할 때 어떻게 말해요?"

📖 "급한 일이 있어서 친구와 약속을 취소해야 할 때 어떻게 말해요?"

※ 고등학생 대상 수업의 경우 필수적으로 5분간 다음 활동을 추가로 진행함.
➔ 교사는 학생들이 두 명씩 짝을 지어 부탁하기에 대해 이야기하게 할 수 있다. 이때 교사는 지난 단원에서 배운 '-고 나다', '-는 중이다', '-는다면', '-을 수밖에 없다' 중 세 가지 이상의 문법을 사용하여 대화문을 만들 수 있도록 지도한다.

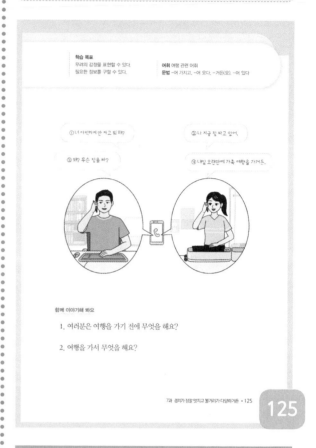

〈꼭 배워요〉 도입 – 25분

1) 교사는 학생들과 교재 125쪽의 그림을 보고 이야기하며 본 단원의 주제에 대해 흥미를 유발한다.

📖 "두 사람이 전화를 해요. 무슨 이야기를 하고 있을까요?"

📖 "여자는 전화를 하면서 무엇을 하고 있어요?"

2) 교사는 학생들에게 교재 125쪽의 대화를 읽게 한다. 그리고 세부 내용을 이해했는지 확인하는 질문을 한다.

📖 "지금 두 사람이 직접 만나서 이야기하고 있어요?"

📖 "여자는 지금 무엇을 하고 있어요?"

3) 교사는 학생들에게 '함께 이야기해 봐요'의 질문을 하면서 단원의 주제를 도입한다.

📖 "여러분은 여행을 가기 전에 무엇을 해요?"

📖 "여행을 가서 무엇을 해요?"

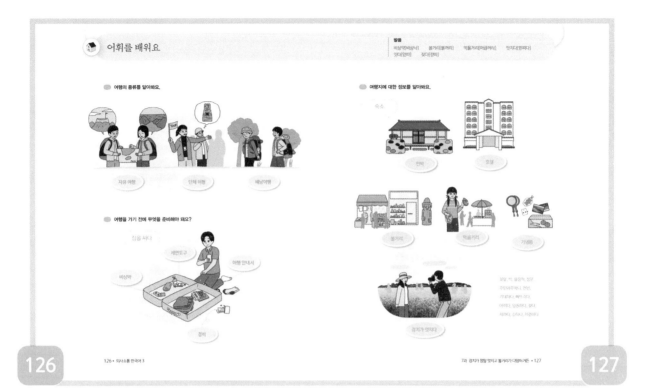

• 2차시 | 어휘를 배워요

[학습 목표]
• 여행 관련 어휘와 표현을 알고 활용할 수 있다.

본 단원에는 여행 종류와 준비물, 여행지 정보에 관련된 어휘 및 표현이 제시되어 있다.

도입 – 5분

1) 교사는 질문을 통해 학습하게 될 어휘 및 표현을 자연스럽게 노출한다.
  📖 "여러분은 어디로 여행을 가 봤어요? 누구하고 갔어요?"
  📖 "여행을 가면 어디에서 잠을 자요?"

2) 교사는 학생들과 제시된 그림을 보며 이야기를 나눈다.
  📖 "126쪽의 그림을 보세요. 여행을 갈 때 무엇을 준비해야 해요?"
  📖 "127쪽의 그림을 보세요. 여행 장소를 정할 때 무엇을 중요하게 생각해요?"

전개 – 35분

1. 여행 종류와 여행 짐 관련 어휘 및 표현이다.

1) 교사는 다음에 제시되는 내용을 참고하여 학생들에게 어휘 및 표현을 설명한다. 이때 새로 등장하는 발음 규칙이 있다면 함께 설명한다.

자유 여행	◆ **정의** 여행사에 의뢰하지 않고 본인의 계획에 따라 자유롭게 다니는 여행. 📖 저는 대학생이 되면 자유 여행을 떠나고 싶어요. ● **설명** "여러분은 자유 여행을 해 봤어요? 자유 여행은 여행사에서 정해 놓은 일정에 맞추어 가는 여행이 아니고 내가 직접 계획을 세워서 가고 싶은 곳을 가는 여행이에요."
단체 여행	◆ **정의** 여러 사람이 단체를 이루어 함께 가는 여행. 📖 단체 여행은 일정이 정해져 있어서 편해요. ● **설명** "혼자 가는 여행이 아니고 여러 사람이 함께 같은 일정으로 가는 여행을 '단체 여행'이라고 해요."
배낭 여행	◆ **정의** 배낭만 가지고 다니면서 적은 돈으로 자유롭게 하는 여행. 📖 배낭여행을 갈 생각하니 마음이 설레요. ● **설명** "(배낭을 멘 사람의 그림을 보여 주며) 이렇게 큰 가방만 가지고 다니면서 내가 가고 싶은 곳을 여행하는 것을 '배낭여행'이라고 해요."
짐	◆ **정의** 다른 곳으로 옮기기 위해 준비해 놓은 물건. 📖 여행을 가려고 짐을 챙겨요. ● **설명** "여행을 가거나 다른 곳에 가기 위해서 챙겨 놓은 여러 가지 물건을 말해요."
싸다	◆ **정의** 어떤 물건을 다른 곳으로 옮기기 위하여 상자, 끈, 천 등을 써서 꾸리다. 📖 여행을 가기 위해서 짐을 쌌어요. ● **설명** "물건이나 짐을 다른 곳으로 가기 위해서 상자에 담아 놓거나 포장을 해 놓는 것을 '짐을 싸다'라고 말해요."

세면도구	◆ **정의** 씻을 때 사용하는 비누, 칫솔, 수건 등과 같은 여러 가지 물건. **예** 여행을 갈 때 세면도구를 챙겨야 해요. ● **설명** "3일 동안 수학여행을 갈 거예요. 그런데 비누, 칫솔을 가지고 가야 해요. 비누, 칫솔처럼 씻을 때 사용하는 물건을 '세면도구'라고 해요."
비상약	◆ **정의** 위급한 상황을 위해 준비해 놓은 약. **예** 선생님에게 비상약이 있어요. ● **설명** "갑자기 아픈데 병원에 갈 수 없어요. 이럴 때 먹을 수 있는 간단한 약을 '비상약'이라고 해요."
안내서	◆ **정의** 어떤 내용을 소개하여 알려 주는 책이나 글. **예** 박물관에 가면 입구에 안내서가 있습니다. ● **설명** "(관광안내서를 보여 주며) 어떤 장소나 관광지에서 그 내용을 소개하기 위해 준비한 작은 책을 '안내서'라고 해요."
경비	◆ **정의** 어떤 일을 하는 데 필요한 비용. **예** 이번 여행 경비는 일인당 10만 원 정도 될 거예요. ● **설명** "여행을 가거나 어떤 일을 할 때 필요한 돈을 '경비'라고 해요."

2) 교사는 질문을 통해 학생들이 어휘 및 표현을 잘 이해했는지 확인한다.

 🏫 "여행의 종류는 무엇이 있어요?"

 🏫 "여행을 가기 전에 무엇을 챙겨야 해요?"

---

2. 여행지 정보 관련 어휘 및 표현이다.

1) 교사는 다음에 제시되는 내용을 참고하여 학생들에게 어휘 및 표현을 설명한다. 이때 새로 등장하는 발음 규칙이 있다면 함께 설명한다.

볼거리	◆ **정의** 사람들이 즐겁게 구경할 만한 물건이나 일. **예** 여행지를 선택할 때 볼거리가 많은 도시가 좋아요. ● **설명** "관광지에 가거나 시내에서 여러 가지 길거리 공연 등 볼 수 있는 것들을 '볼거리'라고 해요."
먹을거리	◆ **정의** 먹을 수 있거나 먹을 만한 음식. **예** 마트에 가서 먹을거리를 샀어요. ● **설명** "간단하게 먹을 수 있는 여러 가지 음식을 '먹을거리'라고 해요."
기념품	◆ **정의** 기념으로 주거나 사는 물품. **예** 이 도시에서 유명한 기념품을 사고 싶어요. ● **설명** "여러분은 수학여행에서 무슨 기념품을 사 왔어요? 기억에 남을 수 있도록 관광지나 도시의 특징을 담아서 만든 물건을 '기념품'이라고 해요."
숙소	◆ **정의** 집이 아닌 임시로 머물러 묵는 곳. **예** 휴가철에는 숙소를 잡기가 어려워요. ● **설명** "집이 아닌 다른 곳에 갔을 때 잠깐 동안 잠을 자면서 생활하는 곳을 '숙소'라고 해요."
호텔	◆ **정의** 시설이 잘 되어 있고 규모가 큰 고급 숙박 업소. **예** 가족들과 제주도에 가서 호텔에서 잠을 잤어요. ● **설명** "(호텔 사진을 보여 주며) 여기가 어디예요? 무슨 숙소예요? 이런 곳을 '호텔'이라고 해요."
민박	◆ **정의** 전문 숙박업소가 아닌 일반 가정집에서 묵는 것. **예** 민박집은 다른 숙소보다 싸요. ● **설명** "(민박집 사진을 보여 주며) 여기가 어디예요? 무슨 숙소예요? 일반 집처럼 생겼지만 여행을 가면 여기에서 먹고 잘 수 있어요. 이런 곳을 '민박'이라고 해요."
멋지다	◆ **정의** 매우 좋거나 멋이 있다. **예** 수호는 공부도 잘하고 운동도 잘해요. 정말 멋진 친구예요. ● **설명** "(멋진 풍경 사진과 대비되는 사진을 보여 주며) 여기 어때요? 멋있지요? 가 보고 싶지요? 이렇게 멋있는 것을 다른 말로 '멋지다'라고 말해요. '풍경이/경치가 멋지다'라고도 말해요."
저렴하다	◆ **정의** 물건의 값이 싸다. **예** 이 가게의 물건 가격은 저렴한 편이에요. ● **설명** "'물건 값이 싸다'와 똑같은 의미예요."

2) 교사는 질문을 통해 학생들이 어휘 및 표현을 잘 이해했는지 확인한다.

 🏫 "숙소의 종류에는 뭐가 있어요?"

 🏫 "여행지에서 무엇을 살 수 있어요?"

> **교수-학습 지침**
>
> ※ 고등학생 대상 수업의 경우 필수적으로 5분간 다음 활동을 추가 진행
> 1) 교사는 준비물로 목표 어휘에 대한 그림 카드를 준비한다. 학생들에게 그림 카드를 보여 주고 여행 종류 어휘를 맞히는 활동을 하도록 지도한다.
> 2) 교사는 준비물로 목표 어휘에 대한 그림 카드를 준비한다. 학생들에게 그림 카드를 보여 주고 여행지 정보 관련 어휘를 맞히는 활동을 하도록 지도한다.

정리 - 5분

교사는 질문을 통해 어휘 및 표현 학습을 마무리한다.

 🏫 "여행의 종류에는 어떤 것이 있어요?"

 🏫 "여행을 가기 전에 무엇을 준비해야 해요?"

 🏫 "숙소의 종류는 뭐가 있어요?"

 🏫 "여러분은 어떤 여행지가 좋아요?"

128

• 3차시 | 문법을 배워요 1

[학습 목표]

• 수학여행 준비물을 놓고 갈 것을 우려하여 미리 준비할 수 있다.
• '-어 가지고'를 앞의 말이 나타내는 행동 또는 상태가 뒤의 말의 원인이나 이유임을 나타내는 표현을 할 수 있다.

도입 - 5분

1) 교사는 학생들에게 대화문을 읽게 한다. 그리고 학생들이 대화문을 이해했는지 내용 확인 질문을 한다.
🔲 "정호가 지금 무엇을 메모하고 있어요?"
🔲 "지난번에 수학여행을 갈 때 무엇을 놓고 갔어요?"

2) 교사는 질문을 통해 학생들이 목표 문법을 알 수 있도록 한다.
🔲 "정호는 지난번에 여행을 할 때 왜 세면도구를 새로 샀어요?"

전개 - 35분

다음의 절차에 따라 문법에 대해 설명한다. 그리고 새로 제시되는 어휘 및 표현이 있다면 그 의미를 함께 설명한다.

[설명]

📖 "'-어 가지고'는 앞 말의 행동이나 상태가 뒤의 말에 대한 원인이나 이유를 표현할 때 사용해요."

[예시]

· 어제 잠을 못 자 가지고 피곤해요.
· 감기에 걸려 가지고 학교에 못 갔어요.
· 엄마가 싸 준 음식이 너무 많아 가지고 남았어요.

[정보]

▶ 형태 정보:

	ㅏ, ㅗ	ㅓ, ㅜ, ㅣ …	-하다
동사, 형용사	-아 가지고	-어 가지고	-여 가지고

① 동사 및 형용사 어간 끝음절의 모음이 'ㅏ, ㅗ'인 경우 '-아 가지고', 'ㅏ, ㅗ'가 아닌 경우 '-어 가지고', '-하다'가 붙은 동사 및 형용사 어간에는 '-여 가지고'를 쓰는데, 흔히 줄여서 '-해 가지고'를 쓴다.

▶ 제약 정보:

① 과거 '-었-', 미래·추측의 '-겠-'과 결합하지 않는다.

· 커피를 많이 마셨어 가지고 잠을 잘 수 없어요. (X)
· 커피를 많이 마시겠어 가지고 잠을 잘 수 없어요. (X)
· 커피를 많이 마셔 가지고 잠을 잘 수 없어요. (O)

② 원인이나 이유의 뜻을 나타내는 '-어 가지고'의 뒤 절에 청유형과 명령형을 사용하지 않는다.

· 정호가 몸이 아파 가지고 병원에 갑시다. (X)
· 정호가 몸이 아파 가지고 병원에 가세요. (X)
· 정호가 몸이 아파 가지고 병원에 갔어요. (O)

▶ 주의 사항:

① 시간에 따른 선후 관계를 나타내는 '-어 가지고'와 구분하여 사용할 수 있도록 한다.

· 의자에 앉아 가지고 책을 읽읍시다. (O)
· 의자에 앉아 가지고 책을 읽으세요. (O)
· 의자에 앉아 가지고 책을 읽었어요. (O)

[확인]

교사는 문법을 설명한 뒤 '연습 문제'를 통해 학생들이 문법을 이해했는지 확인한다.

어휘 및 표현

빠뜨리다	◆ 정의 갖추어야 할 것을 갖추지 않다. 📖 깜빡하고 물건을 빠뜨리고 왔어요. ● 설명 "가지고 와야 할 것을 놓고 왔다는 의미가 있어요. '체육복은 챙겼는데 축구공을 빠뜨리고 왔어요.' 이렇게 사용해요."
심하다	◆ 정의 정도가 지나치다. 📖 바람이 심하게 불어요. ● 설명 "감기에 걸려서 약을 먹었는데도 낫지 않아요. 더 아파요. 이렇게 어떤 정도가 더해지는 것을 '심하다'라고 해요."
체하다	◆ 정의 먹은 음식이 잘 소화되지 않고 배 속에 답답하게 있다. 📖 급하게 먹어서 체했어요. ● 설명 "밥을 빨리빨리 급하게 먹어서 소화가 잘 안 되고 음식물이 그대로 있는 것을 '체하다'라고 말해요."

교수-학습 지침

※ 고등학생 대상 수업의 경우 필수적으로 5분간 다음 활동을 추가로 진행함.
→ 교사는 학생들에게 목표 문법을 활용할 수 있는 새로운 화제를 제시한다.
📖 "왜 학교에 늦게 왔어요? '-어 가지고'를 사용하여 말해 보세요."

예시 답안
버스를 놓쳐 가지고 늦게 왔어요. 늦게 일어나 가지고 지각했어요.

정리 - 5분

1) 교사는 학생들에게 대화문을 다시 한번 읽게 한다.

2) 교사는 교재에 제시된 열린 질문을 통해 학생들에게 배운 문법을 활용하여 자유롭게 이야기를 나누게 한다.

📖 "그 일이 왜 일어났어요? '-어 가지고'를 사용하여 말해 보세요."

예시 답안
날씨가 더워 가지고 에어컨을 켰어요. 칠판에 글씨가 작아 가지고 잘 안 보여요. 너무 걸어 가지고 다리가 아파요.

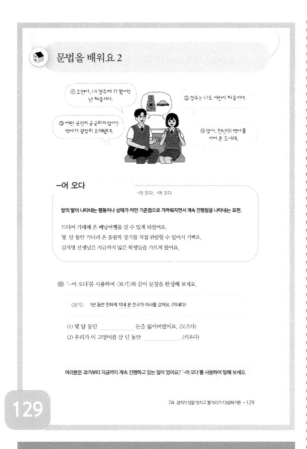

• 4차시 | 문법을 배워요 2

[학습 목표]

- 여행지에 대한 정보를 알고 공유할 수 있다.
- '-어 오다'를 사용하여 앞의 말이 나타나는 행동이나 상태가 어떤 기준점으로 가까워지면서 계속 진행됨을 나타내는 표현을 할 수 있다.

도입 – 5분

1) 교사는 학생들에게 대화문을 읽게 한다. 그리고 학생들이 대화문을 이해했는지 내용 확인 질문을 한다.
   📖 "소연이는 경주에 가 봤어요?"
   📖 "경주는 어떤 도시예요?"

2) 교사는 질문을 통해 학생들이 목표 문법을 알 수 있도록 한다.
   📖 "경주의 역사는 몇 년 동안 이어 왔어요?"

전개 – 35분

다음의 절차에 따라 문법에 대해 설명한다. 그리고 새로 제시되는 어휘 및 표현이 있다면 그 의미를 함께 설명한다.

[설명]

📖 "'-어 오다'는 어떤 동작이나 상태가 계속 변화하거나 진행되는 것을 나타낼 때 사용해요."

[예시]

- 중간시험이 가까워 오고 있어요.
- 힘들어도 끝까지 노력해 온 결과예요.
- 자유 복장 문제에 대해 계속 생각해 왔어요.

[정보]

▶ 형태 정보:

	ㅏ, ㅗ	ㅓ, ㅜ, ㅣ…	-하다
동사	-아 오다	-어 오다	-여 오다

① 동사 어간 끝음절의 모음이 'ㅏ, ㅗ'인 경우 '-아 오다', 'ㅏ, ㅗ'가 아닌 경우 '-어 오다', '-하다'가 붙은 동사 어간에는 '-여 오다'를 쓰는데, 흔히 줄여서 '-해 오다'로 쓴다.

▶ 제약 정보:

① 일부 형용사와 결합하여 어떠한 상황이나 상태가 시작하여 진행되고 있음을 나타낸다.
   - 시험을 볼 생각하니 벌써 머리가 아파 온다.
   - 추운 날씨에 밖에 오래 돌아다니니까 손이 시려 온다.

② 형용사와 결합하지 않는다.
   - 서울에 사는 사람들이 점점 많아 온다. (X)
   - 소연이의 키가 작년보다 더 커 온다. (X)

③ '오다'를 미래 시제로 표현할 수 없다.
   - 친구는 한국에 유학 온 후부터 (지금까지) 잘 지내 왔다. (O)
   - 친구는 한국에 유학 온 후부터 (지금까지) 잘 지내 올 것이다. (X)

[확인]

교사는 문법을 설명한 뒤 '연습 문제'를 통해 학생들이 문법을 이해했는지 확인한다.

> 정답
> (1) 모아 온
> (2) 키워 왔어요

어휘 및 표현

올림픽	◆ 정의 4년마다 열리는 국제 운동 경기 대회. 예 겨울에 열리는 올림픽을 동계 올림픽이라고 해요. ● 설명 "여러 나라 선수들이 나와서 다양한 운동 경기를 하는 국제적인 대회예요. 4년에 한번씩 이 대회를 열어요."
천년	◆ 정의 오랜 세월. 예 천년의 고도인 경주를 다녀왔어요. ● 설명 "1년, 2년, 3년, 4년… 1,000년, 천년처럼 오랜 시간을 말해요."

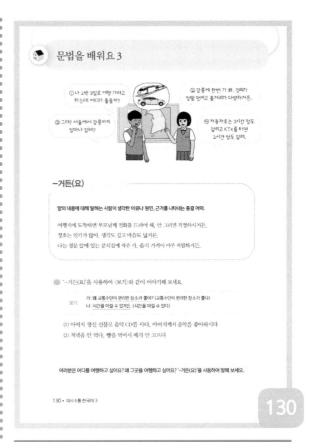

130

※ 고등학생 대상 수업의 경우 필수적으로 5분간 다음 활동을 추가로 진행함.

→ 교사는 학생들에게 목표 문법을 활용할 수 있는 새로운 화제를 제시한다.

📖 "여러분은 친구들과 함께 지금까지 계속 진행해 온 일이 있어요? '-어 오다'를 사용하여 말해 보세요."

예시 답안

3년 동안 스터디 모임을 진행해 왔어요. 봉사 활동 동아리를 1년 동안 이끌어 왔어요.

정리 – 5분

1) 교사는 학생들에게 대화문을 다시 한번 읽게 한다.

2) 교사는 교재에 제시된 열린 질문을 통해 학생들에게 배운 문법을 활용하여 자유롭게 이야기를 나누게 한다.

📖 "여러분은 과거부터 지금까지 계속 진행하고 있는 일이 있어요? '-어 오다'를 사용하여 말해 보세요."

예시 답안

피아노를 꾸준히 배워 왔어요. 어렸을 때부터 계속 강아지를 키워 왔어요. 이 동네에서 5년 전부터 살아 왔어요.

● 5차시 | 문법을 배워요 3

[학습 목표]

● 여행지와 교통편에 대한 정보를 구할 수 있다.

● '-거든(요)'를 사용하여 질문에 대한 대답이나 앞의 내용에 대한 이유를 말하거나 설명할 때 사용하는 표현을 할 수 있다.

도입 – 5분

1) 교사는 학생들에게 대화문을 읽게 한다. 그리고 학생들이 대화문을 이해했는지 내용 확인 질문을 한다.

📖 "남자는 며칠 동안 여행을 가요?"

📖 "서울에서 강릉까지 KTX로 얼마나 걸려요?"

2) 교사는 질문을 통해 학생들이 목표 문법을 알 수 있도록 한다.

📖 "선영이가 호민이에게 강릉을 추천한 이유가 뭐예요?"

전개 – 35분

다음의 절차에 따라 문법에 대해 설명한다. 그리고 새로 제시되는 어휘 및 표현이 있다면 그 의미를 함께 설명한다.

[설명]

📖 "'-거든(요)'는 앞의 내용에 대한 이유나 사실 등을 당연한 듯이 말을 할 때 사용해요."

[예시]

- 가: 오늘 왜 이렇게 표정이 안 좋아요?

  나: 내일 시험을 보거든요.

- 가: 왜 떡볶이를 안 먹어요?

  나: 매운 음식을 먹으면 배가 아프거든요.

- 가: 뭘 이렇게 많이 샀어?

  나: 여기 마트에서 사면 좀 더 싸거든.

[정보]

▶ 형태 정보:

	받침 O	받침 X
동사, 형용사	-거든(요)	

① 동사, 형용사 어간 끝음절의 받침 유무와 관계없이 '-거든(요)'를 쓴다.

② '이다, 아니다'는 '-거든(요)'를 쓴다. 단, '이다' 앞의 명사에 받침이 없으면 주로 '명사+-거든(요)'라고 쓴다.

▶ 제약 정보:

① 회상 '-더-'와 결합할 수 없다.

- 호민이가 어제 한국에 도착하더거든요. (X)
- 조금 전에 학교에서 출발하더거든. (X)

② 미래 · 추측 '-겠-'은 '-거든(요)'와 결합할 수 없다.

- 내일 아침에 지각하겠거든. (X)
- 오늘 오후에 일찍 학교에 가겠거든. (X)

▶ 주의 사항:

① '-거든(요)'는 구어에서 자주 사용하며, 듣는 사람이 나이가 많거나 지위가 높을 때 '-요'를 붙여 '-거든요'로 쓴다.

[확인]

교사는 문법을 설명한 뒤 '연습 문제'를 통해 학생들이 문법을 이해했는지 확인한다.

> **정답**
> (1) 아버지 생신 선물로 음악 CD를 사/아버지께서 음악을 좋아하시거든
> (2) 저녁을 안 먹어/빵을 먹어서 배가 안 고프거든

어휘 및 표현

박	◆ **정의** 객지에서 묵는 밤의 횟수를 세는 단위. 예 2박 3일 동안 경주로 수학여행을 가요. ● **설명** "여행을 3박 4일 가요. 그럼 여행에 가서 몇 밤을 자는 거예요? 여행에 가서 잠을 자는 밤의 횟수를 셀 때 '박'이라고 해요."
정문	◆ **정의** 사람이나 차들이 주로 드나드는, 건물의 정면에 있는 문. 예 소풍 가는 날 우리 반 모두 정문 앞에서 만나기로 했어요. ● **설명** "건물의 제일 앞에 있는 큰문을 '정문'이라고 해요."

주인 아주머니	◆ **정의** 여자 주인이나 주인의 아내를 친근하게 이르는 말. 예 학교 앞 분식집 주인아주머니가 아주 친절해요. ● **설명** "주인은 사장과 비슷한 말이에요. 그리고 아주머니는 나이가 많은 결혼한 여자를 부를 때 사용해요."
기대하다	◆ **정의** 어떤 일이 이루어지기를 바라며 기다리다. 예 우리 반 모두 즐거운 여행을 기대하며 수학여행을 갔다. ● **설명** "친구 생일 파티에 가요. 맛있는 음식을 기대하면서 친구 생일 파티에 갔어요. '기대하다'는 '어떤 일이 이루어지기 바라는 마음을 가지다'라는 뜻이에요."
아끼다	◆ **정의** 무엇을 소중히 여겨 마구 쓰지 않고 조심히 다루어 쓰다. 예 교통비를 아끼려고 학교에 자전거를 타고 다녀요. ● **설명** "용돈을 생각 없이 쓰지 않고 계획을 세워서 필요한 곳에만 써요. 이것을 '아끼다'라고 해요."

> **교수-학습 지침**
>
> ※ **고등학생 대상 수업의 경우 필수적으로 5분간 다음 활동을 추가로 진행함.**
> → 교사는 학생들에게 목표 문법을 활용할 수 있는 새로운 화제를 제시한다.
> 교 "자신이 하고 싶은 장래 희망을 말하고 '-거든(요)'를 을 사용하여 말해 보세요."

> **예시 답안**
> 아나운서가 되고 싶어요. 사람들에게 소식을 정확하게 전달하고 싶거든요.
> 소설가가 되고 싶어요. 재미있는 이야기를 써서 사람들에게 감동을 주고 싶거든요.

정리 – 5분

1) 교사는 학생들에게 대화문을 다시 한번 읽게 한다.

2) 교사는 교재에 제시된 열린 질문을 통해 학생들에게 배운 문법을 활용하여 자유롭게 이야기를 나누게 한다.

> 교 "여러분은 어디를 여행하고 싶어요? 왜 그곳을 여행하고 싶어요? '-거든(요)'를 사용하여 말해 보세요."

> **예시 답안**
> 저는 제주도에 가고 싶어요. 산도 좋아하고 바다도 좋아하거든요. 저는 부산에 가고 싶어요. 해산물을 많이 먹고 싶거든요.

• 6차시 | 문법을 배워요 4

[학습 목표]

- 여행지에서 유명한 기념품이나 특산품을 알고 살 수 있다.
- '-어 있다'를 사용하여 앞의 말이 나타내는 상태가 계속됨을 나타내는 표현을 할 수 있다.

도입 – 5분

1) 교사는 학생들에게 대화문을 읽게 한다. 그리고 학생들이 대화문을 이해했는지 내용 확인 질문을 한다.

🎓 "가게 앞에 사람들이 많은 이유는 뭐예요?"

🎓 "나나는 왜 빵을 사려고 해요?"

2) 교사는 질문을 통해 학생들이 목표 문법을 알 수 있도록 한다.

🎓 "가게 앞에 사람들이 어떻게 서 있어요?"

전개 – 35분

다음의 절차에 따라 문법에 대해 설명한다. 그리고 새로 제시되는 어휘 및 표현이 있다면 그 의미를 함께 설명한다.

[설명]

🎓 "'-어 있다'는 어떤 행동이 끝난 결과 그 상태가 계속됨을 나타낼 때 사용해요."

[예시]

· 교실에 불이 켜 있어요.

· 복도에 지갑이 떨어져 있어요.

· 사물함에 이름표가 붙어 있어요.

[정보]

▶ 형태 정보:

	ㅏ, ㅗ	ㅓ, ㅜ, ㅣ…	-하다
동사	-아 있다	-어 있다	-여 있다

① 동사 어간 끝음절의 모음이 'ㅏ, ㅗ'인 경우 '-아 있다', 'ㅏ, ㅗ'가 아닌 경우 '-어 있다', '-하다'가 붙은 동사 어간에는 '-여 있다'를 쓰는데, 흔히 줄여서 '-해 있다'로 쓴다.

▶ 제약 정보:

① 형용사나 타동사와 결합하지 않는다.

· 문을 열어 있어요. (X)

· 불을 켜 있어요. (X)

② '-어 있다'는 행동이 끝난 결과 그 상태가 지속됨을 나타내기 때문에, 행동이 끝나고 그 결과가 지속되는 의미의 동사와만 결합한다.

· 열심히 공부해 있어요. (X)

· 나무가 죽어 있어요. (O)

▶ 주의 사항:

① '-어 있다', '-고 있다'의 의미는 결과 상태의 지속을 의미하는데 '-어 있다'는 자동사와만 결합하며, '-고 있다'는 타동사와만 결합한다.

[확인]

교사는 문법을 설명한 뒤 '연습 문제'를 통해 학생들이 문법을 이해했는지 확인한다.

> 정답
> (1) 꽃이 피어 있어요
> (2) 수건이 준비되어 있어요

어휘 및 표현

젖다	◆ 정의 액체가 스며들어 축축해지다. 예 비가 와서 빨래가 젖었어요. ● 설명 "(마른 수건, 젖은 수건의 사진을 보여 주며) 수건이 어떤 상태예요? 물 때문에 수건이 많이 젖었어요. 이럴 때 '젖다'라고 해요."
꽃밭	◆ 정의 꽃이 많이 피어 있거나 꽃을 심어 가꾸어 놓은 곳. 예 봄이 되면 꽃밭에 여러 종류의 꽃이 많이 피어 있어요. ● 설명 "(꽃밭 그림을 보여 주며) 여기가 어디예요? 꽃이 많이 피어 있는 곳을 '꽃밭'이라고 해요."

입원하다	◆ **정의** 병을 고치기 위해 일정 기간 병원에 들어가 지내다.
	예 입원하고 삼 일 만에 퇴원했어요.
	● **설명** "아파서 며칠 동안 병원에 있으면서 지내는 것을 '입원하다'라고 해요."

교수-학습 지침

※ 고등학생 대상 수업의 경우 필수적으로 5분간 다음 활동을 추가로 진행함.
➔ 교사는 학생들에게 목표 문법을 활용할 수 있는 새로운 화제를 제시한다.
　📖 "현재 자신 방의 상황이나 물건의 상태를 생각하거나 그려 보고 '-어 있다'를 사용하여 말해 보세요."

예시 답안
벽에 그림이 걸려 있어요. 책상 위에 노트북이 켜 있어요.

정리 – 5분

1) 교사는 학생들에게 대화문을 다시 한번 읽게 한다.

2) 교사는 교재에 제시된 열린 질문을 통해 학생들에게 배운 문법을 활용하여 자유롭게 이야기를 나누게 한다.
　📖 "현재 교실의 상태가 어때요? '-어 있다'를 사용하여 말해 보세요."

예시 답안
시계가 걸려 있어요. 창문이 열려 있어요. 사물함 위에 화분이 놓여 있어요.

● 메모

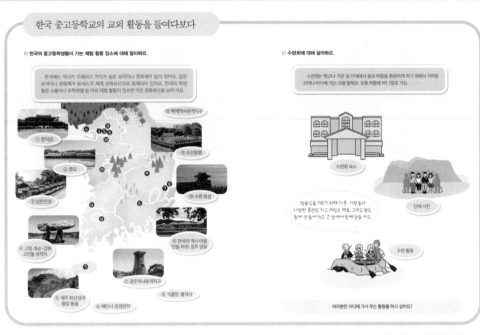

한국 중고등학교의 교외 활동을 들여다보다

□ 한국의 중고등학생들이 가는 체험 활동 장소에 대해 알아봐요.

한국에는 역사가 오래되고 가치가 높은 유적지나 문화재가 많이 있어요. 많은 유적지나 문화재가 유네스코 세계 문화유산으로 등재되어 있어요. 한국의 학생들은 소풍이나 수학여행 등 야외 체험 활동이 있으면 이런 문화유산을 보러 가요.

⑬ 백제역사유적지구
① 창덕궁
② 조선왕릉
③ 종묘
⑥ 수원 화성
④ 남한산성
④ 고창·화순·강화 고인돌 유적지
⑨ 한국의 역사 마을 안동 하회·경주 양동
⑤ 제주 화산섬과 용암 동굴
⑦ 경주역사유적지구
⑧ 석굴암·불국사
⑩ 해인사 장경판전

□ 수련회에 대해 알아봐요.

수련회는 학교나 기관 등 단체에서 몸과 마음을 튼튼하게 하기 위해서 가까운 산이나 바다에 가는 것을 말해요. 보통 이틀에 꼭 2일가요.

수련회 숙소

활동심을 기르기 위해서 다른 사람들과 다양한 훈련도 하고 거예요. 그리고 밥도 함께 만들어 먹고 큰 방에서 함께 잡도 자요.

단체 사진

수련 활동

여러분은 어디에 가서 무슨 활동을 하고 싶어요?

• 문화

[학습 목표]

• 한국의 중고등학교의 교외 활동 문화에 대해 알 수 있다.
• 한국 중고등학교의 교외 활동 문화와 다른 나라 중고등 학교의 교외 활동 문화를 비교하여 이야기할 수 있다.

1) 질문을 통해 학생들에게 주제를 추측하게 한다.

📖 "여러분, 체험 활동이 뭐예요?"

📖 "체험 활동으로 어떤 곳에 자주 가요?"

📖 "여러분이 알고 있는 역사 유적지나 유명한 도시가 있어 요?"

2) 교재 132~133쪽을 보며 한국 중고등학교의 교외 활 동에 대해 순서대로 설명한다.

교수-학습 지침

교사는 체험 활동으로 학생들에게 직접 가 보고 싶은 문화 유적 지를 찾아보고 소개하는 활동을 진행할 수 있다. 모둠별로 지역 을 정하고 자신들이 가 보고 싶은 곳을 결정한 후 해당 역사 유 적지를 조사하고 소개해 볼 수 있도록 지도한다.

3) 본 문화와 관련하여 상호문화적 관점에서 이야기할 수 있도록 한다.

📖 "여러분, 소개되지 않은 유적지 중에 한국에서 알고 있는 유적지가 있어요?"

📖 "다른 나라에서 유명한 유적지로 뭐가 있어요?"

📖 "한국의 무슨 유적지와 비슷해요?"

더 알아보기

중국 만리장성	만리장성은 중국에 있으며 1987년 유네스 코 세계문화유산으로 등록되었어요. 만리 장성은 길이가 약 6,300Km정도 되는 긴 성벽이에요. 이 성벽은 원래 춘추전국 시대 에 작은 나라들이 다른 나라가 들어오는 것 을 막기 위해 만든 것이었어요. 그리고 이 러한 작은 성벽을 진나라 때 모두 연결시켜 완성한 것이 만리장성이에요. 현재 남아 있 는 성벽 중 북경 근처에 있는 팔달령이 보 존이 잘 되어 있어 많은 관광객이 많이 찾 는다고 해요. 중국에는 만리장성 이외에 진 시황릉, 태산, 이화원 등 많은 문화유산이 있어요.

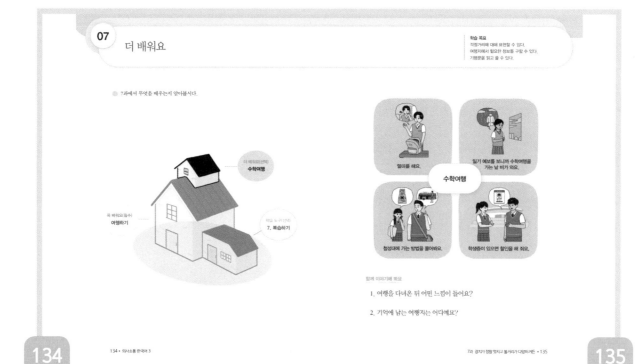

〈더 배워요〉 학습 목표

- 걱정거리에 대해 표현할 수 있다.
- 여행지에서 필요한 정보를 구할 수 있다.

7차시	• 여행 시 우려되는 감정을 표현할 수 있다.
8차시	• 여행 정보를 알고 친구와 공유할 수 있다.
9차시	• 기행문을 읽고 이해할 수 있다.
10차시	• 자신이 다녀온 곳을 바탕으로 기행문을 쓸 수 있다.

〈학습 도구 한국어〉 학습 목표

7~8차시	• 복습하기에서 구성 요소와 속성 확인하기에 대해 안다.
9~10차시	• 복습하기에서 핵심 정리하기에 대해 안다.

• 7차시 | 〈더 배워요〉 도입 및 대화해 봐요 1

〈더 배워요〉 도입 – 5분

1) 〈꼭 배워요〉의 목표 어휘 및 문법 등을 확인할 수 있는 질문을 통해 학생들이 해당 표현을 사용하여 답할 수 있도록 유도한다.
   - 📖 "여러분은 여행을 갈 때 챙겨 놓은 물건을 놓고 간 적이 있어요?"
   - 📖 "여행 장소를 정할 때 무엇을 중요하게 생각해요?"

2) '대화해 봐요 1, 2'에서 학습할 내용을 대표하는 네 개의 그림들을 확인하며 학생들이 앞으로 배우게 될 주제 및 내용을 추측할 수 있도록 한다.
   - 📖 "여러분은 여행 갈 때 버스를 오래 타도 괜찮아요?"
   - 📖 "여행을 갈 때 멀미가 심하면 무엇을 준비해야 해요?"
   - 📖 "여행 가는 날 날씨가 어떠하면 좋을까요?"
   - 📖 "만약 여행 가는 날에 비가 오면 무엇이 필요할까요?"
   - 📖 "첨성대가 어디예요?"
   - 📖 "첨성대를 어떻게 가야 해요?"
   - 📖 "여러분은 박물관 등을 관람할 때 할인을 받은 적이 있어요?"
   - 📖 "어떻게 하면 할인을 받을 수 있을까요?"

3) '함께 이야기해 봐요'에 제시된 질문을 통해 이야기를 나눔으로써 '읽고 써 봐요'에서 학습할 내용을 추측하게 한다.
   - 📖 "여행을 다녀온 뒤 어떤 느낌이 들어요?"
   - 📖 "기억에 남는 여행지는 어디예요?"

136 · 의사소통 한국어 3

[학습 목표]
- 여행 시 우려되는 감정을 표현할 수 있다.
- 부가 문법: -으래
- 목표 표현: -은데 -을지 모르겠다
  -을까 봐 -었어

본 대화는 수학여행을 가기 전에 선영이와 영수가 가방에 챙긴 짐에 대해 대화를 하고 있는 상황이다.

도입 – 5분

1) 교사는 학생들에게 '대화해 봐요 1'의 내용을 추측할 수 있는 질문을 한다.
   📕 "여행을 갈 때 꼭 챙겨 가는 준비물이 있어요?"
   📕 "여러분은 여행을 가기 전에 어떤 걱정을 해요?"

2) 교사는 학생들에게 136쪽의 첫 번째 QR 코드 속 영상을 보게 한다.
   📕 "영수는 지금 무슨 짐을 챙기고 있을까요? 영수가 무슨 짐을 챙기고 있는지 함께 확인해 봐요."

3) 교사는 학생들이 대화 내용을 잘 이해했는지 질문을 한다. 그리고 새 표현이 있다면 그 의미를 함께 설명한다.
   📕 "영수가 가방에 챙긴 짐이 뭐예요?"
   📕 "소연이는 영수에 대해 무슨 걱정을 하고 있어요?"

전개 – 20분

1) 교사는 학생들에게 본 대화 내용을 소개하며 136쪽의 두 번째 QR 코드 속 영상을 보게 한다.
   📕 "영수는 지금 무엇을 찾고 있어요? 영수가 지금 무엇을 찾고 있는지 함께 확인해 봐."

2) 교사는 학생들이 대화의 전체 내용을 이해했는지 확인하는 질문을 한다.
   📕 "영수가 무엇을 깜빡했어요?"

3) 교사는 학생들에게 대화문을 읽게 한다. 그리고 세부 내용을 이해했는지 확인하는 질문을 한다.
   📕 "반장은 무엇을 챙겨 왔어요?"
   📕 "멀미약은 언제 먹어야 돼요?"

4) 대화에 제시된 새 표현의 의미를 설명한다.

어휘 및 표현

멀미약	◆ 정의 멀미가 나지 않도록 하는 약. 📘 예 차에 타기 전에 멀미약을 미리 먹어야 해요. ● 설명 "자동차를 오래 타면 속이 안 좋아요. 머리가 아파요. 멀미를 해요. 그래서 멀미약을 먹어야 해요."

5) 교사는 학생들에게 대화문을 다시 한번 읽게 한다. 이때 역할을 나누는 등 다양한 방식으로 읽게 할 수 있다.

6) 교사는 다음의 절차에 따라 부가 문법 '-으래'에 대해 설명한다. 그리고 새로 제시되는 어휘가 있다면 그 의미를 함께 설명한다.

부가 문법   '-으래'

[설명]
📕 "반장이 보통 여러분에게 어떤 말을 많이 해요? 반장이 조용히 하라고 해요. 반장이 숙제를 내라고 해요. 이 말을 줄여서 말할 수 있어요. '조용히 하래.' '숙제를 내래.' 이렇게 '-으라고 하다'를 줄여서 말할 때 '-으래'라고 사용해요."

[예시]
- 선생님이 내일은 학교에 30분 일찍 오래.
- 수호가 오늘은 우리 먼저 집에 가래.
- 의사 선생님이 감기약을 하루 세 번 먹으래.
- 반장이 이 종이에 각자 하고 싶은 말을 적으래.

[정보]
▶ 형태 정보:

	받침 O	받침 X, 'ㄹ' 받침
동사	-으래	-래

① 동사 어간 끝음절에 받침이 있으면 '-으래', 동사 어
간의 끝음절에 받침이 없거나 'ㄹ' 받침으로 끝나면
'-래'를 쓴다.

7) 교사는 학생들에게 목표 표현에 대해 설명한다.

목표 표현 1   **'-은데 -을지 모르겠다'**

[설명]

📖 "'-은데 -을지 모르겠다'는 어떤 일에 대해 확신하지 못할
때 사용해요."

[예시]

· 날씨가 더운데 돌아다녀도 될지 모르겠어.
· 음식이 차가운데 계속 먹어도 될지 모르겠어.
· 시간이 늦었는데 집에 전화를 안 해도 될지 모르겠어.
· 과제를 다 못 했는데 이대로 제출해도 될지 모르겠어.

목표 표현 2   **'-을까 봐 -었어'**

[설명]

📖 "'-을까 봐 -었어'는 걱정의 이유를 들어서 자신의 행동을
설명할 때 사용해요."

[예시]

· 난 더울까 봐 미리 모자를 준비해 놨어.
· 나는 배탈이 날까 봐 미리 약을 준비해 놨어.
· 돈이 부족할까 봐 여유 있게 가지고 왔어.
· 시험 범위를 잊어버릴까 봐 메모해 놨어.

7과 경치가 성말 멋지고 볼거리가 다양하거든 • 137

8) 교사는 학생들에게 교재의 1번과 2번 문제를 풀게
한다.

9) 교사는 학생들과 함께 문제의 답을 확인한다.

정답
1. (1) ✕ (2) ✕ (3) ○
2. 휴대 전화, 경비, 간식 등을 준비해요.

10) 교사는 학생들에게 137쪽의 첫 번째 QR 코드 속
영상을 보게 한다.

📖 "친구들이 선영이를 찾는 이유가 무엇일까요? 선영이를
왜 찾는지 함께 확인해 봐요."

11) 교사는 학생들이 대화 내용을 잘 이해했는지 질문
을 한다. 그리고 새 표현이 있다면 그 의미를 함께
설명한다.

📖 "선영이가 무엇을 가지고 왔어요?"

어휘 및 표현

두통약	◆ 정의 머리가 아픈 증세에 먹는 약. 예 두통약을 사러 약국에 갔어요. ● 설명 "머리가 아플 때 먹는 약을 '두통약'이라고 해요."

활용 – 10분

1) 교사는 학생들이 목표 표현을 사용하여 대답할 수 있도록 질문을 한다.
   - 교 "수학여행 가는 날 날씨가 어때요?"
   - 교 "무엇을 준비해야 해요?"

2) 교사는 질문을 통해 학생들이 '활용하기'의 대화 상황을 추측할 수 있도록 한다.
   - 교 "수학여행 가는 날에 비가 온대요. 어떤 걱정을 하게 될까요? 함께 읽어 봐요."

3) 교사는 학생들에게 대화문을 읽게 한 후 대화의 내용을 이해했는지 확인하는 질문을 한다. 그리고 새 표현이 있다면 그 의미를 함께 설명한다.
   - 교 "와니와 정호는 어떤 걱정을 해요?"
   - 교 "정호는 왜 비옷을 미리 준비했어요?"

어휘 및 표현

비옷	◆ 정의 비가 올 때 비에 젖지 아니하도록 덧입는 옷. 예 여행할 때 비가 올 수 있으니 비옷을 챙겨가야 해요. ● 설명 "(비옷 그림을 보여 주며) 이게 뭐예요? 비가 올 때 입는 옷을 '비옷'이라고 해요."

4) 교사는 학생들에게 대화문을 다시 한번 읽게 한다. 이때 역할을 나누는 등 다양한 방식으로 읽게 할 수 있다.

> **교수-학습 지침**
> ※ 고등학생 대상 수업의 경우 필수적으로 5분간 다음 활동을 추가로 진행함.
> → 교사는 짝 활동, 그룹 활동을 통해 서로의 여행가는 날 필요한 물건을 챙기는 상황에 대해 묻고 답하도록 지도한다.

정리 – 5분

교사는 학생들에게 137쪽의 '전체 대화를 들어 보세요' QR 코드 속 대화를 듣게 하고 수업을 마무리한다.

138 · 의사소통 한국어 3

138

• 8차시 | 대화해 봐요 2

[학습 목표]
- 여행 정보를 알고 친구와 공유할 수 있다.
- 부가 문법: -재
- 목표 표현: -는 -는지 알아?
          -나 봐. 아니면 – 어도 되고

본 대화는 수학여행을 가기 전에 선영이와 영수가 가방에 챙긴 짐에 대화를 하고 있는 상황이다.

도입 – 7분

1) 교사는 학생들에게 '대화해 봐요 2'의 내용을 추측할 수 있는 질문을 한다.
   - 교 "여러분 첨성대에 가 봤어요?"
   - 교 "첨성대는 어디에 있어요?"
   - 교 "경주는 아주 오래된 유적지예요?"

2) 교사는 학생들에게 138쪽의 첫 번째 QR 코드 속 영상을 보게 한다.
   - 교 "유미의 반은 수학여행을 어디로 가요? 유미의 반이 수학여행을 어디로 가는지 함께 확인해 봐요."

3) 교사는 학생들이 대화 내용을 잘 이해했는지 질문을 한다.
   - 교 "수학여행 가는 곳이 어디예요?"
   - 교 "경주는 어떤 곳이에요?"

1) 교사는 학생들에게 본 대화 내용을 소개하며 138쪽의 두 번째 QR 코드 속 영상을 보게 한다.

   📖 "민우가 어디에서 사진을 찍자고 했을까요? 민우가 어디에 가자고 했는지 함께 확인해 봐요."

2) 교사는 학생들이 대화의 전체 내용을 이해했는지 확인하는 질문을 한다.

   📖 "유미와 수호는 자유 시간 동안 어디에 가려고 해요?"

3) 교사는 학생들에게 대화문을 읽게 한다. 그리고 세부 내용을 이해했는지 확인하는 질문을 한다.

   📖 "첨성대가 뭐예요? 뭐 하는 곳이에요?"

   📖 "첨성대까지 어떻게 가야 해요?"

4) 대화에 제시된 새 표현의 의미를 설명한다.

어휘 및 표현

관찰하다	◆ **정의** 사물이나 현상을 주의하여 자세히 살펴보다. 예 식물이 자라는 과정을 관찰했어요. ● **설명** "식물을 키워요. 매일매일 얼마나 자랐는지 확인을 해요. 이것을 '관찰하다'라고 해요."
예측하다	◆ **정의** 앞으로의 일을 미리 추측하다. 예 축구 경기의 결과를 예측할 수 있어요. ● **설명** "앞으로 어떤 일이 일어날 것을 예상하면서 추측을 해요. 이것을 '예측하다'라고 해요."

5) 교사는 학생들에게 대화문을 다시 한번 읽게 한다. 이때 역할을 나누는 등 다양한 방식으로 읽게 할 수 있다.

6) 교사는 다음의 절차에 따라 부가 문법 '-재'에 대해 설명한다. 그리고 새로 제시되는 어휘가 있다면 그 의미를 함께 설명한다.

부가 문법   '-재'

[설명]

📖 "친구가 여러분에게 어떤 제안을 해요? '같이 집에 가자. 같이 점심 먹자. 같이 집에 가자고 해요. 같이 점심 먹자고 해요.' 이 표현을 줄여서 '같이 집에 가재.', '같이 점심 먹재.'라고 말할 수 있어요. 이렇게 '-재'는 다른 사람이 말한 권유나 제안을 간접적으로 전할 때 '-자고 하다'를 줄여서 사용해요.

[예시]

· 유미가 학교 끝나고 영화 보재.

· 세인이가 오늘 말고 내일 만나재.

· 반장이 수업 끝나고 남아서 회의하재.

· 나나가 우리 모임 날짜를 다음 주로 미루재.

[정보]

▶ 형태 정보:

	받침 O	받침 X
동사	-재	

① 동사 어간 끝음절의 받침 유무에 관계없이 '-재'를 쓴다.

7) 교사는 학생들에게 목표 표현에 대해 설명한다.

목표 표현 1   '-는 -는지 알아?'

[설명]

📖 "'-는 -는지 알아?'는 어떤 방법에 대한 정보를 구할 때 사용해요."

[예시]

· 도서관에서 책은 어떻게 빌리는지 알아?

· 여기에서 인천공항까지는 어떻게 가는지 알아?

· 영화표는 어떻게 예매하는지 알아?

· 방과 후 교실 수업은 어떻게 신청하는지 알아?

목표 표현 2   '-나 봐. 아니면 -어도 되고'

[설명]

📖 "'-나 봐. 아니면 -어도 되고'는 다른 사람에게 알고 있는 정보를 전달할 때 사용해요."

[예시]

· 대출증이 있으면 빌려 주나 봐. 아니면 이 지역 주민이면 등록해도 되고.

· 공항버스를 타면 가나 봐. 아니면 지하철을 타도 되고.

· 인터넷으로 하면 되나 봐. 아니면 직접 와서 예매해도 되고.

· 신청서를 쓰면 되나 봐. 아니면 선생님께 말씀드려도 되고.

새 표현
관찰하다   예측하다   -재

∎∎ 질문에 답하세요.

1. 맞으면 O, 틀리면 X 하세요.
 (1) 수호는 첨성대에 있습니다. (   )
 (2) 첨성대는 별을 관찰하는 곳입니다. (   )
 (3) 지금은 자유 시간입니다. (   )

2. 여러분은 어디로 수학여행을 가고 싶어요?
 ➡ _____

▶▶ 수호는 무엇이 가장 기억에 남았을까요?
🔲 로 확인해 보세요.

🔲 전체 대화를 들어 보세요.

■ 활용하기

선영이와 민우가 박물관 입장권 할인에 대해 이야기하고 있어요.

: 민우야, 여기 박물관 입장권은 어떻게 할인받는지 알아?

: 학생증이 있으면 할인율 해 주나 봐. 아니면 몇 명 이상이 같이 가도 되고.

: 아, 그래? 너 학생증 있어?

: 현 가져왔어. 조금 기다려서 친구들이 오면 같이 사자.

139

8) 교사는 학생들에게 교재의 1번과 2번 문제를 풀게 한다.

9) 교사는 학생들과 함께 문제의 답을 확인한다.

정답
1. (1) × (2) ○ (3) ○
2. 제주도로 가고 싶어요. 제주도에도 볼거리가 다양하기 때문이에요.

10) 교사는 학생들에게 139쪽의 첫 번째 QR 코드 속 영상을 보게 한다.
   🔲 "수호는 뭐가 가장 기억에 남았을까요? 어떤 것이 가장 기억에 남는지 함께 확인해 봐요."

11) 교사는 학생들이 대화 내용을 잘 이해했는지 질문을 한다. 그리고 새 표현이 있다면 그 의미를 함께 설명한다.
   🔲 "수학여행 중에서 수호에게 무엇이 가장 기억에 남았다고 했어요?"
   🔲 "다보탑은 어떤 탑이에요?"

활용 – 10분

1) 교사는 학생들이 목표 표현을 사용하여 대답할 수 있도록 질문을 한다.
   🔲 "어떻게 해야 하는지 방법을 모를 때 다른 사람에게 어떻게 질문할 수 있어요?"
   🔲 "알고 있는 정보를 알려 줄 때 어떻게 표현할 수 있어요?"

2) 교사는 질문을 통해 학생들이 '활용하기'의 대화 상황을 추측할 수 있도록 한다.
   🔲 "여러분, 선영이가 민우에게 박물관 입장권 할인에 대해 묻고 있어요. 입장권을 어떻게 할인 받아요? 함께 읽어 봐요."

3) 교사는 학생들에게 대화문을 읽게 한 후 대화의 내용을 이해했는지 확인하는 질문을 한다. 그리고 새 표현이 있다면 그 의미를 함께 설명한다.
   🔲 "입장권을 할인 받으려면 무엇이 필요해요?"
   🔲 "입장권을 할인 받는 두 가지 방법으로 무엇이 있어요?"

4) 교사는 학생들에게 대화문을 다시 한번 읽게 한다. 이때 역할을 나누는 등 다양한 방식으로 읽게 할 수 있다.

교수–학습 지침
※ 고등학생 대상 수업의 경우 필수적으로 5분간 다음 활동을 추가로 진행함.
➔ 교사는 짝 활동, 그룹 활동을 통해 서로 일어난 문제에 대해 해결하는 상황에 대해 이야기하도록 지도한다.

정리 – 8분

교사는 학생들에게 139쪽의 '전체 대화를 들어 보세요' QR 코드 속 대화를 듣게 하고 수업을 마무리한다.

• 9차시 | 읽고 써 봐요 – 읽기

[학습 목표]
- 기행문을 읽고 이해할 수 있다.

본 활동은 경주를 다녀온 뒤 쓴 기행문을 읽고 이해하기 위한 활동이다.

읽기 전 – 5분

교사는 학생들에게 읽기 내용을 추측할 수 있는 질문을 한다.

📖 "이 글은 무슨 글이에요? 누가 썼어요?"
📖 "어디를 다녀온 뒤 쓴 글이에요?"
📖 "경주에 누구와 갔어요? 왜 갔어요?"
📖 "거기에서 무엇을 했어요?"
📖 "무엇이 가장 인상에 남았을까요?"

읽기 중 – 30분

1) 교사는 학생들에게 읽기 지문을 개별적으로 읽게 한다.

2) 교사는 학생들이 읽기 지문의 전체 내용을 이해했는지 확인하는 질문을 한다.

📖 "이게 무슨 글이에요?"

📖 "이 글을 어디에서 볼 수 있어요?"

3) 교사는 학생들에게 읽기 지문을 읽게 한다. 그리고 세부 내용을 이해했는지 확인하는 질문을 한다.

📖 "민우는 학교에서 무슨 여행을 갔어요?"
📖 "며칠 동안 다녀왔어요?"
📖 "첫날 어디를 갔어요?"
📖 "가장 인상에 남는 곳은 어디였어요?"

4) 읽기 지문에 제시된 새 표현의 의미를 설명한다.

어휘 및 표현

기행문	◆ **정의** 여행하며 보고 듣고 느끼고 경험한 것을 적은 글. 예 여행을 다녀온 뒤 있었던 일을 기행문으로 남겼어요. ● **설명** "여행을 다녀와서 느낀 점과 경험한 것을 쓴 글을 '기행문'이라고 해요."
보호하다	◆ **정의** 위험하거나 곤란하지 않게 지키고 보살피다. 예 문화재를 보호하기 위해서 우리 모두 노력해야 합니다. ● **설명** "우리는 환경을 보호해야 해요. 환경을 오염시키지 말고 깨끗하게 잘 보호해야 해요. 이렇게 잘 보살피는 것을 '보호하다'라고 해요."
문화유산	◆ **정의** 문화적인 가치가 높아 후손들에게 물려줄 필요가 있는 문화나 문화재. 예 수원 화성과 종묘 등이 세계 문화유산으로 지정되어 있어요. ● **설명** "아주 소중한 문화재들은 나라에서 보호하기 위해서 등록을 해 놓아요. 이것을 '문화유산'이라고 해요."
유물	◆ **정의** 앞선 시대에 살았던 사람이 후대에 남긴 물건. 예 박물관에 가서 신라 시대의 유물을 봤어요. ● **설명** "(도자기, 왕관 등의 유물 사진을 보여 주며) 옛날 사람들이 사용한 물건들이 남아 있어요. 이것을 '유물'이라고 해요."
신기하다	◆ **정의** 처음 보는 것이어서 새롭고 이상하다. 예 마술은 정말 신기한 것 같아요. ● **설명** "(간단한 마술 동영상을 보여 주며) 믿을 수 없이 이상한 것을 '신기하다'고 해요."
붐비다	◆ **정의** 많은 사람들이나 차 등이 한 곳에 몰려 매우 복잡하다. 예 주말에 시내에 가면 많은 사람들로 붐벼요. ● **설명** "서울에 가면 사람이 많고 복잡해요. 이것을 '붐비다'라고 말해요."
바라보다	◆ **정의** 바로 향해 보다. 예 여행 가는 버스 안에서 창밖만 바라보았어요. ● **설명** "좋아하는 사람을 바라봐요. 어떤 것을 향해서 똑바로 보는 것을 '바라보다'라고 해요."

절	◆ **정의** 스님들이 불상을 모시고 불교를 가르치고 배우며 도를 닦는 곳. **예** 불국사는 역사가 깊은 절이에요. ● **설명** "(불국사 사진을 보여 주며) 불국사에 가 봤어요? 불국사는 한국에서 아주 오래된 절이에요."
화려하다	◆ **정의** 곱고 아름다우며 환하게 빛나 보기에 좋다. **예** 파티를 하려고 방을 화려한 장식으로 꾸몄어요. ● **설명** "텔레비전에 나오는 가수들의 옷이 정말 화려해요. '화려하다'는 색깔이 밝고 빛나는 것을 말해요."

읽기 후 – 10분

1) 교사는 학생들에게 교재의 문제를 풀게 한다.

2) 교사는 학생들과 함께 문제의 답을 확인한다.

> **정답**
> 1. (1) ○ (2) × (3) ×
> 2. 불국사의 제일 높은 곳에 올라가서 바라본 석가탑과 다보탑
> 3. 책에서 보는 것과는 다른 감동의 시간이었으며, 문화재를 잘 보호하는 것이 왜 중요한지 알 수 있었다.

3) 교사는 질문을 통해 읽기 내용을 재확인하며 수업을 마무리한다.
> 📻 "민우는 여행 중 무엇이 가장 인상적이었습니까?"

> **교수-학습 지침**
> ※ 고등학생 대상 수업의 경우 필수적으로 5분간 다음 활동을 추가로 진행함.
> → 교사는 실제 기행문을 준비해 기행문 정보를 확인하는 활동을 하도록 지도한다.

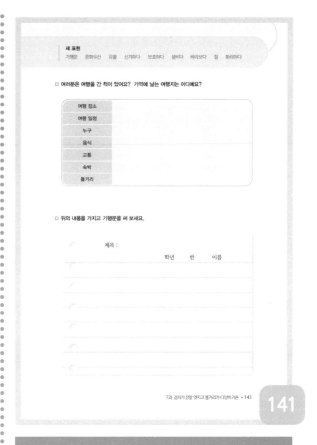

● 10차시 | 읽고 써 봐요 – 쓰기

[학습 목표]
• 자신이 다녀온 곳을 바탕으로 기행문을 쓸 수 있다.

본 활동은 기행문에 들어갈 내용을 미리 구상하고 기행문을 직접 써 보는 활동이다.

쓰기 전 – 5분

1) 교사는 학생들에게 쓰기 내용을 추측할 수 있는 질문을 한다.
> 📻 "여러분 여행을 간 적이 있어요?"
> 📻 "기억에 남는 여행지는 어디예요?"

2) 교사는 학생들에게 어떤 쓰기 활동을 할 것인지 명시해 준다.
> 📻 "이번 시간에는 기행문을 써 볼 거예요."

쓰기 중 – 30분

> **1. 기억에 남는 여행지에 대한 정보에 대해 쓰는 활동이다.**

1) 교사는 학생들에게 무엇을 써야 하는지 알려 준다.
> 📻 "어디에 갔어요? 누구와 갔어요?"
> 📻 "기억에 남는 일은 뭐예요?"

2) 교사는 학생들에게 기억에 남는 여행지에 대해 쓰게 한다. 이때 교사는 학생들에게 개별적으로 쓰기 지도를 할 수 있다.

2. 자신이 다녀온 여행지를 바탕으로 기행문을 쓰는 활동이다.

1) 교사는 학생들에게 무엇을 써야 하는지 알려 준다. 그리고 새 표현이 있다면 그 의미를 함께 설명한다.
   교 "누구와 여행을 갔어요?"
   교 "며칠 동안 갔어요?"
   교 "거기에서 무엇을 했어요?"
   교 "여러분이 위에서 작성한 내용을 활용해 아래에 제목을 쓰고 기억에 남는 여행에 대해 기행문을 자세히 써 보세요."

2) 교사는 학생들에게 기행문을 쓰게 한다. 이때 교사는 학생들에게 개별적으로 쓰기 지도를 할 수 있다.

쓰기 후 - 10분

1) 쓰기 활동이 모두 마무리되면 교사는 학생들에게 각자 쓴 것을 발표하게 한다.

2) 교사는 기행문에 대해 다시 한번 정리하며 수업을 마무리한다.

교수-학습 지침
※ 고등학생 대상 수업의 경우 필수적으로 5분간 다음 활동을 추가로 진행함.
➔ 교사는 학생들에게 수업 중에 지도받은 내용을 반영해 공책에 글을 다시 쓰게 할 수 있다. 이를 통해 학생들 스스로 자신의 글을 점검하도록 지도한다.

● 메모

연습하는 만큼 실력이 늘고 있는 거지

● 단원 목표

자신의 상황에 대해 변명하거나 자신의 능력을 자랑할 수 있다.

● 단원 내용

꼭 배워요 (필수)	• 주제: 생활 체육
	• 기능: 어떤 일에 대해 변명하기 　　　자신의 능력 자랑하기
	• 어휘: 생활 체육 관련 어휘
	• 문법: 만 아니면, -었더니, -는 만큼, -느라고
문화	• 문화: 한국 중고등학교의 체육 대회를 만나다
더 배워요 (선택)	• 대화 1: 자신의 실수에 대해 변명하기 • 대화 2: 노력의 결과에 대해 자랑하기
	• 읽기: 체조 방법에 대한 글
	• 쓰기: 체조 동작 설명하는 글쓰기

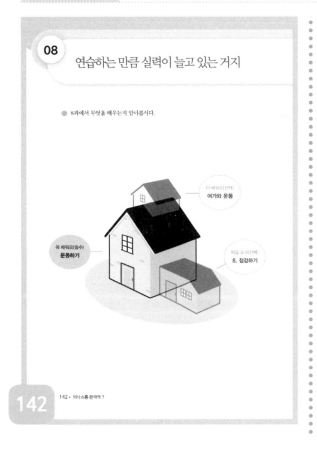

● 수업 개요

〈꼭 배워요〉 학습 목표

• 자신이 한 실수에 대해 변명할 수 있다.
• 자신의 능력을 자랑할 수 있다.

1차시	도입 대화를 통해 본 단원의 주제에 대해 이해하고 말할 수 있다.
2차시	생활 체육 종목과 체조 동작, 몸 상태에 대한 어휘 및 표현을 알고 말할 수 있다.
3차시	• 특정 상황이나 조건 때문에 어떤 행위를 하지 못함을 표현할 수 있다. • '만 아니면'을 사용하여 피할 수 없는 조건이나 이유임을 강조하여 나타내는 표현을 할 수 있다.
4차시	• 다른 사람의 제안에 대하여 과거 상황을 이유로 들 수 있다. • '-었더니'를 사용하여 과거의 사실이나 상황이 뒤에 오는 밀의 원인이나 이유가 됨을 나타내는 표현을 할 수 있다.

5차시	• 일의 결과에 대하여 어떤 것과 비슷한 정도를 표현할 수 있다. • '-는 만큼'을 사용하여 뒤에 오는 말이 앞에 오는 말과 비례하거나 비슷한 정도 혹은 수량임을 나타내는 표현을 할 수 있다.
6차시	• 어떤 상황에 대하여 자신의 행동을 변명할 수 있다. • '-느라고'를 사용하여 앞에 오는 말이 나타내는 행동이 뒤에 오는 말의 원인이 됨을 나타내는 표현을 할 수 있다.

● 1차시 | 복습 및 〈꼭 배워요〉 도입

[학습 목표]

• 도입 대화를 통해 본 단원의 주제에 대해 이해하고 말할 수 있다.

복습 – 20분

> 7단원에서 배운 주제 및 문법에 대해 복습한다.

1) 교사는 지난 단원의 주제와 관련된 질문을 하여 학생들에게 학습한 내용을 떠올리게 한다.

　📖 "여행을 가려면 무엇을 준비해야 돼요?"

　📖 "여러분은 어디로 여행을 가 봤어요? 그 여행지는 어떤 곳이었어요?"

　📖 "여행을 갈 때 어떻게 무엇을 타고 갔어요?"

2) 교사는 '-어 가지고'와 관련된 질문을 하여 학생들에게 학습한 내용을 떠올리게 한다.

　📖 "여러분 친구와 약속을 취소한 적이 있어요? 무슨 이유 때문에 취소했어요?"

　📖 "어떤 일을 하고 싶었는데 못 한 적이 있어요? 그 일을 왜 하지 못했어요?"

3) 교사는 '-어 오다'와 관련된 질문을 하여 학생들에게 학습한 내용을 떠올리게 한다.

　📖 "여러분은 친구하고 언제부터 알고 지내 왔어요?"

　📖 "예전부터 지금까지 계속 진행하던 일이 있어요?"

4) 교사는 '-거든(요)'과 관련된 질문을 하여 학생들에게 학습한 내용을 떠올리게 한다.

　📖 "아침을 먹었어요? 왜 안 먹었어요?"

　📖 "여러분 어떤 곳으로 여행을 가고 싶어요? 그 이유가 뭐예요?"

5) 교사는 '-어 있다'와 관련된 질문을 하여 학생들에게 학습한 내용을 떠올리게 한다.

　📖 "교실 문이 어떻게 되어 있어요? 창문이 어떻게 되어 있어요?"

학습 목표
자신이 한 실수에 대해 변명할 수 있다.
자신의 능력을 자랑할 수 있다.

어휘 생활 체육 관련 어휘
문법 만 아니면, -았더니,
-는 만큼, -느라고

① 민우야, 너 태권도 정말 잘한다. 언제부터 배웠어?

② 3년 전부터 배웠어.

③ 그럼 나도 너가 배운 만큼 연습하면 너처럼 할 수 있을까?

④ 당연하지, 누구든 노력하면 노력한 만큼 좋은 실력을 갖게 될 거야.

함께 이야기해 봐요

1. 여러분은 어떤 운동을 배워 봤어요?

2. 요즘 하고 있는 운동이 있어요?

8과 연습하는 만큼 실력이 늘고 있는 거지 • 143

143

〈꼭 배워요〉 도입 – 25분

1) 교사는 학생들과 교재 143쪽의 그림을 보고 이야기하며 본 단원의 주제에 대해 흥미를 유발한다.

　📖 "지금 여기가 어디예요?"

　📖 "유미와 민우가 무엇을 하고 있어요?"

2) 교사는 학생들에게 교재 143쪽의 대화를 읽게 한다. 그리고 세부 내용을 이해했는지 확인하는 질문을 한다.

　📖 "민우의 태권도 실력이 어때요?"

　📖 "민우가 언제부터 태권도를 배웠어요?"

3) 교사는 학생들에게 '함께 이야기해 봐요'의 질문을 하면서 단원의 주제를 도입한다.

　📖 "여러분은 어떤 운동을 배워 봤어요?"

　📖 "요즘 하고 있는 운동이 있어요?"

144 • 의사소통 한국어 3

8과 연습하는 만큼 실력이 늘고 있는 거지 • 145

• 2차시 | 어휘를 배워요

[학습 목표]
• 생활 체육 종목과 체조 동작 및 몸 상태에 대한 어휘와 표현을 알고 활용할 수 있다.

본 단원에는 생활 체육 종목과 체조를 할 때 동작과 몸 상태에 관련된 어휘 및 표현이 제시되어 있다.

도입 – 5분

1) 교사는 질문을 통해 학습하게 될 어휘 및 표현을 자연스럽게 노출한다.

교 "여러분은 무슨 운동을 해 봤어요?"

교 "운동을 하면 우리의 몸이 어떻게 변할까요?"

2) 교사는 학생들과 제시된 그림을 보며 이야기를 나눈다.

교 "144쪽의 그림을 보세요. 여러분이 알고 있는 운동이 있어요?"

교 "145쪽의 그림을 보세요. 체조를 할 때 어떤 동작을 해요?"

전개 – 35분

1. 생활 체육 종목 관련 어휘 및 표현이다.

1) 교사는 다음에 제시되는 내용을 참고하여 학생들에게 어휘 및 표현을 설명한다. 이때 새로 등장하는 발음 규칙이 있다면 함께 설명한다.

줄넘기	◆ **정의** 양손으로 줄의 끝을 잡고 머리 위로 돌리면서 그 줄을 뛰어 넘는 운동. 예 줄넘기를 하면 땀이 많이 나요. ● **설명** "(줄넘기 사진을 보여 주며) 이 줄을 가지고 돌리면서 뛰어 넘는 것을 '줄넘기'라고 해요."
조깅	◆ **정의** 건강을 유지하기 위하여 천천히 달리는 운동. 예 정호는 아침마다 조깅을 하고 학교에 와요. ● **설명** "건강해지기 위해서 공원을 달리는 운동을 '조깅'이라고 해요."
오래달리기	◆ **정의** 긴 시간 동안 하는 달리기. 예 오래달리기를 하려면 체력이 좋아야 해요. ● **설명** "다른 달리기보다 오랜 시간 동안 하는 달리기를 '오래달리기'라고 해요."
볼링	◆ **정의** 크고 무거운 공을 굴려 약 이십 미터 앞에 세워져 있는 열 개의 핀을 쓰러뜨리는 실내 운동. 예 저는 시간이 있을 때 가끔 볼링을 쳐요. ● **설명** "(볼링하는 사진을 보여 주며) 크고 무거운 공을 바닥에 굴려 앞에 있는 공을 넘어지게 만드는 운동이에요."
배구	◆ **정의** 직사각형의 코트 가운데에 그물을 두고 공을 땅에 떨어뜨리지 않으면서 손으로 쳐서 상대편에게 넘겨 보내는 경기. 예 어제 배구를 하다가 손목을 다쳤어요. ● **설명** "(배구하는 사진을 보여 주며) 배구는 보통 6명이 해요. 그리고 가운데 선을 사이에 두고 공을 땅에 떨어뜨리지 않으면서 손으로 쳐서 상대팀에게 보내는 운동이에요."

체조	◆ 정의 일정한 형식에 맞게 몸을 움직임. 또는 그런 운동.
	예 음악에 맞추어 체조를 했어요.
	● 설명 "(체조하는 사진을 보여 주며) 자기 전과 매일 아침 가벼운 체조를 하면 건강해져요."
요가	◆ 정의 고대 인도에서부터 전해 내려오는, 몸과 마음을 단련하는 방법.
	예 소연은 학교 끝나고 요가를 배우러 다녀요.
	● 설명 "(요가하는 사진을 보여 주며) 체조와 비슷하지만 달라요. 요가는 인도에서 온 운동이에요. 요가를 하면 몸도 건강해지지만 마음도 튼튼하고 강해질 수 있어요."
씨름	◆ 정의 두 사람이 서로 상대의 샅바를 잡고 기술이나 힘을 겨루어 먼저 넘어뜨리는 쪽이 이기는 한국의 민속 운동.
	예 씨름은 두 사람이 하는 운동 경기예요.
	● 설명 "(씨름하는 사진을 보여 주며) 씨름은 두 사람이 하는 운동이에요. 힘을 주어 다른 한 사람을 먼저 넘어지게 하는 운동이에요."

2) 교사는 질문을 통해 학생들이 어휘 및 표현을 잘 이해했는지 확인한다.

📖 "생활 체육 종목에는 뭐가 있어요?"

📖 "줄을 잡고 돌리면서 넘는 운동을 뭐라고 해요?"

---

2. 체조 동작과 몸 상태 관련 어휘 및 표현이다.

1) 교사는 다음에 제시되는 내용을 참고하여 학생들에게 어휘 및 표현을 설명한다. 이때 새로 등장하는 발음 규칙이 있다면 함께 설명한다.

벌리다	◆ 정의 둘 사이를 넓히거나 멀게 하다.
	예 양팔을 옆으로 벌려요.
	● 설명 "어떤 두 개의 사이를 넓게 하는 것을 '벌리다'라고 해요."
돌리다	◆ 정의 어떤 것을 원을 그리면서 움직이게 하다.
	예 양쪽 손목을 돌려요.
	● 설명 "(팽이 그림을 보여 주며) 팽이를 돌려요. 팽이처럼 원 모양으로 움직이게 하는 것을 '돌리다'라고 말해요."
굽히다	◆ 정의 한쪽으로 구부리거나 휘게 하다.
	예 소연이는 선생님께 허리를 굽혀 인사했다.
	● 설명 "(교사가 허리를 굽히는 모습을 보며) 땅에 떨어진 것을 주우려면 허리를 굽혀야 해요."
펴다	◆ 정의 굽은 것을 곧게 하다.
	예 어깨를 쭉 펴고 앞을 보세요.
	● 설명 "'굽히다'의 반대예요. '팔을 굽혀요.', '팔을 펴요.'"
숨	◆ 정의 코 또는 입으로 공기를 들이마시고 내쉬는 기운.
	예 공기가 있어서 숨을 쉴 수 있어요.
	● 설명 "(선생님이 공기를 마시고 내쉬는 모습을 보여 주며) 공기를 마시고 내쉬는 것을 '숨'이라고 해요."
숨이 차다	◆ 정의 줄넘기나 달리기 등 운동을 해서 숨을 평소처럼 편하게 쉬기 어렵고 빠르게 쉰다.
	예 달리기를 해서 숨이 차요.
	● 설명 "운동을 많이 해요. 그러면 숨 쉬기가 힘들어요. 이럴 때 '숨이 차요.'라고 말해요."

땀	◆ 정의 덥거나 몸이 아프거나 긴장했을 때 피부를 통해 나오는 짤짤한 맑은 액체.
	예 이마에서 땀이 흘러요.
	● 설명 "(땀이 나는 그림을 보여 주며) 운동을 많이 하면 더워요. 얼굴이나 등 몸에서 나오는 물을 '땀'이라고 해요."
땀이 나다	◆ 정의 피부 표면이나 땅 위로 솟다.
	예 땀이 나서 옷이 젖었어요.
	● 설명 "더워서 몸에서 땀이 나오는 것을 '나다'라고 해요. '더워서 땀이 나요.' 이렇게 말해요."
근육	◆ 정의 사람이나 동물의 몸을 움직이게 하는 힘줄과 살.
	예 정호는 매일 운동을 해서 근육을 튼튼하게 해요.
	● 설명 "(근육이 있는 사람의 그림을 보여 주며) 이게 뭐예요? 열심히 운동한 사람, 건강한 사람 몸에 있어요. 이것을 '근육'이라고 해요."
생기다	◆ 정의 없던 것이 새로 있게 되다.
	예 갑자기 돈이 생겼어요.
	● 설명 "없는 게 있게 되는 것을 '생기다'라고 해요. '학교 앞에 빵집이 생겼어요.', '운동을 열심히 해서 근육이 생겼어요.' 이렇게 말해요."

2) 교사는 질문을 통해 학생들이 어휘 및 표현을 잘 이해했는지 확인한다.

📖 "둘 사이를 넓히거나 멀게 하는 것을 뭐라고 말해요?"

📖 "달리기를 하면 몸 상태가 어때요?"

정리 - 5분

교사는 질문을 통해 어휘 및 표현 학습을 마무리한다.

📖 "생활 체육 중에 어떤 운동이 있었어요?"

📖 "체조 중에 어떤 동작이 있었어요?"

📖 "운동을 하고 난 뒤에 몸이 어떻게 변화하는지 말해 보세요."

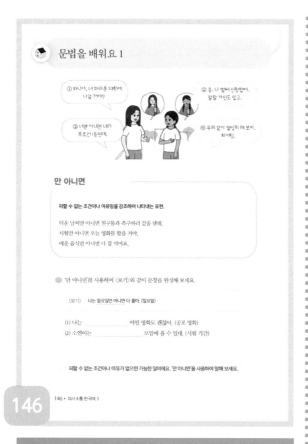

● 3차시 | 문법을 배워요 1

[학습 목표]

- 특정 상황이나 조건 때문에 어떤 행위를 하지 못함을 표현할 수 있다.
- '만 아니면'을 사용하여 피할 수 없는 조건이나 이유임을 강조하여 나타내는 표현을 할 수 있다.

도입 – 5분

1) 교사는 학생들에게 대화문을 읽게 한다. 그리고 학생들이 대화 상황을 이해했는지 확인 질문을 한다.

    🔳 "두 사람은 무슨 대회에 나가기로 했어요?"

    🔳 "마라톤 대회를 벌써 신청한 사람은 누구예요?"

2) 교사는 학생들에게 목표 문법의 의미를 추측할 수 있는 질문을 한다.

    🔳 "여러분은 누가 마라톤 대회에서 1등할 것 같아요?"

    🔳 "안나가 어떻게 말했어요?"

전개 – 35분

다음의 절차에 따라 문법에 대해 설명한다. 그리고 새로 제시되는 어휘 및 표현이 있다면 그 의미를 함께 설명한다.

[설명]

🔳 "'만 아니면'은 어떤 상태나 내용이 벗어날 수 없는 조건이나 이유임을 나타낼 때 사용해요."

[예시]

- 저는 주말만 아니면 언제든지 괜찮아요.
- 비만 아니면 오늘 자전거를 타러 갔을 거예요.
- 아픈 다리만 아니면 이번 대회에서 1등 했을 거예요.

[정보]

▶ 형태 정보:

	받침 ○	받침 X
명사	만 아니면	

① 명사 끝음절의 받침 유무에 관계없이 명사 뒤에 '만 아니면'을 쓴다.

▶ 제약 정보:

① 과거는 '아니다'에 '-었-'을 결합하여, '아니었으면'으로 쓴다. 미래·추측의 '-겠-'과 결합하지 않는다.

- 시험만 아니었으면 도서관에 가지 않았을 거예요. (O)
- 시험만 아니겠으면 도서관에 가지 않았을 거예요. (X)

▶ 주의 사항:

① '만 아니면 -었을 것이다' 구성으로 사용하여, 과거 사건에 대한 가정을 나타낸다.

- 아기 울음소리만 아니면 잠을 잘 잤을 거예요.

[확인]

교사는 문법을 설명한 뒤 '연습 문제'를 통해 학생들이 문법을 이해했는지 확인한다.

> **정답**
> (1) 공포 영화만 아니면
> (2) 시험 기간만 아니면

어휘 및 표현

공포	◆ **정의** 두렵고 무서움. 예 저는 공포 영화를 좋아해요. ● **설명** "(무서운 공포 영화 포스터를 보여 주며) 이 영화 어떨 것 같아요? 무서울 것 같아요. 이렇게 무섭고 불안한 것을 '공포'라고 해요."
무조건	◆ **정의** 아무런 조건이 없음. 예 저는 무조건 가까운 식당이 좋아요. ● **설명** "조건을 생각하지 않고 모두 좋다는 의미예요."
피하다	◆ **정의** 원치 않은 일을 당하거나 어려운 일이 일어나지 않게 하다. 예 어려운 일을 피하는 것이 좋은 방법만은 아니다. ● **설명** "복잡한 교통을 피하고 싶어서 자전거를 타고 학교에 다녀요. '피하다'는 어떤 어려운 일이 일어나지 않게 하는 것을 말해요."

정리 – 5분

1) 교사는 학생들에게 대화문을 다시 한번 읽게 한다.

2) 교사는 교재에 제시된 열린 질문을 통해 학생들에게 배운 문법을 활용하여 자유롭게 이야기를 나누게 한다.

🗔 "피할 수 없는 조건이나 이유가 없으면 가능한 일이에요. '만 아니면'을 사용하여 말해 보세요."

예시 답안

시험만 아니면 주말에 시내에 갔을 거예요. 비만 아니면 등산을 했을 거예요. 수학만 아니면 다 잘 할 수 있어요.

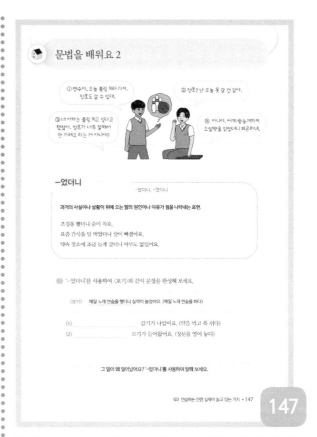

• 4차시 | 문법을 배워요 2

[학습 목표]

• 다른 사람의 제안에 대하여 과거 상황을 이유로 들 수 있다.

• '-었더니'를 사용하여 과거의 사실이나 상황이 뒤에 오는 말의 원인이나 이유가 됨을 나타내는 표현을 할 수 있다.

도입 – 5분

1) 교사는 학생들에게 대화문을 읽게 한다. 그리고 학생들이 대화 상황을 이해했는지 확인 질문을 한다.

🗔 "호민이는 영수에게 무엇을 치러 가자고 했어요?"

🗔 "호민이가 오늘 누가 볼링을 치러 갈 수 있다고 했어요?"

2) 교사는 학생들에게 목표 문법의 의미를 추측할 수 있는 질문을 한다.

🗔 "영수가 왜 이렇게 피곤해 해요?"

전개 – 35분

다음의 절차에 따라 문법에 대해 설명한다. 그리고 새로 제시되는 어휘 및 표현이 있다면 그 의미를 함께 설명한다.

[설명]

🔲 "'-었더니'는 과거의 사실이 뒤에 오는 말의 원인이나 이유를 나타낼 때 사용해요."

[예시]

· 아침을 안 먹었더니 배가 고파요.
· 라면을 먹고 잤더니 얼굴이 부었어요.
· 저렴한 옷을 샀더니 옷이 금방 늘어났어요.

[정보]

▶ 형태 정보:

	ㅏ, ㅗ	ㅓ, ㅜ, ㅣ…	-하다
동사	-았더니	-었더니	-였더니

① 동사 어간 끝음절의 모음이 'ㅏ, ㅗ'인 경우 '-았더니', 'ㅏ, ㅗ'가 아닌 경우 '-었더니', '-하다'가 붙은 동사 어간에는 '-였더니'를 쓰는데, 흔히 줄여서 '-했더니'로 쓴다.

▶ 제약 정보:

① 주로 앞 절에는 1인칭 주어가 나타난다. 단, 타인의 행위를 시작부터 끝까지 관찰했을 때는 3인칭 주어를 쓸 수 있다.

· (내가) 아침을 안 먹었더니 배가 고파요.
· 동생이 컴퓨터에 물을 쏟았더니 컴퓨터 전원이 안 들어와요.

② 뒤 절에 미래 시제가 올 수 없다. 주로 과거 시제가 온다.

· 밤을 샜더니 과제를 다 끝낼 거예요. (X)
· 밤을 샜더니 과제를 다 끝냈어요. (O)

③ 뒤 절에 청유문이나 명령문이 올 수 없다.

· 어제 늦게까지 공부했더니 오늘은 일찍 들어가세요. (X)
· 어제 늦게까지 공부했더니 오늘은 일찍 들어갑시다.(X)

[확인]

교사는 문법을 설명한 뒤 '연습 문제'를 통해 학생들이 문법을 이해했는지 확인한다.

정답
(1) 약을 먹고 푹 쉬었더니
(2) 창문을 열어 놓았더니

어휘 및 표현

모기	◆ **정의** 사람이나 가축의 피를 빨아 먹는, 날아다니는 작은 곤충. 🔲 모기 물린 데가 너무 가려워요. ● **설명** "(모기 그림을 보여 주며) 이 벌레 이름이 뭐예요? 이 벌레는 '모기'예요."

덜	◆ **정의** 비교의 대상이나 어떤 기준보다 정도가 약하게, 그 이하로. 🔲 아직 책을 덜 읽었어요. ● **설명** "'덜'은 어떤 기준보다 약한 정도를 말해요. 밥을 많이 안 먹었어요. '소화가 안 되어서 평소보다 덜 먹었어요.' 이렇게 말할 수 있어요."

교수-학습 지침

※ 고등학생 대상 수업의 경우 필수적으로 5분간 다음 활동을 추가로 진행함.
➜ 교사는 학생들에게 목표 문법을 활용할 수 있는 새로운 화제를 제시한다.
🔲 "가장 기억에 남는 시험 결과에 대한 상황 일어난 이유를 '-었더니'를 사용하여 말해 보세요."

예시 답안

매일 팝송을 듣고 따라 불렀더니 영어 듣기 성적이 올랐어요. 일주일에 한 번 2시간씩 친구들과 함께 토론을 했더니 말하기 실력이 늘었어요.

정리 – 5분

1) 교사는 학생들에게 대화문을 다시 한번 읽게 한다.

2) 교사는 교재에 제시된 열린 질문을 통해 학생들에게 배운 문법을 활용하여 자유롭게 이야기를 나누게 한다.

🔲 "그 일이 왜 일어났어요? '-었더니'를 사용하여 말해 보세요."

예시 답안

밤을 샜더니 너무 피곤해요. 몇 시간 동안 수다를 떨었더니 배가 고파요. 날짜가 지난 우유를 마셨더니 배탈이 났어요.

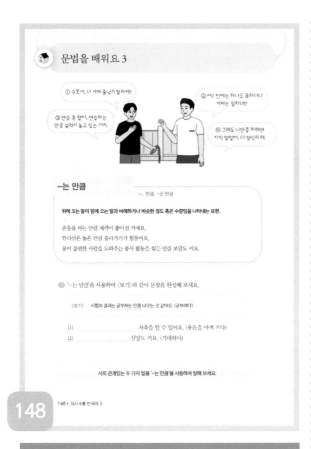

• 5차시 | 문법을 배워요 3

[학습 목표]

- 일의 결과에 대하여 어떤 것과 비슷한 정도를 표현할 수 있다.
- '-는 만큼'을 사용하여 뒤에 오는 말이 앞에 오는 말과 비례하거나 비슷한 정도 혹은 수량임을 나타내는 표현을 할 수 있다.

도입 - 5분

1) 교사는 학생들에게 대화문을 읽게 한다. 그리고 학생들이 대화 상황을 이해했는지 확인 질문을 한다.
   교 "누가 줄넘기 실력이 늘었나요?"
   교 "어떻게 줄넘기 실력이 늘게 되었어요?"

2) 교사는 학생들에게 목표 문법의 의미를 추측할 수 있는 질문을 한다.
   교 "세인이는 줄넘기를 잘 하나요?"
   교 "줄넘기를 수호만큼 하려면 어떻게 해야 하나요?"

전개 - 35분

다음의 절차에 따라 문법에 대해 설명한다. 그리고 새로 제시되는 어휘 및 표현이 있다면 그 의미를 함께 설명한다.

[설명]

교 "'-는 만큼'은 정도나 수량이 비슷함을 나타낼 때 사용해요."

[예시]

- 공부하는 만큼 좋은 결과가 있을 거예요.
- 제가 기쁜 만큼 저희 부모님도 기뻐하실 거예요.
- 음식은 먹을 만큼만 가져다 드세요.

[정보]

▶ 형태 정보:

	시제	형태
동사	과거	-은 만큼 -ㄴ 만큼
	현재	-는 만큼
	미래	-을 만큼 -ㄹ 만큼
형용사	현재	-은 만큼 -ㄴ 만큼

① 과거의 경우 동사 어간 끝음절에 받침이 있으면 '-은 만큼', 동사 어간 끝음절에 받침이 없거나 'ㄹ' 받침으로 끝나면 '-ㄴ 만큼'을 쓴다. 단, 'ㄹ' 받침으로 끝날 때는 'ㄹ'이 탈락한다.

② 현재의 경우 동사 어간 끝음절의 받침 유무와 관계없이 '-는 만큼'을 쓴다. 단, 'ㄹ' 받침으로 끝날 때는 'ㄹ'이 탈락한다.

③ 미래의 경우 동사 어간 끝음절에 받침이 있으면 '-을 만큼', 동사 어간 끝음절에 받침이 없거나 'ㄹ' 받침으로 끝나면 '-ㄹ 만큼'을 쓴다. 단, 'ㄹ' 받침으로 끝날 때는 'ㄹ'이 탈락한다.

④ 현재 시제의 경우 형용사 어간 끝음절에 받침이 있으면 '-은 만큼', 형용사 어간 끝음절에 받침이 없거나 'ㄹ' 받침으로 끝나면 '-ㄴ 만큼'을 쓴다. 단, 'ㄹ' 받침으로 끝날 때는 'ㄹ'이 탈락한다.제약 정보:

① 과거 '-었-', 미래 · 추측의 '-겠-'과 결합하지 않는다.
- 영수가 알았는 만큼 나도 알았어. (X)
- 영수가 피곤했는 만큼 나도 피곤해. (X)

② '명사+만큼'으로 명사와 함께 쓰여 앞 말과 비슷한 정도임을 나타낼 수 있다. 이때 '만큼'은 조사로 명사에 붙여 쓴다.
- 나도 형만큼 키가 크고 싶어요.
- 오늘도 어제만큼 추울 거예요.

[확인]

교사는 문법을 설명한 뒤 '연습 문제'를 통해 학생들이 문법을 이해했는지 확인한다.

어휘 및 표현

저축	◆ 정의 절약하여 모아 둠. 📑 저축을 많이 해서 여행을 갈 거예요. ● 설명 "돈을 아껴서 모아 두는 것을 '저축'이라고 해요."

교수-학습 지침

※ 고등학생 대상 수업의 경우 필수적으로 5분간 다음 활동을 추가로 진행함.
➔ 교사는 학생들에게 목표 문법을 활용할 수 있는 새로운 화제를 제시한다.
📖 "여러분 비슷한 두 물건을 가지고 '-는 만큼'을 사용하여 말해 보세요."

예시 답안

이 노트북은 가벼운 만큼 사람들에게 인기가 많아요. 이 휴대 전화는 다양한 기능이 있는 만큼 비싸요.

정리 - 5분

1) 교사는 학생들에게 대화문을 다시 한번 읽게 한다.

2) 교사는 교재에 제시된 열린 질문을 통해 학생들에게 배운 문법을 활용하여 자유롭게 이야기를 나누게 한다.
📖 "서로 관계있는 두 가지 일을 '-는 만큼'을 사용하여 말해 보세요."

예시 답안

한국 사람이 매운 음식을 잘 먹는 만큼 중국 사람도 매운 음식을 잘 먹어요. 유미는 한국어를 잘하는 만큼 영어도 잘해요.

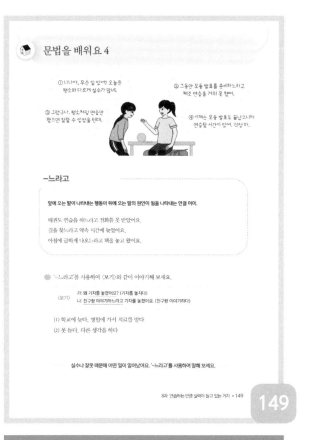

• 6차시 | 문법을 배워요 4

[학습 목표]

• 어떤 상황에 대하여 자신의 행동을 변명할 수 있다.
• '-느라고'를 사용하여 앞에 오는 말이 나타내는 행동이 뒤에 오는 말의 원인이 됨을 나타내는 표현을 할 수 있다.

도입 - 5분

1) 교사는 학생들에게 대화문을 읽게 한다. 그리고 학생들이 대화 상황을 이해했는지 확인 질문을 한다.
📖 "두 사람은 지금 어디에 있어요?"
📖 "오늘 나나는 왜 실수가 많아요?"

2) 교사는 학생들에게 목표 문법의 의미를 추측할 수 있는 질문을 한다.
📖 "나나가 무엇을 하느라고 체조 연습을 못 했어요?"

전개 - 35분

다음의 절차에 따라 문법에 대해 설명한다. 그리고 새로 제시되는 어휘 및 표현이 있다면 그 의미를 함께 설명한다.

[설명]

📖 "'-느라고'는 앞에 오는 말이 뒤에 오는 말의 이유나 원인이 됨을 표현할 때 사용해요."

[예시]

- 책을 읽느라고 시간을 못 봤어요.
- 영화를 보느라고 전화를 못 받았어요.
- 친구들과 노느라고 숙제를 못했어요.

[정보]

▶ 형태 정보:

	받침 O	받침 X, 'ㄹ' 받침
동사	-느라고	

① 동사 어간 끝음절의 받침 유무와 관계없이 '-느라고'를 쓴다. 단, 'ㄹ' 받침으로 끝날 때는 'ㄹ'이 탈락한다.

▶ 제약 정보:

① 앞 절과 뒤 절의 주어가 같아야 하고, 주로 뒤 절의 주어는 생략한다.
- 나나가 밥을 먹느라고 (나나가) 전화를 못 받았어요. (O)
- 나나가 밥을 먹느라고 유미가 전화를 못 받았어요. (X)

② 과거 '-었-', 미래 · 추측의 '-겠-'과 결합하지 않는다.
- 숙제를 하느라고 친구 생일 파티에 못 갔어요. (O)
- 숙제를 했느라고 친구 생일 파티에 못 갔어요. (X)

③ 뒤 절에 명령문이나 청유문이 올 수 없다.
- 자느라고 전화 못 받아라. (X)
- 공부하느라고 드라마를 보지 마세요. (X)

▶ 주의 사항:

① '-느라고', '-어서', '-으니까'는 앞 절이 뒤 절의 원인이나 이유, 근거를 나타낸다.

② '-어서'는 뒤 절에 청유문과 명령문이 올 수 없으며, 앞 절과 뒤 절의 주어가 달라도 된다. 그리고 과거 '-었-', 미래 · 추측의 '-겠-'과 결합하지 않는다. '-으니까'는 뒤 절에 청유문과 명령문이 올 수 있으며, 앞 절과 뒤 절의 주어가 달라도 된다. 그리고 과거 '-었-', 미래 · 추측의 '-겠-'과 결합한다.

[확인]

교사는 문법을 설명한 뒤 '연습 문제'를 통해 학생들이 문법을 이해했는지 확인한다.

> **정답**
> (1) 학교에 늦었어요 / 병원에 가서 치료를 받느라고
> (2) 못 들었어요 / 다른 생각을 하느라고

어휘 및 표현

평소	◆ **정의** 특별한 일이 없는 보통 때. 예 면접이 있을 때 평소보다 신경 써서 옷을 입어야 해요. ● **설명** "평소 일이 없을 때 무엇을 해요? '평소'는 보통의 날과 같은 때를 말해요."

> **교수-학습 지침**
>
> ※ 고등학생 대상 수업의 경우 필수적으로 5분간 다음 활동을 추가로 진행함.
> ➡ 교사는 학생들에게 목표 문법을 활용할 수 있는 새로운 화제를 제시한다.
> 교 "친구와 약속을 잊어버렸을 때 뭐라고 말해요? '-느라고'를 사용하여 말해 보세요."

> **예시 답안**
> 컴퓨터 게임을 하느라고 약속을 잊어버렸어.
> 동생을 돌보느라 약속을 잊어버렸어.

정리 – 5분

1) 교사는 학생들에게 대화문을 다시 한번 읽게 한다.

2) 교사는 교재에 제시된 열린 질문을 통해 학생들에게 배운 문법을 활용하여 자유롭게 이야기를 나누게 한다.

교 "실수나 잘못 때문에 어떤 일이 일어났어요. '-느라고'를 사용하여 말해 보세요."

> **예시 답안**
> 음악을 듣느라고 전화를 못 받았어요. 노느라고 숙제를 못 했어요. 콘서트 가느라고 약속도 잊어버렸어요.

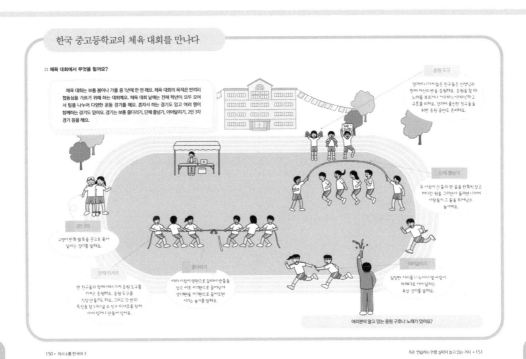

• 문화

[학습 목표]
• 한국의 체육 대회에서 하는 종목에 대해 알 수 있다.
• 한국의 학생들이 체육 대회에서 어떻게 응원하는지 알 수 있다.

1) 질문을 통해 학생들에게 주제를 추측하게 한다.

📖 "운동을 하면서 서로 협력하고 협동심을 기르는 대회를 뭐라고 해요?"

📖 "학생들이 무엇을 하고 있어요?"

📖 "이 중에서 여러분이 해 본 종목이 있어요?"

2) 교재 150~151쪽을 보며 '체육 대회와 운동 종목, 체육 대회에서 하는 응원'에 대해 설명한다.

교수-학습 지침
교사는 체험 활동으로 학생들에게 체육 대회에서 부를 응원가를 직접 만들어 보는 활동을 진행할 수 있다. 노래를 정하고 개사를 하고 율동을 준비할 수 있도록 지도한다.

3) 본 문화와 관련하여 상호문화적 관점에서 이야기할 수 있도록 한다.

📖 "여러분이 알고 있는 응원 노래가 있어요? 있으면 친구들에게 소개해 주세요."

📖 "다른 나라에서는 어떻게 응원해요?"

📖 "다른 나라의 응원 구호나 응원가를 아는 것이 있어요?"

더 알아보기

한국 축구 응원	·응원 구호: 대~한! 민! 국! (큰 목소리로 외친다.) 짝짝짝! 짝짝! (박자에 맞게 박수를 친다.) ·응원 도구: 축구 경기를 볼 때 '빨간색 티셔츠, 붉은 악마 머리띠, 응원 나팔, 태극기' 등을 준비하고 복장을 갖춘 다음 응원을 해요. 다 함께 구호를 외치고 노래도 불러요.
베트남 축구 응원	·응원 노래와 춤: 'Vietnam oi'라는 노래에 맞추어 단체로 춤을 춰요. ·응원 도구: 축구 경기를 볼 때 '빨간색 티셔츠(베트남 국기), 빨간색 머리띠, 베트남 국기, 응원 풍선' 등으로 복장을 갖춘 다음 응원을 해요.
브라질 축구 응원	브라질 축구를 응원하는 사람들을 '카나리아 군단', '삼바 군단'이라고 불러요. 이 사람들은 브라질 국기와 비슷한 색의 유니폼을 입고 삼바 춤을 추면서 응원해요.

152 · 의사소통 한국어 3

8과 연습하는 만큼 실력이 늘고 있는 거지 · 153

〈더 배워요〉 학습 목표

- 다른 사람에게 변명을 할 수 있다.
- 다른 사람에게 자신의 능력을 자랑할 수 있다.

7차시	• 자신의 잘못이나 실수에 대해 상대방에게 이유를 들어 변명할 수 있다.
8차시	• 다른 사람에게 어떤 일의 결과에 대해 나의 능력을 자랑할 수 있다.
9차시	• 간단한 운동 방법에 대한 글을 읽고 이해할 수 있다.
10차시	• 간단한 운동 방법에 대한 글을 쓸 수 있다.

〈학습 도구 한국어〉 학습 목표

7~8차시	• 점검하기에서 양상 확인하기에 대해 안다.
9~10차시	• 점검하기에서 관계 파악하기에 대해 안다.

• 7차시 | 〈더 배워요〉 도입 및 대화해 봐요 1

〈더 배워요〉 도입 – 5분

1) 〈꼭 배워요〉의 목표 어휘 및 문법 등을 확인할 수 있는 질문을 통해 학생들이 해당 표현을 사용하여 답할 수 있도록 유도한다.

📖 "어떤 일 때문에 실수나 잘못을 한 적이 있어요? 그때 다른 사람에게 어떻게 변명했어요?"

📖 "여러분이 오랜 시간동안 노력해서 얻은 결과 중 자랑하고 싶은 것이 있어요?"

2) '대화해 봐요 1, 2'에서 학습할 내용을 대표하는 네 개의 그림들을 확인하며 학생들이 앞으로 배우게 될 주제 및 내용을 추측할 수 있도록 한다.

📖 "와니의 표정이 왜 안 좋을까요?"

📖 "수호는 왜 늦었어요?"

📖 "안나의 표정이 어때 보여요?"

📖 "호민이는 왜 땀을 흘리고 있을까요?"

📖 "수호와 나나가 무엇을 하고 있어요?"

📖 "수호와 나나 중 누가 더 자전거를 잘 탈까요?"

📖 "두 사람이 무슨 운동을 하고 있어요?"

📖 "세인이의 실력이 좋아진 이유는 뭐예요?"

3) '함께 이야기해 봐요'에 제시된 질문을 통해 이야기를 나눔으로써 '읽고 써 봐요'에서 학습할 내용을 추측하게 한다.

📖 "교실에서 간단하게 할 수 있는 체조에는 뭐가 있어요?"

📖 "여러분이 알고 있는 체조가 있어요? 어떻게 해요?"

대화해 봐요 1

◀◀ 정호가 와니에게 무슨 대회에 나가자고 했을까요? ▣로 확인해 보세요.

▶ 정호가 왜 늦었을까요? 먼저 ▣로 확인해 보세요.

① 어, 미안. 오늘 너무 일이 많아서, 내가 좀 늦을까?

② 혼자 바쁜 척하지 마, 나도 다른 일이 있었지만 시간 맞춰 왔어.

③ 나도 빨리 오려고 했다고, 그런데 길이 너무 막혀서 어쩔 수가 없었어.

④ 너 지난번 연습 때도 늦었잖아.

⑤ 그때는 과제하느라고 늦게 잤거든, 그래서 그날 아침에 늦잠을 자서 늦었어.

⑥ 오늘은 저가 막혔고, 그때는 늦잠을 잤고, 늦은 이유도 여러 가지네, 대회까지 아니면 화가 나서 난 가 버렸을 거야.

⑦ 미안해, 다시는 안 늦을게.

154 · 의사소통 한국어 3

[학습 목표]
- 자신의 잘못이나 실수에 대해 상대방에게 이유를 들어 변명할 수 있다.
- 부가 문법: -는 척하다
- 목표 표현: -어서 어쩔 수가 없었어
  -느라고, -거든

본 대화는 정호가 같이 운동하기로 한 와니와의 약속 시간에 늦어서 변명을 하는 상황이다.

도입 - 5분

1) 교사는 학생들에게 '대화해 봐요 1'의 내용을 추측할 수 있는 질문을 한다.
   🔲 "여러분, 약속 시간에 늦은 적이 있어요? 왜 늦었어요?"
   🔲 "약속 시간에 늦었을 때 어떻게 말했어요?"

2) 교사는 학생들에게 154쪽의 첫 번째 QR 코드 속 영상을 보게 한다.
   🔲 "정호와 와니가 무슨 대회에 나가자고 했을까요? 무슨 대회에 나가는지 함께 확인해 봐요."

3) 교사는 학생들이 대화 내용을 잘 이해했는지 질문을 한다. 그리고 새 표현이 있다면 그 의미를 함께 설명한다.
   🔲 "다음 달에 무슨 대회가 있어요?"
   🔲 "정호는 와니에게 어떤 제안을 했어요?"

전개 - 20분

1) 교사는 학생들에게 본 대화 내용을 소개하며 154쪽의 두 번째 QR 코드 속 영상을 보게 한다.
   🔲 "정호가 왜 늦었을까요? 왜 늦었는지 함께 확인해 봐요."

2) 교사는 학생들이 대화의 전체 내용을 이해했는지 확인하는 질문을 한다.
   🔲 "와니가 왜 기분이 안 좋아요?"

3) 교사는 학생들에게 대화문을 읽게 한 후 대화의 내용을 이해했는지 확인하는 질문을 한다. 그리고 새 표현이 있다면 그 의미를 함께 설명한다.
   🔲 "정호가 빨리 오지 못한 이유가 뭐예요?"
   🔲 "정호가 지난번 연습 때 늦은 이유는 뭐예요?"

4) 대화에 제시된 새 표현의 의미를 설명한다.

5) 교사는 학생들에게 대화문을 다시 한번 읽게 한다. 이때 역할을 나누는 등 다양한 방식으로 읽게 할 수 있다.

6) 교사는 다음의 절차에 따라 부가 문법 '-는 척하다'에 대해 설명한다. 그리고 새로 제시되는 어휘가 있다면 그 의미를 함께 설명한다.

부가 문법   '-는 척하다'

[설명]
🔲 "(작은 가방을 보여 주며) 여러분 이 가방의 무게가 어때 보여요? (가방이 아주 무거운 것 같은 시늉을 내며) 사실 별로 무겁지 않아요. 하지만 선생님은 가방이 무거운 척해요. 이렇게 '-는 척하다'는 실제 그렇지 않은데 행동이나 상태를 거짓으로 꾸밀 때 사용해요."

[예시]
- 동생이 내 케이크를 먹고 안 먹은 척해요.
- 내 말을 무시하고 자는 척한다.
- 친구의 요리가 맛이 없었지만 맛있는 척했어요.
- 별로 피곤하지 않으면서 힘든 척해요.

[정보]
▶ 형태 정보:

	받침 O	받침 X, 'ㄹ' 받침
동사	-는 척하다	
형용사	-은 척하다	-ㄴ 척하다

① 동사 어간 끝음절의 받침 유무와 관계없이 '-는 척하다'를 쓴다. 단, 'ㄹ' 받침으로 끝날 때는 'ㄹ'이 탈락한다.

② 형용사 어간 끝음절에 받침이 있으면 '-은 척하다', 형용사 어간 끝음절에 받침이 없으면 '-ㄴ 척하다'를 쓴다.

7) 교사는 학생들에게 목표 표현에 대해 설명한다.

목표 표현 1 **'-어서 어쩔 수가 없었어'**

[설명]

📖 "-어서 어쩔 수가 없었어'는 어떤 이유 때문에 다른 방법이 없었다는 것을 표현할 때 사용해요."

[예시]

· 나도 하려고 했는데 일이 많아서 어쩔 수가 없었어.
· 전화하려고 했는데 휴대 전화가 고장 나서 어쩔 수가 없었어.
· 일찍 오려고 했는데 차가 밀려서 어쩔 수가 없었어.
· 미리 준비해 오려고 했는데 깜빡 잊어버려서 어쩔 수가 없었어.

목표 표현 2 **'-느라고, -거든'**

[설명]

📖 "'-느라고, -거든'은 다른 사람에게 변명의 이유를 들어서 설명할 때 사용해요."

[예시]

· 동생 숙제를 도와주느라고 내 할 일을 못 했거든.
· 대회 연습을 하느라고 문자 메시지를 확인하지 못 했거든.
· 텔레비전을 보느라고 숙제를 못 했거든.
· 공부하느라고 요즘 운동을 못 했거든요.

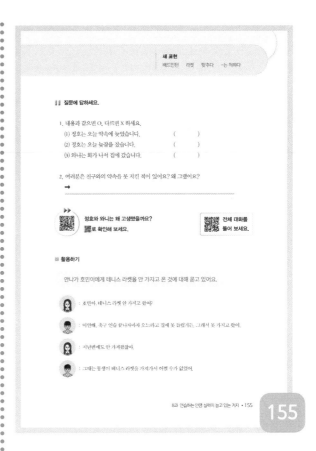

8) 교사는 학생들에게 교재의 1번과 2번 문제를 풀게 한다.

9) 교사는 학생들과 함께 문제의 답을 확인한다.

정답
1. (1) ○ (2) × (3) ×
2. 숙제를 하느라 약속 시간을 깜빡했어요. 그래서 약속을 못 지켰어요.

10) 교사는 학생들에게 155쪽의 첫 번째 QR 코드 속 영상을 보게 한다.

📖 "정호와 와니는 왜 고생했을까요? 함께 확인해 봐요."

11) 교사는 학생들이 대화 내용을 잘 이해했는지 질문을 한다. 그리고 새 표현이 있다면 그 의미를 함께 설명한다.

📖 "두 사람의 배드민턴 대회 결과가 어땠어요?"

📖 "와니는 대회 준비를 하면서 무엇 때문에 고생을 했어요?"

어휘 및 표현

라켓	◆ 정의 배드민턴, 탁구, 테니스 등에서 공을 치는 기구. 예 라켓을 바르게 잡는 방법 좀 알려 주세요. ● 설명 "(배드민턴, 탁구, 테니스의 라켓 그림을 보여 주며) 운동을 할 때 공을 치는 기구를 '라켓'이라고 해요."

배드민턴	◆ **정의** 네트를 사이에 두고 라켓으로 깃털이 달린 공을 서로 치고 받는 경기. **예** 부모님은 저녁마다 공원에서 배드민턴을 치세요. ● **설명** "(배드민턴 그림을 보여 주며) 무슨 운동이에요? 이렇게 라켓을 들고 상대방과 서로 공을 주고받으며 치는 것을 '배드민턴'이라고 해요."
맞추다	◆ **정의** 정해진 시간을 넘기지 않다. **예** 정호는 항상 약속 시간을 맞추지 못하고 늦게 와요. ● **설명** "여러분 과제를 다음 주 월요일까지 제출해 주세요. 제출 날짜를 늦지 말고 꼭 맞추어 주세요. 이렇게 '맞추다'는 정해진 시간을 넘기지 않는 것을 말해요."

활용 – 10분

1) 교사는 학생들이 목표 표현을 사용하여 대답할 수 있도록 질문을 한다.

🔲 "오늘 친구에게 돌려주기로 한 책을 안 가지고 왔어요. 여러분이라면 어떻게 변명할 것 같아요?"

2) 교사는 질문을 통해 학생들이 '활용하기'의 대화 상황을 추측할 수 있도록 한다.

🔲 "안나가 호민이에게 테니스 라켓을 안 가지고 온 것에 대해 묻고 있어요. 무슨 이야기를 하는지 함께 읽어 봐요."3) 교사는 학생들에게 대화문을 읽게 한 후 대화의 내용을 이해했는지 확인하는 질문을 한다. 그리고 새 표현이 있다면 그 의미를 함께 설명한다.

🔲 "오늘 호민이는 왜 라켓을 안 가지고 왔어요?"

🔲 "호민이는 지난번에도 라켓을 안 가지고 왔어요. 그때는 왜 못 가지고 왔어요?"

4) 교사는 학생들에게 대화문을 다시 한번 읽게 한다. 이때 역할을 나누는 등 다양한 방식으로 읽게 할 수 있다.

교수-학습 지침

※ 고등학생 대상 수업의 경우 필수적으로 5분간 다음 활동을 추가로 진행함.
➔ 교사는 짝 활동, 그룹 활동을 통해 친구와 약속을 취소하게 됐을 때 상황을 이야기하도록 지도한다.

정리 – 5분

교사는 학생들에게 155쪽의 '전체 대화를 들어 보세요' QR 코드 속 대화를 듣게 하고 수업을 마무리한다.

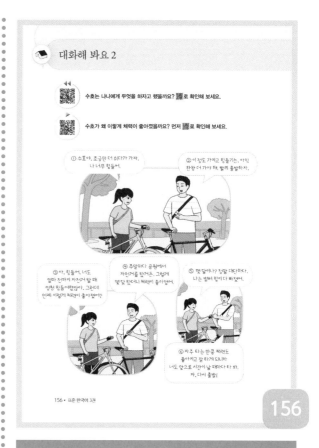

156

• 8차시 | 대화해 봐요 2

[학습 목표]

• 다른 사람에게 어떤 일의 결과에 대해 나의 능력을 자랑할 수 있다.
• 부가 문법: -기는
• 목표 표현: -었더니 -어지다
　　　　　　이 정도 가지고 -기는

본 대화는 나나와 수호가 자전거를 타다가 잠깐 쉬며 대화를 나누고 있는 상황이다.

도입 – 7분

1) 교사는 학생들에게 '대화해 봐요 2'의 내용을 추측할 수 있는 질문을 한다.

🔲 "여러분은 어떤 운동을 꾸준히 하고 있어요?"

🔲 "운동을 꾸준히 하면 좋은 점이 뭐예요?"

2) 교사는 학생들에게 156쪽의 첫 번째 QR 코드 속 영상을 보게 한다.

🔲 "수호는 나나에게 무엇을 하자고 했을까요? 함께 확인해 봐요."

3) 교사는 학생들이 대화 내용을 잘 이해했는지 질문을 한다. 그리고 새 표현이 있다면 그 의미를 함께 설명한다.

🔲 "수호가 나나에게 어떤 제안을 했어요?"

📖 "나나는 요즘 운동을 자주 하고 있었어요?"

1) 교사는 학생들에게 본 대화 내용을 소개하며 156쪽의 두 번째 QR 코드 속 영상을 보게 한다.
   📖 "수호가 체력이 좋아졌어요. 왜 이렇게 체력이 좋아졌을까요? 함께 확인해 봐요."

2) 교사는 학생들이 대화의 전체 내용을 이해했는지 확인하는 질문을 한다.
   📖 "나나는 자전거를 타는 것이 어때요?"
   📖 "수호는 요즘 주말마다 무엇을 하고 있어요?"

3) 교사는 학생들에게 대화문을 읽게 한 후 대화의 내용을 이해했는지 확인하는 질문을 한다. 그리고 새 표현이 있다면 그 의미를 함께 설명한다.
   📖 "수호의 체력이 과거하고 비교해서 어떻게 변했어요?"
   📖 "수호의 체력을 부러워하는 나나에게 수호는 어떻게 조언했어요?"

4) 대화에 제시된 새 표현의 의미를 설명한다.

5) 교사는 학생들에게 대화문을 다시 한번 읽게 한다. 이때 역할을 나누는 등 다양한 방식으로 읽게 할 수 있다.

6) 교사는 다음의 절차에 따라 부가 문법 '-기는'에 대해 설명한다. 그리고 새로 제시되는 어휘가 있다면 그 의미를 함께 설명한다.

부가 문법   '-기는'

[설명]
📖 "'여러분, 한국어 공부가 어려워요?' (학생들의 반응을 기다리고) '에이그, 어렵기는요. 충분히 잘하고 있어요?' 이렇게 '-기는'은 다른 사람의 말을 가볍게 부정하거나 반박할 때 사용해요."

[예시]
· 매일 운동하는 것이 쉽기는. 하루도 하기 힘든데.
· 아니에요, 노래를 잘 하기는요.
· 피곤하기는. 아직은 힘이 많이 남았어.
· 잠이 들기는. 과제하느라고 아직 깨어 있어.

[정보]
▶ 형태 정보:

	받침 O	받침 X
동사, 형용사	-기는	

① 동사 및 형용사 어간 끝음절의 받침 유무와 관계없이 '-기는'을 쓴다.

7) 교사는 학생들에게 목표 표현에 대해 설명한다.

목표 표현 1   '-었더니 -어지다'

[설명]
📖 "'-었더니 -어지다'는 어떤 원인이나 이유에 대한 결과를 말할 때 사용해요."

[예시]
· 책을 많이 읽었더니 국어 점수가 좋아졌어.
· 컴퓨터 화면을 가까이에서 오래 봤더니 눈이 나빠졌어요.
· 편식하지 않고 음식을 골고루 먹었더니 건강해졌어.
· 오랜만에 운동을 했더니 몸이 아파요.

목표 표현 2   '이 정도 가지고 -기는'

[설명]
📖 "'내가 생일 선물을 줘서 감동 받았어요? 이 정도 가지고 감동받기는.' 이렇게 '이 정도 가지고 -기는'은 나의 행동에 대해 상대방이 한 말을 가볍게 부정할 때 사용해요."

[예시]
· 이 정도 가지고 고맙기는. 당연한 일인데.
· 이 정도 가지고 포기하기는. 열심히 하면 잘할 수 있어.
· 이 정도 가지고 울기는. 조금만 힘내.
· 이 정도 가지고 힘들어하기는. 내가 도와줄게.

원래	◆ **정의** 맨 처음부터. **예** 원래 내 꿈은 선생님이 아니라 가수였어요. ● **설명** "'여행 계획이 바뀌었어요. 원래 계획은 이게 아니었어요.' 이처럼 '원래'는 '맨 처음부터'라는 의미예요."
체력	◆ **정의** 몸의 힘이나 기운. **예** 건강할 때 체력 관리를 해야 해요. ● **설명** "'체력'은 몸의 힘을 말해요. 꾸준히 운동을 하면서 체력을 키워야 해요."

활용 – 10분

1) 교사는 학생들이 목표 표현을 사용하여 대답할 수 있도록 질문을 한다.

📖 "여러분이 다른 사람보다 잘하는 운동이 뭐예요? 어떻게 그렇게 실력이 좋아졌어요?"

2) 교사는 질문을 통해 학생들이 '활용하기'의 대화 상황을 추측할 수 있도록 한다.

📖 "유미와 세인이가 볼링을 잘 치게 된 이유에 대해 이야기하고 있어요. 어떻게 말하는지 함께 읽어 봐요."

3) 교사는 학생들에게 대화문을 읽게 한 후 대화의 내용을 이해했는지 확인하는 질문을 한다. 그리고 새 표현이 있다면 그 의미를 함께 설명한다.

📖 "세인이는 볼링을 치는 실력이 어때요?"

📖 "세인이는 어떻게 볼링을 잘 치게 되었어요?"

4) 교사는 학생들에게 대화문을 다시 한번 읽게 한다. 이때 역할을 나누는 등 다양한 방식으로 읽게 할 수 있다.

> **교수-학습 지침**
> ※ 고등학생 대상 수업의 경우 필수적으로 5분간 다음 활동을 추가로 진행함.
> → 교사는 짝 활동, 그룹 활동을 통해 다른 사람에게 자랑하고 싶은 일에 대해 서로 이야기하도록 지도한다.

정리 – 8분

교사는 학생들에게 157쪽의 '전체 대화를 들어 보세요' QR 코드 속 대화를 듣게 하고 수업을 마무리한다.

---

8) 교사는 학생들에게 교재의 1번과 2번 문제를 풀게 한다.

9) 교사는 학생들과 함께 문제의 답을 확인한다.

> **정답**
> 1. (1)× (2)× (3)○
> 2. 저는 수영을 잘해요. 어렸을 때부터 수영을 계속 배워 왔어요.

10) 교사는 학생들에게 157쪽의 첫 번째 QR 코드 속 영상을 보게 한다.

📖 "나나가 힘들어하지 않은 이유는 무엇일까요? 함께 확인해 봐요."

11) 교사는 학생들이 대화 내용을 잘 이해했는지 질문을 한다. 그리고 새 표현이 있다면 그 의미를 함께 설명한다.

📖 "나나의 몸 상태는 아까와 비교해서 어떻게 달라졌어요?"

📖 "나나가 몇 시간 만에 자전거를 타는 것에 적응한 이유는 뭐예요?"

어휘 및 표현

엄청	◆ **정의** 양이나 정도가 아주 지나치게. **예** 오늘은 엄청 기쁜 날이에요. ● **설명** "'보통보다 훨씬 더'라는 의미로 '매우'의 의미와 비슷해요. '엄청 빠르다, 엄청 맵다, 엄청 예쁘다' 이렇게 말할 수 있어요."

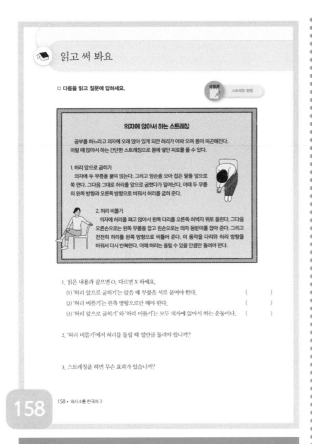

158 • 의사소통 한국어 3

● 9차시 | 읽고 써 봐요 – 읽기

[학습 목표]
- 간단한 운동 방법에 대한 글을 읽고 이해할 수 있다.

본 활동은 의자에 앉아서 하는 스트레칭 방법에 대한 설명문을 읽고 이해하기 위한 활동이다.

읽기 전 – 5분

교사는 학생들에게 읽기 내용을 추측할 수 있는 질문을 한다.

- 📖 "스트레칭이 뭐예요?"
- 📖 "여러분은 언제 스트레칭을 해요?"
- 📖 "의자에 앉아서 하는 스트레칭은 어떤 것이 있을까요?"

읽기 중 – 30분

1) 교사는 학생들에게 읽기 지문을 개별적으로 읽게 한다.

2) 교사는 학생들이 읽기 지문의 전체 내용을 이해했는지 확인하는 질문을 한다.
- 📖 "이게 무슨 글이에요?"
- 📖 "이 글을 어디에서 볼 수 있어요?"

3) 교사는 학생들에게 읽기 지문을 읽게 한다. 그리고 세부 내용을 이해했는지 확인하는 질문을 한다.

어휘 및 표현

동작	◆ **정의** 몸이나 손발을 움직이는 모양. 📷 저를 보고 이 동작을 따라 하세요. ● **설명** "몸을 움직이는 모양을 '동작'이라고 해요. 요가는 반복해서 하는 '동작'이 많아요."
등받이	◆ **정의** 의자에 앉은 사람이 등을 기댈 수 있는 의자의 부분. 📷 등받이가 편한 의자가 정말 좋아요. ● **설명** "(등받이 사진을 보여 주며) 이처럼 의자에 앉을 때 등을 기댈 수 있는 곳을 말해요."
비틀다	◆ **정의** 힘을 주어 꼬면서 돌리다. 📷 빨래를 비틀어 물기를 짜요. ● **설명** "(빨래를 비틀어 짜고 있는 그림을 보여 주며) 힘을 주어서 반대로 돌리는 것을 '비틀다'라고 말해요."
스트레칭	◆ **정의** 몸과 팔다리를 쭉 펴는 것. 📷 저는 매일 아침 스트레칭으로 하루를 시작해요. ● **설명** "(스트레칭 사진을 보여 주며) 몸과 팔다리를 펴면서 운동하는 것을 '스트레칭'이라고 해요."
양손	◆ **정의** 양쪽 손. 📷 마트에서 양손 가득 장을 보았어요. ● **설명** "손 한 개를 말하는 것이 아니라 오른손 왼손 양쪽 모두의 손을 말해요."
쭉	◆ **정의** 몸을 곧게 펴는 모양. 📷 팔을 양쪽 위로 쭉 올려요. ● **설명** "너무 많이 걸어서 다리가 아파요. 바닥에 다리를 '쭉' 펴고 앉았어요. '쭉'은 몸을 바르게 펴는 것을 말해요."
허벅지	◆ **정의** 허벅다리 안쪽의 살이 깊은 곳. 📷 허벅지가 튼튼해요. ● **설명** "(허벅지 그림을 보여 주며) 이곳이 우리 몸의 어디예요? '허벅지'라고 해요."
효과	◆ **정의** 어떠한 것을 하여 얻어지는 좋은 결과. 📷 감기약을 먹었는데도 효과가 별로 없어요. ● **설명** "혼자 공부하는 것보다 친구들과 함께 공부하니까 훨씬 효과가 좋았어요. 이렇게 '효과'는 좋은 결과가 얻어지는 것을 말해요."

읽기 후 – 10분

1) 교사는 학생들에게 교재의 문제를 풀게 한다.

2) 교사는 학생들과 함께 문제의 답을 확인한다.

> **정답**
> 1.(1)○ (2)× (3)○
> 2. 돌릴 수 있을 만큼만 돌려야 합니다.
> 3. 몸에 쌓인 피로를 풀 수 있습니다.

3) 교사는 질문을 통해 읽기 내용을 재확인하며 수업을 마무리한다.
- 📖 "스트레칭을 하면 무슨 효과가 있습니까?"

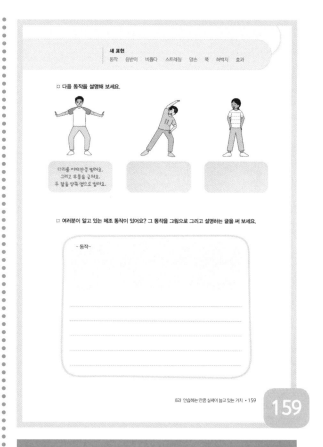

159

• 10차시 | 읽고 써 봐요 - 쓰기

[학습 목표]
• 간단한 운동 방법에 대한 글을 쓸 수 있다.

본 활동은 제시된 체조 동작을 설명하고 자신이 알고 있는 체조 동작을 그림으로 그리고 설명하는 활동이다.

쓰기 전 - 5분

1) 교사는 학생들에게 쓰기 내용을 추측할 수 있는 질문을 한다.
  📖 "여러분이 자주 하는 체조 동작이 있어요?"
  📖 "어떤 동작을 알아요?"

2) 교사는 학생들에게 어떤 쓰기 활동을 할 것인지 명확히 알려 준다.
  📖 "이번 시간에는 여러분이 알고 있는 체조 동작에 대한 설명을 써 볼 거예요."

쓰기 중 - 30분

1. 스트레칭 동작을 설명하는 글을 쓰는 활동이다.

1) 교사는 학생들에게 무엇을 써야 하는지 알려 준다. 그리고 새 표현이 있다면 그 의미를 함께 설명한다.

📖 "어떤 동작이에요? 다리와 팔이 어떻게 되어 있어요? 간단히 써 보세요."

2) 교사는 학생들에게 동작을 설명하는 글을 쓰게 한다. 이때 교사는 학생들에게 개별적으로 쓰기 지도를 할 수 있다.

> **2. 학생이 알고 있는 체조 동작을 그리고 설명하는 글을 쓰는 활동이다.**

1) 교사는 학생들에게 무엇을 써야 하는지 알려 준다. 그리고 새 표현이 있다면 그 의미를 함께 설명한다.

📖 "스트레칭을 하면 무슨 효과가 있어요?"

📖 "'허리 비틀기'는 어떻게 하는 동작이에요?"

📖 "여러분이 알고 있는 동작이 있어요?"

📖 "(첫 번째 활동의 동작을 가리키며) 여기 그림처럼 여러분이 알고 있는 스트레칭 동작을 아래에 그려 보세요. 그리고 그것을 설명하는 글을 써 보세요."

📖 "여러분이 위에서 쓴 것처럼 알고 있는 동작을 그리고 설명하는 글을 쓸 거예요."

📖 "여러분이 알고 있는 체조 동작을 먼저 그리고 그 아래에 설명을 자세히 써 보세요."

2) 교사는 학생들에게 동작을 설명하는 글을 쓰게 한다. 이때 교사는 학생들에게 개별적으로 쓰기 지도를 할 수 있다.

> **쓰기 후 – 10분**

1) 쓰기 활동이 모두 마무리되면 교사는 학생들에게 각자 쓴 것을 발표하게 한다.

2) 교사는 스트레칭 방법에 대해 다시 한번 정리하며 수업을 마무리한다.

> **교수-학습 지침**
> ※ 고등학생 대상 수업의 경우 필수적으로 5분간 다음 활동을 추가로 진행함.
> → 교사는 학생들에게 수업 중에 지도받은 내용을 반영해 공책에 글을 다시 쓰게 할 수 있다. 이를 통해 학생들 스스로 자신의 글을 점검하도록 지도한다.

익힘책 교수-학습 지침

1과　네가 꼭 반장이 되면 좋겠다

1. 수업 진행 상황에 따라 익힘책의 '어휘를 익혀요'를 풀어 보게 한다.

어휘를 익혀요 ①

반장과 반 학생들이 토론하는 말을 보고 '반대하다, 찬성하다, 토론하다, 투표하다' 중 빈칸에 들어갈 알맞은 것을 골라 쓰는 문제이다. 이때 교사는 학생들에게 어휘의 다양한 활용을 정확하게 쓸 수 있도록 지도해야 한다.

- '찬성하다/반대하다'는 '의견에 찬성하다', '의견에 반대하다'의 형태로 많이 사용된다.
- '토론하다'는 '~주제에 대해 토론하다', '~문제에 대해 토론하다'의 형태로 많이 사용된다.

어휘를 익혀요 ②

반장과 부반장을 소개하는 글을 읽고 '내성적이다, 사교적이다, 리더십이 있다, 책임감이 있다' 중 빈칸에 들어갈 알맞은 것을 골라 쓰는 문제이다. 이때 교사는 학생들에게 어휘의 다양한 활용을 정확하게 쓸 수 있도록 지도해야 한다.

- '내성적이다', '사교적이다', '리더십이 있다', '책임감이 있다'는 사람을 지칭하는 명사나 사람 이름과 함께 '동생은 사교적이다', '민우는 리더십이 있다', '소연이는 내성적이다'의 형태로 많이 사용된다.

어휘를 익혀요 ③

밑줄 친 부분을 가장 잘 설명한 것을 고르는 문제이다. 이때 교사는 학생들이 어휘의 뜻을 알고 알맞은 의미를 정확하게 선택할 수 있도록 지도해야 한다.

어휘를 익혀요 ④

'밝다, 응원하다, 자유롭다, 절약하다' 중 빈칸에 들어갈 알맞은 것을 골라 쓰는 문제이다. 이때 교사는 학생들에게 어휘의 다양한 활용을 정확하게 쓸 수 있도록 지도해야 한다.

- '절약하다'는 '돈을 절약하다', '물을 절약하다', '시간을 절약하다', '에너지를 절약하다'의 형태로 많이 사용된다.

2. 수업 진행 상황에 따라 교사는 학생들에게 익힘책의 '문법을 익혀요'를 추가로 풀어 보게 할 수 있다.

문법을 익혀요 ①

- 1번은 제시된 어휘나 표현에 목표 문법을 적용하여 대화를 완성하는 문제이다. 목표 문법의 형태나 활용을 정확하게 쓸 수 있도록 지도해야 한다.
- 2번은 대화 상황에 대한 맥락적 이해를 바탕으로 목표 문법을 적용하여 대화를 완성하는 문제이다. 대화의 맥락에 맞추어 목표 문법의 형태나 활용을 정확하게 쓸 수 있도록 지도해야 한다.

문법을 익혀요 ②

- 1번은 제시된 어휘나 표현에 목표 문법을 적용하여 문장을 완성하는 문제이다. 목표 문법의 형태나 활용을 정확하게 쓸 수 있도록 지도해야 한다.
- 2번은 목표 문법을 사용하여 제시된 상황의 목적과 의도를 이해하고 두 문장을 한 문장으로 만드는 문제이다. 목표 문법의 형태나 활용을 정확하게 쓸 수 있도록 지도해야 한다.

문법을 익혀요 ③

- 1번은 제시된 어휘나 표현에 목표 문법을 적용하여 대화를 완성하는 문제이다. 목표 문법의 형태나 활용을 정확하게 쓸 수 있도록 지도해야 한다.
- 2번은 제시된 그림을 보고 목표 문법을 적용하여 겉보기에 느껴지거나 추측되는 상황을 이해하고 문장을 완성하는 문제이다. 그림의 상황에 맞추어 목표 문법의 형태나 활용을 정확하게 쓸 수 있도록 지도해야 한다.

문법을 익혀요 ④

- 1번은 제시된 어휘나 표현에 목표 문법을 적용하여 대화를 완성하는 문제이다. 목표 문법의 형태나 활용을 정확하게 쓸 수 있도록 지도해야 한다.
- 2번은 제시된 어휘나 표현에 목표 문법을 적용하여 대화 텍스트를 완성하는 문제이다. 글의 구조나 맥락에 맞추어 목표 문법의 형태나 활용을 정확하게 쓸 수 있도록 지도해야 한다.

3. '학습 일지'에 제시되어 있는 표를 보고 알고 있는 어휘와 문법에 표시하게 한다. 만약 모르는 어휘나 문법이 있다면 교재로 돌아가 해당 내용을 다시 보게 한다.

4. 시간적 여유가 있는 경우 '이삭줍기'에 제시되어 있는 속담 '가는 말이 고와야 오는 말이 곱다.'에 대해 읽어 보게 한다.

2과 나하고 와니가 청소를 할 테니까 너희는 게시판을 꾸며

1. 수업 진행 상황에 따라 익힘책의 '어휘를 익혀요'를 풀어 보게 한다.

어휘를 익혀요 ①

반장과 반 친구들이 학급회의에서 하는 말을 보고 '대걸레, 대청소, 빗자루, 청소 도구함' 중 빈칸에 들어갈 알맞은 것을 골라 쓰는 문제이다. 이때 교사는 학생들에게 어휘의 다양한 활용을 정확하게 쓸 수 있도록 지도해야 한다.

• '대걸레'는 '대걸레로 닦다', '빗자루'는 '빗자루로 쓸다'의 형태로 많이 사용된다.

어휘를 익혀요 ②

환경 미화 주제에 관한 일기를 읽고 '급훈, 꾸미다, 학급 문고, 학급 신문, 학사 일정' 중 빈칸에 들어갈 알맞은 것을 골라 쓰는 문제이다. 이때 교사는 학생들에게 어휘의 다양한 활용을 정확하게 쓸 수 있도록 지도해야 한다.

• '급훈'은 '급훈을 정하다'의 형태로 많이 사용된다.
• '꾸미다'는 '장소, 공간, 외모'와 관련된 명사와 주로 사용되며 '교실을 꾸미다', '무대를 꾸미다', '방을 꾸미다', '외모를 꾸미다'의 형태로 많이 사용된다.

어휘를 익혀요 ③

밑줄 친 부분을 가장 잘 설명한 것을 고르는 문제이다. 이때 교사는 학생들이 어휘의 뜻을 알고 알맞은 의미를 정확하게 선택할 수 있도록 지도해야 한다.

어휘를 익혀요 ④

'옮기다, 이기다, 자라다, 챙기다' 중 빈칸에 들어갈 알맞은 것을 골라 쓰는 문제이다. 이때 교사는 학생들에게 어휘의 다양한 활용을 정확하게 쓸 수 있도록 지도해야 한다.

• '이기다'는 '경기에서 이기다', '다른 팀을 이기다'의 형태로 많이 사용된다.

2. 수업 진행 상황에 따라 교사는 학생들에게 익힘책의 '문법을 익혀요'를 추가로 풀어 보게 할 수 있다.

문법을 익혀요 ①

– 1번은 제시된 어휘나 표현에 목표 문법을 적용하여 '결과, 방식'의 의미를 담은 문장을 완성하는 문제이다. 목표 문법의 형태나 활용을 정확하게 쓸 수 있도록 하고 의미를 잘 파악하도록 지도해야 한다.
– 2번은 목표 문법을 사용하여 제시된 상황의 '정도' 의미를 이해하고 두 개의 문장을 한 문장으로 만드는 문제이다. 목표 문법의 형태나 활용을 정확하게 쓸 수 있도록 하고 의미를 잘 파악하도록 지도해야 한다.

문법을 익혀요 ②

– 1번은 제시된 어휘나 표현에 목표 문법을 적용하여 문장을 완성하는 문제이다. 목표 문법의 형태나 활용을 정확하게 쓸 수 있도록 지도해야 한다.
– 2번은 목표 문법을 적용하여 제시된 두 개의 문장을 한 문장으로 만드는 문제이다. 목표 문법의 형태나 활용을 정확하게 쓸 수 있도록 지도해야 한다.

문법을 익혀요 ③

– 1번은 제시된 어휘나 표현에 목표 문법 '–는 대신에'를 적용하여 대화를 완성하는 문제이다. 목표 문법의 형태나 활용을 정확하게 쓸 수 있도록 지도해야 한다.
– 2번은 목표 문법 '–는/은/ㄴ 대신에'를 적용하여 제시된 상황에 대한 문장을 만드는 문제이다. 목표 문법의 형태나 활용을 정확하게 쓸 수 있도록 지도해야 한다.

문법을 익혀요 ④

– 1번은 제시된 어휘나 표현에 목표 문법을 적용하여 대화를 완성하는 문제이다. 목표 문법의 형태나 활용을 정확하게 쓸 수 있도록 지도해야 한다.
– 2번은 제시된 어휘나 표현에 목표 문법을 적용하여 텍스트를 완성하는 문제이다. 글의 구조나 맥락에 맞추어 목표 문법의 형태나 활용을 정확하게 쓸 수 있도록 지도해야 한다.

3. '학습 일지'에 제시되어 있는 표를 보고 알고 있는 어휘와 문법에 표시하게 한다. 만약 모르는 어휘나 문법이 있다면 교재로 돌아가 해당 내용을 다시 보게 한다.

4. 시간적 여유가 있는 경우 '이삭줍기'에 제시되어 있는 속담 '보기 좋은 떡이 먹기도 좋다.'에 대해 읽어 보게 한다.

이번 과제를 하려면 자료가 많이 있어야 해

1. 수업 진행 상황에 따라 익힘책의 '어휘를 익혀요'를 풀어 보게 한다.

어휘를 익혀요 ①

선생님이 학생들에게 과제를 공지하는 말을 보고 '과제, 발표, 독후감, 조사하다' 중 빈칸에 들어갈 알맞은 것을 골라 쓰는 문제이다. 이때 교사는 학생들에게 어휘의 다양한 활용을 정확하게 쓸 수 있도록 지도해야 한다.

- '조사하다'는 '자료를 조사하다', '사건을 조사하다'의 형태로 많이 사용된다.

어휘를 익혀요 ②

모둠 과제 역할 나누기 글을 읽고 '검색하다, 작성하다, 제출하다, 참고하다' 중 빈칸에 들어갈 알맞은 것을 골라 쓰는 문제이다. 이때 교사는 학생들에게 어휘의 다양한 활용을 정확하게 쓸 수 있도록 지도해야 한다.

- '검색하다'는 '자료를 검색하다', '정보를 검색하다'의 형태로 많이 사용된다.
- '작성하다'는 '답안을 작성하다', '보고서를 작성하다'의 형태로 많이 사용된다.

어휘를 익혀요 ③

밑줄 친 부분을 가장 잘 설명한 것을 고르는 문제이다. 이때 교사는 학생들이 어휘의 뜻을 알고 알맞은 의미를 정확하게 선택할 수 있도록 지도해야 한다.

어휘를 익혀요 ④

'담다, 바뀌다, 풀리다, 저장하다' 중 빈칸에 들어갈 알맞은 것을 쓰는 문제이다. 이때 교사는 학생들에게 어휘의 다양한 활용을 정확하게 쓸 수 있도록 지도해야 한다.

2. 수업 진행 상황에 따라 교사는 학생들에게 익힘책의 '문법을 익혀요'를 추가로 풀어 보게 할 수 있다.

문법을 익혀요 ①

- 1번은 제시된 어휘나 표현에 목표 문법을 적용하여 대화를 완성하는 문제이다. 목표 문법의 형태나 활용을 정확하게 쓸 수 있도록 지도해야 한다.
- 2번은 대화 상황에 대한 맥락적 이해를 바탕으로 목표 문법을 적용하여 대화를 완성하는 문제이다. 대화의 맥락에 맞추어 목표 문법의 형태나 활용을 정확하게 쓸 수 있도록 지도해야 한다.

문법을 익혀요 ②

- 1번은 제시된 어휘나 표현에 목표 문법을 적용하여 문장을 완성하는 문제이다. 목표 문법의 형태나 활용을 정확하게 쓸 수 있도록 지도해야 한다.
- 2번은 목표 문법을 적용하여 제시된 상황의 행동이나 상태가 계속 진행되는 의미를 이해하고 두 문장을 한 문장으로 만드는 문제이다. 목표 문법의 형태나 활용을 정확하게 쓸 수 있도록 지도해야 한다.

문법을 익혀요 ③

- 1번은 제시된 어휘나 표현에 목표 문법을 적용하여 대화를 완성하는 문제이다. 목표 문법의 형태나 활용을 정확하게 쓸 수 있도록 지도해야 한다.
- 2번은 제시된 그림을 보고 목표 문법을 적용하여 대화를 완성하는 문제이다. 그림의 상황에 맞추어 목표 문법의 형태나 활동을 정확하게 쓸 수 있도록 지도해야 한다.

문법을 익혀요 ④

- 1번은 제시된 어휘나 표현에 목표 문법을 적용하여 문장을 완성하는 문제이다. 목표 문법의 형태나 활용을 정확하게 쓸 수 있도록 지도해야 한다.
- 2번은 제시된 어휘나 표현에 목표 문법을 적용하여 대화 텍스트를 완성하는 문제이다. 글의 구조나 맥락에 맞추어 목표 문법의 형태나 활용을 정확하게 쓸 수 있도록 지도해야 한다.

3. '학습 일지'에 제시되어 있는 표를 보고 알고 있는 어휘와 문법에 표시하게 한다. 만약 모르는 어휘나 문법이 있다면 교재로 돌아가 해당 내용을 다시 보게 한다.

4. 시간적 여유가 있는 경우 '이삭줍기'에 제시되어 있는 속담 '백지장도 맞들면 낫다.'에 대해 읽어 보게 한다.

4과 정호는 공연장에 조금 늦게 도착한다고 해

1. 수업 진행 상황에 따라 익힘책의 '어휘를 익혀요'를 풀어 보게 한다.

어휘를 익혀요 ①

선생님이 축제에서 1등한 친구들에게 인터뷰하는 말을 보고 '우정, 어려움, 긴장되다, 실망하다' 중 빈칸에 들어갈 알맞은 것을 쓰는 문제이다. 이때 교사는 학생들에게 어휘의 다양한 활용을 정확하게 쓸 수 있도록 지도해야 한다.

- '우정'은 '우정을 나누다', '우정을 쌓다', '우정을 지키다'의 형태로 많이 사용된다.
- '긴장되다'는 '발표가 있어서 긴장된다.', '시험이 있어서 긴장된다.'의 형태로 많이 사용된다.

어휘를 익혀요 ②

친구와 싸웠을 때 화해하는 방법에 대한 글을 읽고 '나빠지다, 사과하다, 오해하다, 화해하다' 중 빈칸에 들어갈 알맞은 것을 쓰는 문제이다. 이때 교사는 학생들에게 어휘의 다양한 활용을 정확하게 쓸 수 있도록 지도해야 한다.

어휘를 익혀요 ③

밑줄 친 부분을 가장 잘 설명한 것을 고르는 문제이다. 이때 교사는 학생들이 어휘의 뜻을 알고 알맞은 의미를 정확하게 선택할 수 있도록 지도해야 한다.

어휘를 익혀요 ④

'들다, 지다, 마치다, 모집하다' 중 빈칸에 들어갈 알맞은 것을 골라 쓰는 문제이다. 이때 교사는 학생들에게 어휘의 다양한 활용을 정확하게 쓸 수 있도록 지도해야 한다.

- '모집하다'는 '회원을 모집하다', '직원을 모집하다', '학생을 모집하다'의 형태로 많이 사용된다.

2. 수업 진행 상황에 따라 교사는 학생들에게 익힘책의 '문법을 익혀요'를 추가로 풀어 보게 할 수 있다.

문법을 익혀요 ①

- 1번은 제시된 어휘나 표현에 목표 문법을 적용하여 문장을 완성하는 문제이다. 목표 문법의 형태나 활용을 정확하게 쓸 수 있도록 지도해야 한다.
- 2번은 목표 문법을 적용하여 제시된 두 개의 문장을 한 문장으로 만드는 문제이다. 목표 문법의 형태나 활용을 정확하게 쓸 수 있도록 지도해야 한다.

문법을 익혀요 ②

- 1번은 제시된 어휘나 표현에 목표 문법을 적용하여 문장을 완성하는 문제이다. 목표 문법의 형태나 활용을 정확하게 쓸 수 있도록 지도해야 한다.
- 2번은 대화 상황에 대한 맥락적 이해를 바탕으로 목표 문법을 적용하여 대화를 완성하는 문제이다. 대화의 맥락에 맞추어 목표 문법의 형태나 활용을 정확하게 쓸 수 있도록 지도해야 한다.

문법을 익혀요 ③

- 1번은 제시된 어휘나 표현에 목표 문법을 적용하여 대화를 완성하는 문제이다. 목표 문법의 형태나 활용을 정확하게 쓸 수 있도록 지도해야 한다.
- 2번은 제시된 그림을 보고 목표 문법을 적용하여 대화를 완성하는 문제이다. 그림의 상황에 맞추어 목표 문법의 형태나 활동을 정확하게 쓸 수 있도록 지도해야 한다.

문법을 익혀요 ④

- 1번은 제시된 어휘나 표현에 목표 문법을 적용하여 대화를 완성하는 문제이다. 목표 문법의 형태나 활용을 정확하게 쓸 수 있도록 지도해야 한다.
- 2번은 제시된 어휘나 표현에 목표 문법을 적용하여 대화 텍스트를 완성하는 문제이다. 글의 구조나 맥락에 맞추어 목표 문법의 형태나 활용을 정확하게 쓸 수 있도록 지도해야 한다.

3. '학습 일지'에 제시되어 있는 표를 보고 알고 있는 어휘와 문법에 표시하게 한다. 만약 모르는 어휘나 문법이 있다면 교재로 돌아가 해당 내용을 다시 보게 한다.

4. 시간적 여유가 있는 경우 '이삭줍기'에 제시되어 있는 속담 '바늘 가는 데 실 간다.'에 대해 읽어 보게 한다.

5과 저 책 정말 재미있나 보다

1. 수업 진행 상황에 따라 익힘책의 '어휘를 익혀요'를 풀어 보게 한다.

어휘를 익혀요 ①

소연이 소설책을 고르는 기준에 대해 하는 말을 보고 '인물, 저자, 제목, 줄거리' 중 빈칸에 들어갈 알맞은 것을 골라 쓰는 문제이다. 이때 교사는 학생들에게 어휘의 다양한 활용을 정확하게 쓸 수 있도록 지도해야 한다.

어휘를 익혀요 ②

학교 도서관 이용 규칙에 대한 글을 읽고 '꽂다, 대출, 꺼내다, 반납하다' 중 빈칸에 들어갈 알맞은 것을 골라 쓰는 문제이다. 이때 교사는 학생들에게 어휘의 다양한 활용을 정확하게 쓸 수 있도록 지도해야 한다.

- '꽂다'는 '책을 책꽂이에 꽂다', '꽃을 병에 꽂다'의 형태로 많이 사용된다.

어휘를 익혀요 ③

밑줄 친 부분을 가장 잘 설명한 것을 고르는 문제이다. 이때 교사는 학생들이 어휘의 뜻을 알고 알맞은 의미를 정확하게 선택할 수 있도록 지도해야 한다.

어휘를 익혀요 ④

'권하다, 누르다, 공감하다, 지루하다' 중 빈칸에 들어갈 알맞은 것을 골라 쓰는 문제이다. 이때 교사는 학생들에게 어휘의 다양한 활용을 정확하게 쓸 수 있도록 지도해야 한다.

- '누르다'는 '버튼을 누르다', '손잡이를 누르다'의 형태로 많이 사용된다.

2. 수업 진행 상황에 따라 교사는 학생들에게 익힘책의 '문법을 익혀요'를 추가로 풀어 보게 할 수 있다.

문법을 익혀요 ①

- 1번은 제시된 어휘나 표현에 목표 문법을 적용하여 대화를 완성하는 문제이다. 목표 문법의 형태나 활용을 정확하게 쓸 수 있도록 지도해야 한다.
- 2번은 목표 문법을 적용하여 제시된 두 개의 문장을 한 문장으로 만드는 문제이다. 목표 문법의 형태나 활용을 정확하게 쓸 수 있도록 지도해야 한다.

문법을 익혀요 ②

- 1번은 제시된 어휘나 표현에 목표 문법을 적용하여 문장을 완성하는 문제이다. 목표 문법의 형태나 활용을 정확하게 쓸 수 있도록 지도해야 한다.
- 2번은 목표 문법을 적용하여 제시된 두 개의 문장을 한 문장으로 만드는 문제이다. 목표 문법의 형태나 활용을 정확하게 쓸 수 있도록 지도해야 한다.

문법을 익혀요 ③

- 1번은 제시된 어휘나 표현에 목표 문법을 적용하여 대화를 완성하는 문제이다. 목표 문법의 형태나 활용을 정확하게 쓸 수 있도록 지도해야 한다.
- 2번은 제시된 그림을 보고 목표 문법을 적용하여 대화를 완성하는 문제이다. 그림의 상황 맥락에 맞추어 목표 문법의 형태나 활용을 정확하게 쓸 수 있도록 지도해야 한다.

문법을 익혀요 ④

- 1번은 제시된 어휘나 표현에 목표 문법을 적용하여 문장을 완성하는 문제이다. 목표 문법의 형태나 활용을 정확하게 쓸 수 있도록 지도해야 한다.
- 2번은 제시된 어휘나 표현에 목표 문법을 적용하여 대화 텍스트를 완성하는 문제이다. 글의 구조나 맥락에 맞추어 목표 문법의 형태나 활용을 정확하게 쓸 수 있도록 지도해야 한다.

3. '학습 일지'에 제시되어 있는 표를 보고 알고 있는 어휘와 문법에 표시하게 한다. 만약 모르는 어휘나 문법이 있다면 교재로 돌아가 해당 내용을 다시 보게 한다.

4. 시간적 여유가 있는 경우 '이삭줍기'에 제시되어 있는 속담 '낫 놓고 기역자도 모른다.'에 대해 읽어 보게 한다.

6과   파일을 다운로드 하는 중이야

1. 수업 진행 상황에 따라 익힘책의 '어휘를 익혀요'를 풀어 보게 한다.

어휘를 익혀요 ①

수호가 지난주에 한 일과를 설명하는 말을 보고 '아이디, 공유하다, 다운로드, 로그아웃' 중 빈칸에 들어갈 알맞은 것을 골라 쓰는 문제이다. 이때 교사는 학생들에게 어휘의 다양한 활용을 정확하게 쓸 수 있도록 지도해야 한다.

- '공유하다'는 '자료를 공유하다', '문제를 공유하다'의 형태로 많이 사용된다.
- '다운로드'는 '파일을 다운로드하다', '자료를 다운로드하다'의 형태로 많이 사용된다.

어휘를 익혀요 ②

컴퓨터실 사용 주의 사항에 대한 글을 읽고 '파일, 버튼, 화면, 올리다' 중 빈칸에 들어갈 알맞은 것을 골라 쓰는 문제이다. 이때 교사는 학생들에게 어휘의 다양한 활용을 정확하게 쓸 수 있도록 지도해야 한다.

- '파일'은 '파일을 복사하다', '파일을 삭제하다', '파일을 저장하다'의 형태로 많이 사용된다.

어휘를 익혀요 ③

밑줄 친 부분을 가장 잘 설명한 것을 고르는 문제이다. 이때 교사는 학생들이 어휘의 뜻을 알고 알맞은 의미를 정확하게 선택할 수 있도록 지도해야 한다.

어휘를 익혀요 ④

'맞다, 범위, 빈자리, 불만족스럽다' 중 빈칸에 들어갈 알맞은 것을 골라 쓰는 문제이다. 이때 교사는 학생들에게 어휘의 다양한 활용을 정확하게 쓸 수 있도록 지도해야 한다.

- '맞다'는 '눈을 맞다', '비를 맞다', '우박을 맞다'의 형태로 많이 사용된다.

2. 수업 진행 상황에 따라 교사는 학생들에게 익힘책의 '문법을 익혀요'를 추가로 풀어 보게 할 수 있다.

문법을 익혀요 ①

- 1번은 제시된 어휘나 표현에 목표 문법 '-고 나서'를 적용하여 대화를 완성하는 문제이다. 목표 문법의 형태나 활용을 정확하게 쓸 수 있도록 지도해야 한다.
- 2번은 목표 문법 '-고 나면'을 적용하여 제시된 두 개의 문장을 한 문장으로 만드는 문제이다. 목표 문법의 형태나 활용을 정확하게 쓸 수 있도록 지도해야 한다.

문법을 익혀요 ②

- 1번은 제시된 어휘나 표현에 목표 문법을 적용하여 문장을 완성하는 문제이다. 목표 문법의 형태나 활용을 정확하게 쓸 수 있도록 지도해야 한다.
- 2번은 제시된 그림을 보고 목표 문법을 적용하여 문장을 만드는 문제이다. 그림의 상황 맥락에 맞추어 목표 문법의 형태나 활용을 정확하게 쓸 수 있도록 지도해야 한다.

문법을 익혀요 ③

- 1번은 제시된 어휘나 표현에 목표 문법을 적용하여 대화를 완성하는 문제이다. 목표 문법의 형태나 활용을 정확하게 쓸 수 있도록 지도해야 한다.
- 2번은 목표 문법을 적용하여 제시된 두 개의 문장을 한 문장으로 만드는 문제이다. 목표 문법의 형태나 활용을 정확하게 쓸 수 있도록 지도해야 한다.

문법을 익혀요 ④

- 1번은 제시된 어휘나 표현에 목표 문법을 적용하여 대화를 완성하는 문제이다. 목표 문법의 형태나 활용을 정확하게 쓸 수 있도록 지도해야 한다.
- 2번은 대화 상황에 대한 맥락적 이해를 바탕으로 목표 문법을 적용하여 대화를 완성하는 문제이다. 대화의 맥락에 맞추어 목표 문법의 형태나 활용을 정확하게 쓸 수 있도록 지도해야 한다.

3. '학습 일지'에 제시되어 있는 표를 보고 알고 있는 어휘와 문법에 표시하게 한다. 만약 모르는 어휘나 문법이 있다면 교재로 돌아가 해당 내용을 다시 보게 한다.

4. 시간적 여유가 있는 경우 '이삭줍기'에 제시되어 있는 속담 '말 한마디에 천냥 빚도 갚는다.'에 대해 읽어 보게 한다.

7과 경치가 정말 멋지고 볼거리가 다양하거든

1. 수업 진행 상황에 따라 익힘책의 '어휘를 익혀요'를 풀어 보게 한다.

어휘를 익혀요 ①

인터넷 게시판에 질문을 하는 글을 보고 '짐, 기념품, 볼거리, 먹을거리' 중 빈칸에 들어갈 알맞은 것을 골라 쓰는 문제이다. 이때 교사는 학생들에게 어휘의 다양한 활용을 정확하게 쓸 수 있도록 지도해야 한다.

• '짐'은 '짐을 나르다', '짐을 들다', '짐을 싸다', '짐을 챙기다'의 형태로 많이 사용된다.
• '볼거리'는 '볼거리가 많다', '볼거리가 다양하다', '볼거리가 풍부하다'의 형태로 많이 사용된다.

어휘를 익혀요 ②

기차로 떠나는 여행 모집 글을 읽고 '경비, 숙소, 단체 여행, 세면도구' 중 빈칸에 들어갈 알맞은 것을 골라 쓰는 문제이다. 이때 교사는 학생들에게 어휘의 다양한 활용을 정확하게 쓸 수 있도록 지도해야 한다.

• '숙소'는 '숙소를 예약하다', 숙소를 잡다', '숙소를 정하다', '숙소를 찾다'의 형태로 많이 사용된다.

어휘를 익혀요 ③

밑줄 친 부분을 가장 잘 설명한 것을 고르는 문제이다. 이때 교사는 학생들이 어휘의 뜻을 알고 알맞은 의미를 정확하게 선택할 수 있도록 지도해야 한다.

어휘를 익혀요 ④

'젖다, 빠트리다, 입원하다, 저렴하다' 중 빈칸에 들어갈 알맞은 것을 골라 쓰는 문제이다. 이때 교사는 학생들에게 어휘의 다양한 활용을 정확하게 쓸 수 있도록 지도해야 한다.

• '저렴하다'는 '가격이 저렴하다', '비용이 저렴하다'의 형태로 많이 사용된다.

2. 수업 진행 상황에 따라 교사는 학생들에게 익힘책의 '문법을 익혀요'를 추가로 풀어 보게 할 수 있다.

문법을 익혀요 ①

- 1번은 제시된 어휘나 표현에 목표 문법을 적용하여 대화를 완성하는 문제이다. 목표 문법의 형태나 활용을 정확하게 쓸 수 있도록 지도해야 한다.
- 2번은 목표 문법을 적용하여 제시된 두 개의 문장을 한 문장으로 만드는 문제이다. 목표 문법의 형태나 활용을 정확하게 쓸 수 있도록 지도해야 한다.

문법을 익혀요 ②

맥락에 따라 '-어/아/여 오다'와 '-어/아/여 왔다'의 형태가 골고루 사용되는 것에 유의하여 지도한다.
- 1번은 제시된 어휘나 표현에 목표 문법을 적용하여 대화를 완성하는 문제이다. 목표 문법의 형태나 활용을 정확하게 쓸 수 있도록 지도해야 한다.
- 2번은 제시된 어휘나 표현에 목표 문법을 적용하여 대화 텍스트를 완성하는 문제이다. 글의 구조나 맥락에 맞추어 목표 문법의 형태나 활용을 정확하게 쓸 수 있도록 지도해야 한다.

문법을 익혀요 ③

- 1번은 제시된 어휘나 표현에 목표 문법을 적용하여 대화를 완성하는 문제이다. 목표 문법의 형태나 활용을 정확하게 쓸 수 있도록 지도해야 한다.
- 2번은 제시된 어휘나 표현에 목표 문법을 적용하여 대화 텍스트를 완성하는 문제이다. 글의 구조나 맥락에 맞추어 목표 문법의 형태나 활용을 정확하게 쓸 수 있도록 지도해야 한다.

문법을 익혀요 ④

- 1번은 제시된 어휘나 표현에 목표 문법을 적용하여 대화를 완성하는 문제이다. 목표 문법의 형태나 활용을 정확하게 쓸 수 있도록 지도해야 한다.
- 2번은 제시된 그림을 보고 목표 문법을 적용하여 문장을 완성하는 문제이다. 그림의 상황 맥락에 맞추어 목표문법의 형태나 활용을 정확하게 쓸 수 있도록 지도해야 한다.

3. '학습 일지'에 제시되어 있는 표를 보고 알고 있는 어휘와 문법에 표시하게 한다. 만약 모르는 어휘나 문법이 있다면 교재로 돌아가 해당 내용을 다시 보게 한다.

4. 시간적 여유가 있는 경우 '이삭줍기'에 제시되어 있는 속담 '금강산도 식후경'에 대해 읽어 보게 한다.

연습하는 만큼 실력이 늘고 있는 거지

1. 수업 진행 상황에 따라 익힘책의 '어휘를 익혀요'를 풀 어 보게 한다.

어휘를 익혀요 ①

세인이가 체조하는 방법을 설명하는 말을 보고 '펴다, 굽히다, 돌리다, 벌리다' 중 빈칸에 들어갈 알맞은 것을 골라 쓰는 문제 이다. 이때 교사는 학생들에게 어휘의 다양한 활용을 정확하 게 쓸 수 있도록 지도해야 한다.

• '펴다'는 '다리를 펴다', '어깨를 펴다', '허리를 펴다'의 형 태로 많이 사용된다.
• '굽히다'는 '무릎을 굽히다', '팔을 굽히다', '상체를 굽히다' 의 형태로 많이 사용된다.

어휘를 익혀요 ②

요가의 효과에 관한 글을 읽고 '땀, 근육, 요가, 줄넘기' 중 빈 칸에 들어갈 알맞은 것을 골라 쓰는 문제이다. 이때 교사는 학 생들에게 어휘의 다양한 활용을 정확하게 쓸 수 있도록 지도 해야 한다.

• '땀'은 '땀이 나다', '땀이 흐르다'의 형태로 많이 사용된다.

어휘를 익혀요 ③

밑줄 친 부분을 가장 잘 설명한 것을 고르는 문제이다. 이때 교 사는 학생들이 어휘의 뜻을 알고 알맞은 의미를 정확하게 선 택할 수 있도록 지도해야 한다.

어휘를 익혀요 ④

'씨름, 차다, 피하다, 오래달리기' 중 빈칸에 들어갈 알맞은 것 을 골라 쓰는 문제이다. 이때 교사는 학생들에게 어휘의 다양 한 활용을 정확하게 쓸 수 있도록 지도해야 한다.

• '차다'는 '숨이 차다', '물이 차다'의 형태로 많이 사용된다.

2. 수업 진행 상황에 따라 교사는 학생들에게 익힘책의 '문법을 익혀요'를 추가로 풀어 보게 할 수 있다.

문법을 익혀요 ①

– 1번은 제시된 어휘나 표현에 목표 문법을 적용하여 문장을 완성하는 문제이다. 목표 문법의 형태나 활용을 정확하게 쓸 수 있도록 지도해야 한다.
– 2번은 대화 상황에 대한 맥락적 이해를 바탕으로 목표 문법 을 적용하여 대화를 완성하는 문제이다. 대화의 맥락에 맞 추어 목표 문법의 형태나 활용을 정확하게 쓸 수 있도록 지 도해야 한다.

문법을 익혀요 ②

– 1번은 제시된 어휘나 표현에 목표 문법을 적용하여 문장을 완성하는 문제이다. 목표 문법의 형태나 활용을 정확하게 쓸 수 있도록 지도해야 한다.
– 2번은 목표 문법을 적용하여 제시된 두 개의 문장을 한 문장 으로 만드는 문제이다. 목표 문법의 형태나 활용을 정확하 게 쓸 수 있도록 지도해야 한다.

문법을 익혀요 ③

– 1번은 제시된 어휘나 표현에 목표 문법 '–는/은/ㄴ 만큼'을 적용하여 대화를 완성하는 문제이다. 목표 문법의 형태나 활용을 정확하게 쓸 수 있도록 지도해야 한다.
– 2번은 목표 문법 '–을/ㄹ 만큼'을 적용하여 제시된 두 개의 문장을 한 문장으로 만드는 문제이다. 목표 문법의 형태나 활용을 정확하게 쓸 수 있도록 지도해야 한다.

문법을 익혀요 ④

– 1번은 제시된 어휘나 표현에 목표 문법을 적용하여 대화를 완성하는 문제이다. 목표 문법의 형태나 활용을 정확하게 쓸 수 있도록 지도해야 한다.
– 2번은 목표 문법을 적용하여 제시된 두 개의 문장을 한 문장 으로 만드는 문제이다. 목표 문법의 형태나 활용을 정확하 게 쓸 수 있도록 지도해야 한다.

3. '학습 일지'에 제시되어 있는 표를 보고 알고 있는 어 휘와 문법에 표시하게 한다. 만약 모르는 어휘나 문법 이 있다면 교재로 돌아가 해당 내용을 다시 보게 한다.

4. 시간적 여유가 있는 경우 '이삭줍기'에 제시되어 있 는 속담 '원숭이도 나무에서 떨어진다.'에 대해 읽어 보게 한다.

● 메모

● 메모

● 메모

기획·담당 연구원 ―

정혜선 국립국어원 학예연구사
이승지 국립국어원 연구원
박지수 국립국어원 연구원

집필진 ―
책임 집필

심혜령 배재대학교 국어국문·한국어교육학과 교수

공동 집필
내용 집필

박석준 배재대학교 국어국문·한국어교육학과 교수
김윤주 한성대학교 크리에이티브인문학부 교수
문정현 배재대학교 미래역량교육부 교수
이미향 영남대학교 국제학부 교수
이숙진 경희대학교 국제교육원 객원교수
이은영 전북대학교 언어교육부 강사
홍종명 한국외국어대학교 한국어교육과 교수
오현아 강원대학교 국어교육과 교수
이선중 경희대학교 국제교육원 객원교수
황성은 배재대학교 글로벌교육부 교수

연구 보조원

김세정 한남대학교 한국어교육원 강사
김경미 건양대학교 국제교류원 한국어교육센터 강사
한재필 배재대학교 한국어교육원 강사
박수미 배재대학교 대학원 한국어교육학과 석사 수료
최성렬 배제대학교 대학원 한국어교육학과 박사 과정
김미영 우석대학교 한국어교육지원센터 강사
박현경 명지대학교 국제교류원 강사
이창석 배재대학교 대학원 한국어교육학과 석사 수료
정나현 배재대학교 한국어교육원 강사
김준석 배재대학교 대학원 한국어교육학과 석사 과정

내용 검토

조영철 인천담방초등학교 교사
송정희 대덕중학교 교사
주명진 인천영종고등학교 교사
김진희 대구북동중학교 교사

중고등학생을 위한
표준 한국어 교사용 지도서
의사소통 3

ⓒ 국립국어원 기획 | 심혜령 외 집필

초판 1쇄 인쇄 | 2020년 3월 5일
초판 1쇄 발행 | 2020년 3월 10일

기획 | 국립국어원
지은이 | 심혜령 외
발행인 | 정은영
책임 편집 | 최명지
디자인 | 박현정, 황은영, 최은숙
일러스트 | 조은혜
사진 제공 | 셔터스톡

펴낸 곳 | 마리북스
출판 등록 | 제2019-000292호
주소 | (04053) 서울특별시 마포구 와우산로29길 37 301호(서교동)
전화 | 02)336-0729   팩스 | 070)7610-2870   이메일 | mari@maribooks.com
인쇄 | (주)현문자현

ISBN 979-11-89943-45-5 (54710)
      979-11-89943-42-4 (set)